国家社会科学基金重点项目（17AJY014）成果

我国互联网平台型企业市场势力的形成、影响及其规制研究

朱　勤／著

Research on the Formation,
Influence and Regulation of
Internet Platform Enterprises'
Market Power in China

中国财经出版传媒集团
经济科学出版社
Economic Science Press

图书在版编目（CIP）数据

我国互联网平台型企业市场势力的形成、影响及其规
制研究/朱勤著 · —北京：经济科学出版社，2021.8
ISBN 978 – 7 – 5218 – 2718 – 7

Ⅰ.①我… Ⅱ.①朱… Ⅲ.①网络公司 – 企业管理 –
研究 – 中国 Ⅳ.①F279.244.4

中国版本图书馆 CIP 数据核字（2021）第 141910 号

责任编辑：赵　芳
责任校对：齐　杰
责任印制：范　艳

我国互联网平台型企业市场势力的形成、影响及其规制研究

朱　勤　著

经济科学出版社出版、发行　新华书店经销
社址：北京市海淀区阜成路甲 28 号　邮编：100142
总编部电话：010 – 88191217　发行部电话：010 – 88191522
网址：www. esp. com. cn
电子邮箱：esp@ esp. com. cn
天猫网店：经济科学出版社旗舰店
网址：http：//jjkxcbs. tmall. com
北京季蜂印刷有限公司印装
710×1000　16 开　18.25 印张　290000 字
2021 年 10 月第 1 版　2021 年 10 月第 1 次印刷
ISBN 978 – 7 – 5218 – 2718 – 7　定价：78.00 元
（图书出现印装问题，本社负责调换。电话：010 – 88191510）
（版权所有　侵权必究　打击盗版　举报热线：010 – 88191661
QQ：2242791300　营销中心电话：010 – 88191537
电子邮箱：dbts@ esp. com. cn）

目 录

导　论

→ 第一节
研究主题和意义

在新一轮产业革命及数字经济带来的机遇中，互联网平台在全球范围内迅速崛起，展现了强大的生命力。2019 年，我国平台经济市场价值总额达 2.35 万亿美元，市场价值超 10 亿美元的平台已达 193 家。① 数字经济正处于快速发展阶段，由于数字市场具有赢者通吃、双边市场、动态竞争等内在特性，单纯以平台体量难以准确衡量对市场竞争的影响。2019 年 8 月，国务院办公厅发布《关于促进平台经济规范健康发展的指导意见》，提出要创新监管理念和方式，推动建立健全适应平台经济发展特点的新型监管机制。2020 年 11 月，我国市场监管总局首次发布《关于平台经济领域的反垄断指南（征求意见稿）》；同月，国务院同意建立由市场监管总局牵头的反不正当竞争部际联席会议制度，从而来加强对反不正当竞争工作的宏观指导，组织开展对不正当竞争热点问题和典型违法活动的治理等。2021 年 4 月，监管部门综合考虑阿里巴巴集团"二选一"的平台垄断的违法行为性质、程度和持续时间等因素，依法对阿里巴巴做出 182.28 亿元罚款的行政处罚，② 标志着我国对于互联网平台垄断行为的规制迈向了新台

---

① 中国信息通信研究院.中国数字经济发展白皮书（2020 年）［EB/OL］.中国信通院网站，2020 – 07.

② 国家市场监督管理总局反垄断局官网。

阶。政府规制真正的关注对象是平台型企业滥用市场势力，如何在支持互联网平台型企业这一经济转型发展的新动力持续创新，合理引导其发挥积极作用的同时健全并创新规制体系，消解市场势力滥用而不利于公平竞争的负面影响，这已成为我国数字经济发展中亟待解决的问题。

本书通过深入企业进行长期跟踪调查，开展质性研究和定量研究。本书基于创新获益理论的利益相关者视角，建立了互联网平台型企业市场势力规范的经济分析框架，研究市场势力的内涵和特点；从研发创新、商业模式创新和生态系统创新三个维度，层层深入地研究了经济发展新动能的互联网平台型企业市场势力的形成机理；从平台与分工合作者、消费者以及竞争模仿者层面，分别分析了互联网平台型企业市场势力在平台赋能、需求锁定、价格与非价格竞争策略方面实施的影响；为政府相关部门全面而客观地认识互联网平台型企业的市场势力提供了决策依据。本书提出了适用于数字经济发展特点的新思路，且提出需有针对性地扩大监管范畴，尤其要加强平台透明度规则、数据影响力等新领域的监管；分析了规制市场势力滥用的重点领域，构建了相应规制体系。

本书具有的理论意义：突破了传统研究对于市场利益相关者互动不足甚至忽略的局限，完善和丰富了平台经济及市场势力相关理论。本书对互联网平台型企业市场势力内涵进行了利益相关者视角的创新阐释，强调其实质体现为平台型企业对于其利益相关者，即平台的分工合作者、消费者及竞争模仿者的市场影响力，以及在价值创造和价值分配中的主动权；突破了结构主义静态分析视角之局限，鉴于数字经济新背景下平台体量和市场份额不足以判断平台型企业的市场势力的实际情况，以动态竞争的视角深入分析了平台基于网络效应和锁定效应，在资本、技术和数据共同作用下，对不同利益相关者实施的影响力；研究互联网平台型企业凭借市场势力发挥影响力的重要方面，基于不同界面进行了细化研究。最后，本书将利益相关者分析从关于市场势力形成和影响的分析，拓展至规制市场势力滥用的政策体系研究中，理论与政策研究衔接紧密且浑然一体，体现了学术特色。

本书具有的实践意义：有助于相关政府部门更全面地认识和评价互联网平台型企业的市场势力；并对规制互联网平台型企业滥用市场势力提出

了系统的思路，以期在支持互联网平台型企业这一经济转型发展的新动力持续创新，合理引导其发挥积极作用的同时，健全并创新规制体系，消解市场势力滥用而不利于公平竞争的负面影响。本书提出适用于数字经济发展特点的新思路，即在平台与不同的利益相关者的互动中，有针对性地扩大监管范畴，加强平台透明度规则和数据影响力等新领域的监管，并提出了规制市场势力滥用的重点领域，包括基于数据与算法控制的差别待遇、不合规定价（价格合谋、固定转售价格、不公平定价等）、不合理搭售、"二选一"等限定交易等问题。本书对于推进互联网平台竞争规则建设、强化对市场秩序的监管具有重要参考价值。同时，在我国大力发展数字经济的背景下，本书研究成果在企业层面的应用价值体现在，为互联网平台型企业在合理有序的竞争中承担起多元协同的平台治理主体责任提供重要的实践指导。

第二节
研究思路和结构安排

一、研究思路

本书研究思路是建立互联网平台型企业市场势力规范的经济分析框架，深入揭示互联网平台型企业市场势力的形成及影响，在此基础上为政府监管部门全面认识并合理规制互联网平台型企业滥用市场势力，提出富有新意的思路并构建相应的规制体系。本书由四部分组成，其内在逻辑联系如图 1-1 所示。

第一部分为互联网平台型企业成长及市场势力界定研究，包括了第二、第三章。刻画了数字经济背景下互联网平台型企业成长演化的特点和成长路径；根据创新获益（profiting form innovation，PFI）理论的观点，创新收益在企业与市场利益相关者之间被争夺及分配，本部分在 PFI 理论的界面分析方法下，系统阐释了互联网平台型企业市场势力的内涵，以及其在不同利益相关者界面中的表现。

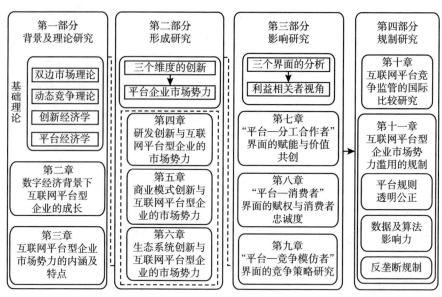

图1-1　研究总体结构安排

　　第二部分为互联网平台型企业市场势力的形成研究，包括了第四至第六章。本部分紧密把握数字经济中创新与市场势力互动的逻辑主线，基于创新驱动的动态视角，解析了由数据、资本和技术优势共同强化，层层递进地研究了研发创新、商业模式创新和生态系统创新的系统作用下，互联网平台型企业市场势力的形成机理。

　　第三部分为互联网平台型企业市场势力的影响研究，包括了第七至第九章。本部分紧扣互联网平台型企业市场势力的实质，即平台型企业对于其利益相关者（包括平台的分工合作者、消费者及竞争模仿者）的市场影响力及在价值创造和价值分配中的主导权这一主线，结合实证研究全面考察了互联网平台型企业凭借市场势力对不同类型利益相关者发挥影响力的重要方面（主要包括平台赋能与价值共创、消费者融入与消费者忠诚度），以及价格和非价格竞争策略。本部分结构如图1-2所示。

　　第四部分为互联网平台型企业市场势力滥用的规制研究，包括了第十、第十一章。本部分将利益相关者视角从市场势力影响的理论分析，拓展至针对市场势力滥用的规制体系构建的研究；针对互联网平台型企业市场势力滥用进行了国际经验的比较研究；系统提出了互联网平台型企业市场势力滥用的规制体系（见图1-3）。

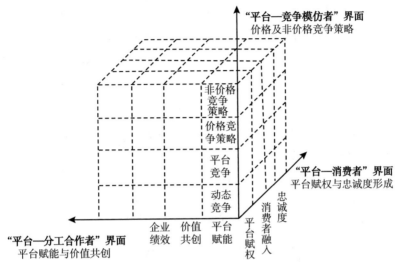

图1-2 市场势力的影响：利益相关者视角

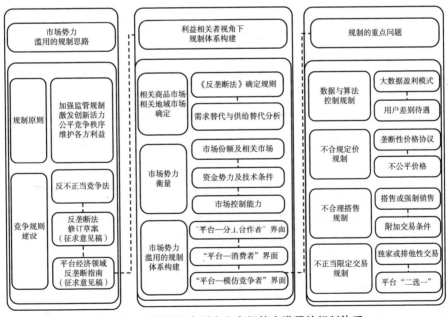

图1-3 互联网平台型企业市场势力滥用的规制体系

本部分突出强调了数据和算法影响力的规制问题，并且在利益相关者视角的框架下，分别对"平台—分工合作者"界面、"平台—消费者"界面和"平台—竞争模仿者"界面的互联网平台型企业市场势力衡量，以及这些界面中市场势力滥用的规制重点进行了刻画。最后，在监管实践中，对于互联网平台型企业市场势力滥用，包括数据与算法控制规制、不合规定价的规制、不合理搭售的规制及不正当限定交易的规制等重点问题进行了分析并提出了政策建议。提出为了消解平台型企业市场势力不利于公平竞争的负面影响，需将竞争政策、知识产权规则、平台透明化规则、数据流动规则，乃至国家安全审查规则交叉而形成多方补充。

二、结构安排

本书共由十一章组成，其主要内容和结构安排如下。

第一章导论，主要介绍了全书整体设计、研究特色及创新点。

第二章为数字经济背景下互联网平台型企业的成长，本章从平台经济和双边市场理论切入，分析了互联网平台型企业的属性特征，对互联网平台型企业的双边市场特征、数字经济特征、网络集聚特征进行了阐释。在对互联网平台型企业的成长背景、行业特点，以及功能属性进行比较研究的基础上，根据互联网企业发展的五个阶梯，进行了互联网平台型企业的分类刻画；另外，从先发优势与用户临界规模、跨界竞争、赢者通吃，以及平台生态的发展成熟等方面，厘清了互联网平台型企业独特的成长路径。

第三章为互联网平台型企业市场势力的内涵及特点，本章系统梳理了动态竞争理论、双边市场理论以及创新经济学中与市场势力相关的理论，采用创新获益理论的利益相关者和界面分析视角，系统阐释了互联网平台型企业市场势力的内涵，及其在"平台—分工合作者""平台—消费者""平台—竞争模仿者"界面中的表现。研究了互联网平台型企业市场势力测度等方面不同于传统企业的特点；并进行了搜索引擎市场中动态竞争特征事实的考察。

第四章为研发创新与互联网平台型企业的市场势力，本章分析了互联网平台研发创新的特征事实及技术专利巩固市场势力的趋势，并从理论机制上分析了两大研发创新形成市场势力的路径，分别为"产品创新—差异化—市场势力"以及"过程创新—成本降低—市场势力"。结合海尔 COS-MOplat 工业互联网平台的案例揭示出加速构建生产智能化、研发协同化等生态创新体系对于互联网平台市场势力形成的作用。利用 959 家中国 A 股制造业出口企业数据，同时匹配并测度了 161 个城市的互联网发展水平，实证研究了互联网发展与企业市场势力的关系，研究了创新在其中发挥的中介作用。

第五章为商业模式创新与互联网平台型企业的市场势力。本章借鉴已有的研究成果，从经济学理论的角度诠释了商业模式的内涵，分析互联网平台商业模式创新的推动因素，并基于和消费互联网的比较，对工业互联网驱动商业模式创进行了分析。进而，本章基于利益相关者的视角，分析互联网平台商业模式创新、利益相关者界面的重构，以及互联网平台型企业市场势力在不同界面之间传递并形成正反馈，从而探讨了商业模式创新对互联网平台型企业市场势力形成的意义。最后，本章以具有代表性亚马逊和阿里巴巴为例，通过对比研究考察了其会员制、线上线下全渠道拓展，以及云计算赋能等商业模式创新路径。

第六章为生态系统创新与互联网平台型企业的市场势力。生态系统创新旨在获取架构优势，拥有价值创造与价值分配的主导权。本章首先对平台生态系统架构的形成、升级演化到共生竞合的动态发展过程进行了研究；同时，对互联网平台生态系统的创新优势、创新绩效提升进行了深入研究；进而本章分析了平台生态系统治理，即契约治理和关系治理对于市场势力形成的作用机制。在此基础上以钉钉生态系统创新与市场势力形成为例，进行了详细的案例分析。

第七章为"平台—分工合作者"界面的赋能与价值共创。本章以跨境出口电商平台为考察对象，研究了平台凭借市场势力实施平台赋能的内涵和机制，探究了平台与分工合作者的价值共创所发挥的作用。通过构建平台赋能、价值共创与企业绩效关系的理论分析框架，基于 690 份有效出口跨境电商问卷调查进行了实证研究。结果表明，跨境电商平台赋能对出口电商企业绩效具有显著的正向作用，价值共创从中发挥着中介效应。本章的研究为平台上的分工合作方通过与平台开展有效价值共创，充分利用平台赋能作为创新发展的驱动提供了有益的启发；也为理解互联网平台型企业在"平台—分工合作者"界面市场势力的影响，拓展了一个崭新的分析视角。

第八章为"平台—消费者"界面的赋权与消费者忠诚度。具备市场势力的互联网平台会致力于拥有相对稳固的忠实消费者群体，而平台对消费者赋权的最终目标是实现消费者转换到其他替代性平台的成本增加。本章以跨境进口电商平台为考察对象，构建平台赋权、消费者融入与消费者忠诚度的理论分析框架，基于516份跨境电商进口零售平台消费者问卷调查表明，平台赋权对于消费者忠诚度具有显著正向效应，其中，消费者融入（包括消费者参与和消费者信任）发挥了中介效应，从而为平台型企业在"平台—消费者"界面凭借市场势力发挥影响力提供了依据。

第九章为"平台—竞争模仿者"界面的竞争策略研究。本章在"平台—竞争模仿者"层面，考察了平台系统内部及外部的竞争特点及影响因素；并以新零售中阿里巴巴和腾讯两大平台的全面竞争为例，进行了比较研究。本章分析了互联网平台型企业的价格竞争策略及影响，包括非对称定价策略、免费定价策略及歧视性定价策略等，并对拼多多平台定价策略的案例进行分析。进而对主要的非价格竞争策略及影响展开了分析，包括差异化竞争策略、兼容性策略、捆绑与搭售策略以及兼并收购策略，并分别对对应的执御平台、支付宝平台、携程平台以及优步平台的竞争策略进行分析。由于互联网平台型企业的市场势力与竞争策略实施会形成互相增进的循环中，故非常有必要加强对滥用市场势力竞争行为的监管。

第十章为互联网平台竞争监管的国际比较研究。互联网平台型企业竞争特殊性引发了一系列监管的新议题，欧美主要国家中互联网平台的监管呈现趋严态势，针对谷歌、脸书、亚马逊、苹果等数字巨头的反垄断调查此起彼伏。监管实践中日益突显出了强化平台规则的透明度，以及强化互联网平台数据影响力评估的趋势。本章首先分析了平台经济中政府规制面临着传统和新兴问题的双重挑战，重点讨论了围绕数据竞争、数据安全和数据治理的新议题；进而分别对欧盟严格的规制经验及美国审慎的规制经验进行了分析，总结了国际上关于市场势力滥用规制的焦点问题。最后有针对性地分析了互联网平台多元协同治理体系构建。

　　第十一章为互联网平台型企业市场势力滥用的规制。本章系统提出了
互联网平台型企业市场势力滥用的规制原则，梳理了平台经济领域的竞争
规则建设体系；进而就互联网平台型企业市场势力规制的关键问题，包括
相关商品市场和相关地域市场确定、市场势力衡量的标准、市场势力滥用
的规制体系构建进行了针对性的研究。研究特色是突出强调了数据和算法
影响力的规制问题，并且在利益相关者视角的框架下，分别对"平台—分
工合作者"界面、"平台—消费者"界面和"平台—竞争模仿者"界面的
互联网平台型企业市场势力衡量，以及这些界面中市场势力滥用的重点问
题进行了刻画。最后，针对监管实践中互联网平台型企业市场势力滥用的
重点问题的规制，包括数据与算法控制规制、不合规定价的规制、不合理
搭售的规制及不正当限定交易等进行了分析，并提出了相应的对策建议。

➡ 第三节
研究特色与创新点

　　第一，提出了互联网平台型企业市场势力的经济学分析框架，突出了
数字经济发展的新背景下，互联网平台型企业市场势力分析区别于传统企
业市场势力分析的特殊性。在当前我国互联网经济发展中，互联网平台型
企业作为数字经济的基础设施之一成为影响经济发展的新动能。而通过构
建理论分析框架以之解析平台型企业市场势力的内涵、形成和影响，不仅
完善和丰富了相关理论，还成为合理引导互联网平台型企业在经济新形态
中发挥健康而积极作用，并设计适合其特点的政策规制体系的重要基础。

　　第二，创新阐释了互联网平台型企业市场势力内涵及特征。本书根据
创新获益理论关于创新收益在企业与市场利益相关者之间被争夺及分配的
思想，把握了动态竞争中利益相关者的互动，提出互联网平台型企业市场
势力除了将价格制定于边际成本之上获取超额垄断利润，更深层次的实质
体现在相对于平台的分工合作者、消费者和竞争模仿者等多方利益相关者
的市场影响力，主要表现为在平台经济中掌握价值创造与价值分配的主导
权，通过消费者融入形成消费者忠诚度，以及相对于竞争模仿者的不可替
代。这一理解突破了传统研究对于市场利益相关者互动重视不足，甚至在某

些研究中被忽略的局限。进而本书在不同利益相关者界面分析中，创新地阐释了互联网平台型企业市场势力的表现，并分析了其特点。从而能够为开展互联网经济中平台型企业市场势力的影响和规制研究提供重要理论基础。

第三，基于多维创新视角的系统分析框架，创新地研究了数字经济发展背景下平台型企业崛起并获得市场势力的内在动因。逐层深入地阐释了互联网平台型企业在数据、资本和技术优势共同作用下，通过研发、商业模式和平台生态的创新，构筑优势市场地位，从而在与利益相关者共同完成价值创造中获得有利于自身价值分配的内在机制，支持了以"促进公平透明的竞争秩序、激发创新创造活力"为核心价值导向对待互联网平台型企业市场势力的必要性。为政府监管部门在支持互联网平台型企业这一经济转型发展的新动力持续创新的同时，规制其滥用市场势力，提供了充分的实证和理论依据。

第四，以动态竞争视角把握利益相关者的互动关系，从"平台—分工合作者""平台—消费者"及"平台—竞争模仿者"三个界面的分析视角，分别研究互联网平台型企业凭借市场势力发挥影响力的重要方面。既包括平台赋能与价值共创的积极影响，又包含竞争策略实施中由于市场势力滥用的消极影响，传统的市场势力规制研究多从结构主义的静态分析视角出发，考察重点通常为中观层面的市场结构；本书研究基于微观层面动态竞争的视角，考察不同市场主体之间的竞合互动，就互联网平台型企业市场势力在三个界面的主要影响，在平台赋权、消费者融入和竞争策略开展了细化研究，研究视角及内容具有创新性，可更为清晰地揭示互联网平台型企业市场势力相对于不同利益相关者发挥的不同影响，使分析更深入且具针对性。

第五，将利益相关者视角从市场势力影响的理论分析，拓展至针对市场势力滥用的规制体系构建的研究，理论与政策研究衔接紧密且浑然一体。互联网平台型企业滥用市场势力，即平台利用技术手段、平台规则、数据和算法控制等方式，通过不正当或不合理的价格或非价格竞争手段，以有利于自身的交易条件来排除或限制市场竞争、侵害社会福利和利益相关者的正当权益。区别于传统的政府单方面监管的视角，本研究紧密把握平台型企业与市场利益相关者的互动关系，在不同利益相关者的互动界面分别提出了市场势力滥用规制的重点，构建了富有新意的规制体系；提出为了消解平台型企业市场势力不利于公平竞争的负面影响，将竞争政策、知识产权规则、平台透明化规则、数据流动规则，乃至国家安全审查规则交叉而形成多方补充。

第六，本书学术方法也具有新意。本书开展了富有新意的实证研究，从不同角度对多个问题展开了全新分析框架的计量检验，包括互联网发展与企业价格加成的关系研究，平台赋能、价值共创与企业绩效关系的研究，平台赋权、消费者融入与消费者忠诚度的关系研究等。其中，对于"平台赋能"问题的研究突破了传统案例研究的局限，属于首次开展的量化研究。此外，通过规范的案例研究，从各方面深入剖析了互联网平台型企业在动态竞争中市场势力形成和影响效应。

数字经济背景下互联网平台型企业的成长

当前，我国数字经济持续稳定快速发展，其规模不断扩大。根据中国信息通信研究院 2019 年和 2020 年发布的《中国数字经济发展白皮书》显示，我国数字经济 2018 年的增值规模为 31.3 万亿元，占 GDP 份额为 34.8%；2019 年数字经济增长规模为 35.8 万亿元，占 GDP 份额为 36.2%。数字经济的蓬勃发展也激发了产业组织的深刻变革，截至 2019 年底，我国市场价值超 10 亿美元的数字平台企业达 193 家，比 2015 年增加了 126 家；市场价值总额达 2.35 万亿美元，较 2015 年底增长了近 200%。新冠肺炎疫情暴发以来，互联网平台开创的新技术新业态新模式，体现出较强的适应能力，在一定程度上缓解了经济下行趋势。互联网平台在数字经济中扮演着经济基础设施的角色，成为推动新经济增长的新动能。

本章从平台经济和双边市场理论切入，分析了互联网平台型企业的属性特征，对互联网平台型企业的双边市场特征、数字经济特征、网络集聚特征进行了阐释。在对互联网平台型企业的成长背景、行业特点，以及功能属性进行比较研究的基础上，根据互联网企业的发展的五个阶梯，进行了互联网平台型企业的分类刻画；另外，从先发优势与用户临界规模、跨界竞争、赢者通吃，以及平台生态的发展成熟等方面，厘清了互联网平台型企业独特的成长路径。

➡第一节
数字经济背景下的互联网平台型企业

伴随着新一轮科技革命和产业变革的演进，大数据、云计算、5G网络、人工智能、工业互联网、物联网、数据中心等新技术的进步，数字经济正在全球兴起。经过近20年的商业模式创新与生态模式的演化，互联网平台经济已成为当今发展最为迅速、参与最为普遍、创新最为活跃、影响最为深远的产业经济领域。在数据要素驱动的背景之下，信息网络技术与实体经济逐步融合，数字经济呈现出线上、线下渠道融合以及智能化与网络化并行的新特征。其中，互联网平台日益成为数字经济发展中极为重要的一种新型经济组织形态。在互联网平台生态系统中，平台、上下游产业分工合作者、消费者及其他利益相关者共同组成了网络协作体，以互联网平台为载体、以数据价值转化为主要驱动的数字经济体日益发挥着重要的影响力。

互联网平台型企业的崛起是和互联网信息技术的发展轨迹相匹配的，可以将互联网平台型企业的发展分为以下四个阶段。第一阶段是1990～2000年时代互联网应用的初创时期。这一阶段互联网发展主要包括搜索引擎、网站导航、信息搜集等互联网应用型平台型企业。与传统的工业经济的运营模式完全不同，互联网平台经济是由计算机信息技术构建而成，产品和服务的更新速度极快。这一阶段的企业很大程度上属于广告平台，以单一盈利模式的门户网站（雅虎、搜狐、网易、新浪为典型代表）、电商网站（拍拍网、淘宝网为典型代表）、游戏网站（盛大）及聊天社区（天涯论坛、猫扑等）等为主，这类企业只是将互联网信息进行集聚和加工。在这一时代，平台型企业的能量还没有体现出来，受限于流量和算法，互联网平台型企业还是属于典型的互联网初级应用企业。

第二阶段是2000～2010年社交网络普及的成长时期。随着信息通信方式的变革，互联网的应用也更加广泛。在这一阶段，创新要素在信息化时代发展的进程中发挥着越来越重要的作用。数据的生成和共享改变了ICT技术的作用和潜力，创新型商业模式应运而生，并且出现了RSS、Wiki、社会化书签等概念，极大地颠覆了传统商业的模式，形成了以搜索服务、电子商务、社交媒体、网络游戏等领域内的超大型互联网平台型企业为代表的领导者，且各自在其相关领域进行市场拓展。这一赢利模式呈现多样化的特征与趋势，平台型企业的作用和影响也开始初步显现。

第三阶段是 2005～2015 年的成熟时期。随着前沿技术的不断发展，智能数字经济时代的到来，互联网平台型企业的平台模式也不断成熟，逐步通过开放平台资源形成商业生态模式，加强在搜索引擎、电子商务、社交网络等方面的盈利能力。一方面，移动互联网的发展也逐步带动平台型企业进入稳定发展时期；另一方面，在资本力量的带领下，相关平台的业务持续拓展，智能化深度融合成为这一时期互联网平台经济发展的关键。平台经济借助互联网塑造了全球经济发展的新格局，进而推动用户消费体验的深度融合与数字化转型，数字化变革与跨行业融合已成为数字经济发展的新形态。例如，中国的超大型互联网平台"BAT"三巨头（百度、阿里巴巴、腾讯）已建立起完善的平台生态系统，并利用持续的资本积累、数据收集、战略合作等方式将其商业运用深入用户消费的各个角落，并持续提升用户的消费体验与使用黏性。与此同时，这些企业与平台独角兽企业协同共享大数据资源，超大型互联网平台型企业逐步定位为数据服务商，进而对商业模式持续创新，使其成为数字经济发展的重要载体。毋庸置疑，当代互联网超大型平台型企业已成为这种新兴经济业态的引领者。

第四阶段是 2015 年至今的数字经济新阶段。伴随着区块链、云计算、大数据与人工智能等信息技术的变革，商业社会逐步进入数字经济新阶段，与传统的互联网经济有所区别，数字经济发展至今，数字化、平台化和新动能的特征十分显著。① 截至 2017 年 12 月，全球范围内排行前十的平台型企业的市场市值已超过传统排行前十的跨国公司。全球上市公司市值 TOP10 的变化，是平台经济体崛起的最直接的体现（见表 2－1）。

---

① 《数字经济体：普惠 2.0 时代的新引擎》。

表 2 - 1 全球十大平台经济体 VS 跨国公司

平台经济体				跨国公司			
名称	国家	市值（亿美元）	成立时间（年份）	名称	国家	市值（亿美元）	成立时间（年份）
苹果	美国	8986	1976	伯克希尔哈撒韦	美国	4876	1956
谷歌	美国	7396	1998	强生	美国	3764	1886
微软	美国	6597	1975	摩根大通	美国	3728	1859
亚马逊	美国	5630	1995	埃克森美孚	美国	3558	1882
Facebook	美国	5149	2004	富士银行	美国	3030	1852
腾讯	中国	4938	1998	沃尔玛	美国	2909	1962
阿里巴巴	中国	4459	1999	雀巢	瑞士	2650	1867
Priceline	美国	866	1998	美国电话电报公司	美国	2391	1877
百度	中国	832	2000	宝洁公司	美国	2337	1837
Netflix	美国	822	1997	通用电气	美国	1518	1892

注：市值基于 2017 年 12 月 22 日收盘价格计算。
资料来源：根据《数字经济体：普惠 2.0 时代的新引擎》和媒体公开资料整理。

　　互联网平台型企业是数字经济发展的产物，其不仅能够带动全球产业链的发展与完善，还能够在一定程度上提升整个社会的技术与商业模式的创新。互联网平台与传统实体产业的加速融合使其涉及应用范围更加广泛，包括协同制造、高效物流、智慧能源等众多工业、农业以及生产性服务业领域。在互联网平台经济时代，作为商业资源协调与配置的基本组织，平台是价值共创和价值聚集的核心。

　　截至 2019 年 8 月，阿里巴巴和腾讯借助在服务模式和拓宽领域边界上的创新性尝试成功甩开百度、网易等企业，在我国平台型企业的发展上遥遥领先。同时，一大批与传统产业相融合的平台型企业（如美团、携程）也在不断崛起（见表 2 - 2）。互联网平台型企业在空间范围内也不断拓展其经营边界，其积极开拓线上与线下的新领地，加快进行战略协作，逐步向实体经济进行赋能。互联网平台型企业为平台上企业的生产、研发、企业管理和经营活动降低了成本，平台上的企业利用节约的资源再次投入经济活动，从而可以生产和经营更多的产品，进而拓展了生产可能性边界，将产业组织方式从线性竞争逐步转向协同共赢。在平台模式的运营中，平台型企业不仅仅进行价值创造与线性竞争，而且通过发挥整体间的协同效应，加强参与方之间的信任，并促成他们之间的交易合作和良性竞争，进而更好地发掘并满足市场需求，共同创造价值。

表 2 - 2　　　　　2019 年我国排名前 20 位的互联网平台型企业

排名	企业名称（简称）	主要品牌	排名	企业名称（简称）	主要品牌
1	阿里巴巴	淘宝、高德	11	拼多多	拼多多
2	腾讯	微信、QQ	12	搜狐	搜狐视频、搜狗
3	百度	百度、爱奇艺	13	58 集团	58 同城、赶集网
4	京东	京东商城、京东云	14	苏宁	苏宁易购
5	蚂蚁金服	支付宝、芝麻信用	15	小米	小米、米家
6	网易	网易邮箱、网易新闻	16	携程	携程旅行网
7	美团	美团、大众点评	17	用友网络	U8c、财务云
8	字节跳动	抖音、今日头条	18	猎豹移动	猎豹清理大师
9	三六零	360 浏览器	19	汽车之家	汽车之家
10	新浪公司	新浪网、微博	20	快乐阳光	芒果 TV

资料来源：《2019 年中国互联网企业 100 强发展报告》。

➡ 第二节
互联网平台型企业的属性特征

互联网平台型企业是建立在数字化和信息化基础上，基于大数据、云计算、人工智能等技术驱动的新兴经济业态。一方面，互联网平台型企业具有平台型企业的特点，其一端连接供应端的生产者，另一端连接需求端的消费者；另一方面，其又具备网络集结、规模性与流动性的特点，同时包含了现代企业的盈利性与战略性等一般企业特征。因此，互联网平台型企业本质上是信息经济发展和平台相结合的产物，是同时具有平台属性特征和双边市场特征的互联网经济组织。

互联网与各产业不断融合深入为平台经济体的进一步融合发展提供了

更加广泛的商业领域，使平台模式的企业资源种类愈来愈多。同时，这也加强了组织资源的能力，产业领域涌现出了众多新兴的互联网平台型企业。如图 2 - 1 所示，互联网平台型企业属性具有双边市场特征、数字经济特征、网络集聚特征和互联网企业特征，由于前三个特征是互联网平台型企业区别于其他类型企业的典型特征，故下文将着重对其展开分析。

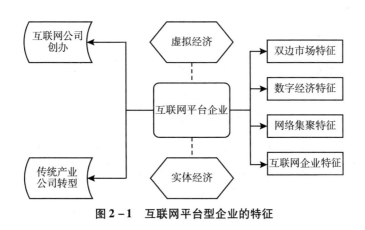

图 2 - 1　互联网平台型企业的特征

一、双边市场特征

互联网平台的核心功能是促进双边市场用户的连接，通过对双边用户交易数据的分析与处理，以提升需求者与供给者匹配效率，进而缩短供给方与需求方之间的对接环节，在节约时间的同时提升资源配置效率。因此，互联网平台型企业仍然符合双边市场特征。依万斯（Evans，2003）指出，平台连接的双边市场分别包含了不同的消费者群组，群组的成员可以与其他群组成员的需求协同中获取收益。互联网平台可以在一定程度上减少交易成本和信息不对称，其存在的充分条件是价格结构非中性（Rochet & Tirole，2011）和交叉网络外部性（Armstrong，2006）。平台型企业的三方关系如图 2 - 2 所示。互联网平台型企业以中间人的形式，利用自身平台的资源组织与整合能力对交易双方——A 方与 B 方分别提供各自所需的服务，更有效率地配置相关产业的整体社会资源。

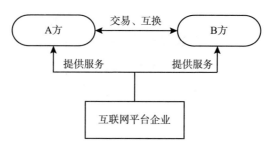

图 2 – 2　互联网平台型企业的三方关系

双边市场理论主要研究具有网络外部性的双边市场的用户之间的交互联系，M. 卡兹与 C. 夏皮罗（M. katz & C. Shapiro，1985）、N. 艾克诺米兹（N. Ecnomides，1996）将网络外部性定义为：一方用户的规模会显著影响另一方用户对于平台的使用价值。平台成员的外部性或者交叉网络的外部性是指平台的一类参与者的规模会影响该平台的另一类参与者的价值或效用。网络效应一般可以分为直接网络效应和间接网络效应。间接网络效应又可以进一步分为两种：第一种称为网络自增强效应（交叉网络效应），其强调的是单一双边市场的网络自增强效应，即同一平台上不断强化的效应；第二种是跨市场网络效应，突出了跨市场的可能性（Chen & Xie，2007）。

（一）直接网络效应

直接网络效应又称为自网络效应，通常从三个连续的竞争行为中产生：快速增长—锁定用户—排他性合同（Armstrong & Wright，2007）。首先，"快速增长战略"是通过开启并购战略，快速提升综合实力，以提高平台的用户安装基础，使用定价策略而不直接向用户收费是比较常见的形式，通过接入平台来接触其潜在用户的开发者和应用程序是这类平台的盈利模式。其次，平台通过为用户创造更多、更好的用户价值体验来实现需求锁定（Boudreau，2010），可通过考察互联网平台内部创新，以及其和核心企业之间共同的外部创新来判断，比如互补品的创新和多样性。安得尔和卡帕尔（Adner & Kapoor，2010）着重考察了更多上游供应商的创新挑战，即上游部件技术发展创新，有利于增强互联网平台的多样性和技术优势；而更多的下游互补品创新，可能会侵蚀互联网平台的多样性和技术优势。由于在生态系统中利益相关者相互依赖和相互作用，互联网平台能否实现直接网络效应受到生态整体的影响。最后，为了避免竞争对手平台获得更有价值的产品或服务，互联网平台更倾向于使用排他性的合同（如平台"二选一"），旨在破坏竞争对手采用相同方法的能力。

（二）网络自增强效应

网络自增强效应又称为交叉网络效应，主要指双边市场内与马太效应的"强者愈强，弱者愈弱"类似的自我增强效应。梅特卡夫定律则对平台的网络效应做了较好的解释。该定律指出，网络的价值等于网络节点数量平方，网络节点所连接的用户数量愈多，其包含的网络价值也将呈现指数式增长，进而单一用户所获得的效用收益也将提升。网络平台用户数量增加的必要前提是平台规模的扩大。平台规模越大，就会进一步提高社会整体资源配置效率和资本的使用效率。

如图 2－3 所示，互联网平台型企业在给供方和需方提供服务时受到网络自增强效应的影响，其作用机理为边际效用递增和正反馈机制。边际效用递增是指随着使用者的数量持续增加，消费者加入网络所得到的边际效用递增（Venkatraman & Lee，2004）；正反馈效应是指，在平台积累了一定的用户规模后，将吸引更多的商品或服务供应商进驻平台，抑或是服务供应商面对用户的多元化需求将持续改善应用服务，即投入更多资金进行研发、提升用户的满意度等，最终在消费者群体形成用户黏性以及在位者

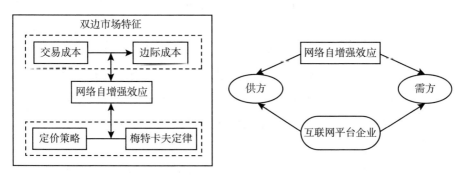

图 2－3　双边市场中的网络自增强效应

优势。例如，苹果公司的应用商店与安卓阵营的软件市场都是通过此类途径稳固自身的竞争优势。

（三）跨市场网络效应

用户基础作为跨市场网络效应的核心逻辑，不仅是一种十分重要的战略资产，同时也是一种非独占用性资源，准许企业通过撬动用户基础来进入另一个市场（Wernerfelt，1984）。关于跨市场网络效应，通常认为相对于市场的后进入者，市场的先进入者拥有持续的竞争优势。因此，可通过考察进入市场的顺序对可持续竞争优势的影响，此外，一些学者认为，由于存在跨市场网络效应，平台的用户规模与应用程序在市场中具有一定的优势时，就越有可能为平台吸引大量的用户和程序开发人员。经过长时间的积累，即使该平台的产品或服务质量比其他竞争平台的产品或服务稍差，它也可以获得跨多个市场运营的优势。

此外，还有部分学者认为，后进入者有可能会抢占先进入者的市场领导优势，如淘宝击败了早先进入中国市场的eBay。泰利斯等（Tellis et al.，2009）认为，后进入者通过创新方式与先进入者争夺市场资源，以此占据行业领导地位。休瑞兹和克特立（Suarez & Kirtley，2012）指出，寻找新的目标消费群体、基于新兴需求的差异化以及撬动现有的平台等皆是平台商业生态系统赋予了平台核心企业全新的进入方式。

朱和艾斯替（Zhu & Iansiti，2012）引入了权变因素，即间接网络效应的市场动态性（market dynamics），调和了以上两种观点。他们的研究指出，市场条件决定了现有用户基础能否提供持续的先进入优势，即使在位企业拥有庞大的用户基础，如果间接网络效应的市场折扣因素的强度十分显著时，作为先进入者其竞争优势依旧无法持续。此研究结果推翻了无条件放大的间接网络效应，这也说明互联网双边市场跨市场网络效应其实是必须满足一定条件的。但正是互联网双边市场呈现出的各种网络效应使得生态系统的市场势力逐步得到增强和巩固，也使得系统本身不断壮大与优化。

尽管网络效应对产业的影响机制也是一致的，但是，直接网络效应、网络自增强效应、跨市场网络效应在机制和特征方面也有不同表现，因此，平台型企业也会因受到它们的影响而制定不同竞争策略。如图2-4所示，在直接网络效应的影响下，企业兼容选择和标准竞争成为主要竞争策略；在网络自增强效应下，企业的主要竞争策略是平台的定价策略；而在跨市场网络效应下，企业主要选择捆绑策略与一体化策略。

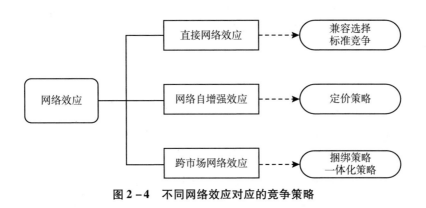

图2-4 不同网络效应对应的竞争策略

二、数字经济特征

在数据爆发性增长以及收集、分析和使用数据能力迅速提升的背景下，近十年来世界各地出现了大量使用数据驱动商业模式的数字平台，这些数字平台提供了让参与者聚集在一起进行在线互动的场所，并且有能力记录和提取与平台用户之间的在线行为和互动相关的所有数据，其盈利模式是将这些数据货币化以创造收入。以新产业、新模式和新业态为代表的数字经济，不仅意味着生产对象、生产工具和生产场景的变化，更关系到经济管理方式和内容发生巨大变化，利用各种信息技术对相关社会资源进行快速优化配置，以实现经济高质量、高速度、高标准发展。互联网平台型企业基于它自身对信息化能力的高要求属性，理所当然地成为数字经济载体之一。如图2-5所示，由于互联网平台型企业的数字经济特征，获取用户注意力资源主要有两条途径：一是通过大数据的手段分析溢出效应所产生的大数据资源以吸引用户；二是通过溢出效应所产生的锁定效应来留住用户。

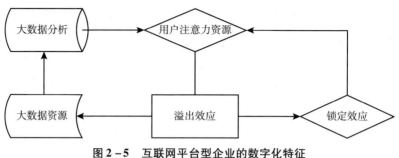

图 2-5　互联网平台型企业的数字化特征

（一）大数据获取注意力资源

随着数字经济中数据量呈几何式增长以及与大数据相关前沿技术的出现，传统工业经济模式向平台型生态系统模式演化，数字平台经济已上升至主导地位。联合国贸易和发展会议《2019 年数字经济报告》显示，2019年，全球平台经济市场价值总额达 8.98 万亿美元，全球市场价值超 100 亿美元的数字平台企业达 74 家，其中包括微软、苹果、亚马逊、谷歌、脸书、腾讯、阿里巴巴这七个"超级平台"，它们无一不是以数据为核心竞争力。在信息化时代的背景下，互联网领域出现了一系列"信息爆炸"，如广告信息快速增长和个人信息严重超载，让消费者的注意力更加分散。所以，用户注意力已成经济学中的"稀缺资源"，也成为企业竞争的焦点所在。为了获得用户的关注，互联网平台型企业必须提前获取客户交易数据以及使用准确的算法，以便了解客户的需求。通过大数据全面捕捉客户的需求，提供精准的个性化、定制化服务。

（二）数字经济水平及垂直溢出

人性化的大数据分析是驱动商业决策的有力工具。互联网平台型企业从庞大的结构化数据和非结构化数据中整理、分析和最大化提炼数据的价值，形成有用信息，推动各个方面的有效决策。借助大数据分析，互联网平台型企业可以了解客户行为和偏好，优化客户体验。互联网平台型企业通过水平渠道和垂直渠道扩大数字经济的溢出效应：水平渠道是指其他企业通过模仿创新，从而在更广的范围内提升生产力的过程，互联网平台掌握的信息向其他企业转移是水平溢出的基础，人员流动、知识的发布与共享或单纯的复制都是信息的转移方式。垂直渠道是指数字产品和服务生产力的提升沿着供应链从平台传递到用户，垂直渠道的溢出效应主要来源于成本的降低和一系列新技术的出现、技术使用的灵活度，以及互联世界运用技术的能力。数字经济的溢出效应最直接的结果就是锁定用户。

（三）精准匹配形成需求锁定

互联网平台通过为用户提供免费资讯和社交服务，获得用户的注意力和包括用户喜好、消费特征和社会联系等在内的大量数据，进而基于大数据和算法形成个人画像，从而为用户提供精准匹配其需求的产品和服务，产生需求"锁定效应"。互联网平台的锁定效应在社交类和娱乐类平台中尤为明显，用户不愿意放弃初始投资的沉没成本和机会成本而切换到其他互联网平台，因此，这类平台通常具有更强的锁定效果。互联网平台的"锁定效应"与"网络效应"密切相关。如图 2-6 所示，当互联网平台增长到足够大的规模时，转向其他互联网平台的用户将无法与原始平台的用户进行有效沟通，加之熟悉另一种平台需要付出大量的成本和精力，此时"网络效应"构成了用户的另一种转换成本，从而形成了"用户黏性"。例如，使用安卓系统的用户若转换成 IOS 系统则需要支付购买苹果系列产品的费用。当互联网平台所提供的信息不可替换或者具有特别属性时，它被赋予用户专有属性，从而对形成需求锁定效应。

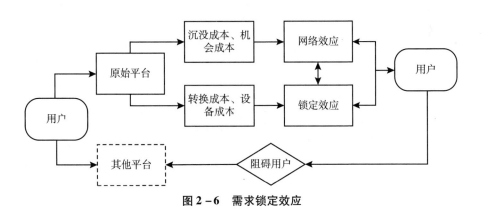

图 2-6 需求锁定效应

三、网络集聚特征

互联网平台型企业的网络集聚特征体现在网络经济集聚，可以通过网络聚集来自不同地区、不同领域的产品与服务，进行更大范围的资源配置，从而节省搜索成本和交易成本。同时，网络经济下批量生产带来的规模经济，使互联网平台型企业的边际成本大幅度降低，搜寻与匹配带来的交易成本也大幅度降低。网络的链接使得互联互通成为可能，互联网平台型企业随着网络的介入普及开来。在对用户的接纳上，不设门槛且全面服务社会，如腾讯、京东、美团点评在后台互联互通同时共享流量，从而使得多归属行为成为可能。

如图 2-7 所示，互联网平台型企业通过其网络集聚能力使产品与服务能够克服地域限制与类型限制，同时，由于平台技术的虚拟性和易模仿性使用户多归属成为可能，合理利用这两条途径能产生正反馈效应以促进资源的合理配置，提高经济效率效益。

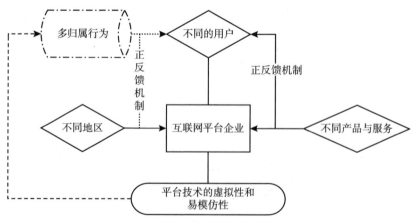

图 2-7　互联网平台型企业的网络集聚特征

（一）技术虚拟性和易模仿性

互联网平台型企业的实质是建立在计算机信息技术之上的虚拟平台，以电子化的编程设计为技术形式展现，具有网络协同和数据智能等属性。

由计算机信息技术的编程语言和代码所构成的互联网平台具有很明显的知识产品特性。互联网又赋予了知识产品更多的可能性，知识产品的可复制性和无形性等特性表现得更为强烈，这使得互联网平台之间的模仿成本极低。而互联网平台型企业在整体上表现出平台技术的虚拟性和易模仿性。例如，Uber 和滴滴出行最先是汽车交通的两个主要互联网平台，Uber 于 2014 年正式进入中国市场，但作为模仿者的滴滴出行迅速跟进并一度超越 Uber，并在 2016 年收购 Uber 的中国品牌。由此可见，平台技术的虚拟性和易模仿性将使得同质平台之间面临激烈的动态竞争。一个模式获得成功将意味着未来有更多相似模式出现，虽然模仿者在创新过程中消失的情况很多，但也会出现本土的模仿者击败外来创新者的现象。

（二）正反馈机制

互联网平台型企业之间的竞争主要集中在平台的一侧或者两侧的用户数量维护，并努力使其形成正反馈，避免产生负反馈。正反馈机制普遍存在于网络经济中，这是一个动态过程，其中，强者愈强，而弱者愈弱。在这种机制的作用下，早期的用户安装基础比较缓慢，但是，当用户安装基础达到一定的市场规模后触发网络外部效应，市场会达到一种饱和状态。如果网络达到临界规模，用户群体对网络的预期将导致网络规模的进一步扩大，现有的用户群体将期望其他用户也能访问该网络，最终所有的用户都会访问该网络。该正反馈机制所描绘的网络自我强化机制使强者更强、弱者更弱，最终市场竞争均衡结果的特征是垄断或寡头市场结构。

（三）用户多归属

现实中存在着多边平台市场结构，几个功能相似的双边平台存在竞争关系，交叉性平台之间存在着竞合关系。由于垄断性互联网平台具有许多替代彼此不相关平台的功能，因此，市场中至少有一个参与方可能会采用与多个平台相关联的行为，这称为多属行为占优策略。依万斯（2003）认为，对于至少一个市场参与者来说，多归属行为是必须的，以便在平台不兼容或者无法通信的情况下进行交易。多归属行为可分为两种：成员的多属行为和用途的多属状态。网络集聚特征消除了时间和空间壁垒，多归属行为促进互联网平台型企业应运时代的发展并不断产生新技术、新产品、新服务，以满足消费者日益增长的新需求，提高社会经济效率和资源的有效配置。

➡ 第三节
互联网平台型企业的成长演化

一、互联网平台型企业的类型分析

为了深入理解互联网平台型企业的概念，首先要先对互联网平台型企业进行分类。现在学术界和商界都没有给出统一的结论，也没有现行的分类标准。各位学者、研究机构给出差异化的互联网平台的分类和标准，尚无互联网平台型企业分类的前例。观察互联网平台型企业的类别，首先要清楚了解其核心平台的原型，寻找其背后的原型，很多新出现的互联网平台型企业可能是过去某一原型的演变，或几种原型的叠加。方军（2018）结合腾讯研究院调查归纳出现在主要有 7 大类（电商、服务、社交、信息、金融、技术、其他），共 21 种的互联网平台原型，未来还将有新的原型出现（见表 2 - 3）。

表 2 - 3　　　　　　　　　互联网平台原型

类别	原型		
电商	C2C 电商平台	B2C 商城平台	B2B 交易平台
服务	固定服务交易平台	流动服务交易平台	专业服务交易平台
社交	即时通信	社交网络	社交开放平台
信息	门户式内容资讯平台	内容社区	搜索引擎
金融	在线支付	资金交易平台	资产交易平台
技术	操作系统＋应用商店	云服务平台	大数据应用平台
其他	知识协作与软件开源平台	公益慈善平台	标准与核心组件

资料来源：方军. 平台时代 ［M］. 北京：机械工业出版社，2018.

互联网平台型企业可以根据核心平台的数量和关系、功能和属性以及核心平台的归属进行分类，并按照互联网平台型企业的成长路径分为五个阶梯。

第一阶梯为定位数据服务商的平台经济体。这些平台经济体包括谷歌、苹果、微软、亚马逊、Facebook、腾讯、阿里巴巴、Priceline.com、百度、Netflix 等。这一类企业已经达到互联网平台型企业成长过程中相对成熟的阶段。

第二阶梯为综合互联网平台型企业。这些综合平台型企业包括 360、今日头条、美团点评、网易、新浪等。这一类企业在获取更多用户资源和市场势力之后将会蜕变为平台经济体。

第三阶梯为垂直专业互联网平台型企业。这些垂直专业互联网平台型企业按照属性又分为 5 种，即网络零售平台型企业（苏宁、国美、京东等）、服务交易平台型企业（滴滴、携程网、58、饿了么、盛大等）、内容平台型企业（暴风、知乎、优酷、爱奇艺等）、金融平台型企业（蚂蚁金融、宜信等）、社交平台型企业（陌陌、花椒、斗鱼等）。这些企业在多次跨界后会转变成第二阶梯的综合互联网平台型企业。

第四阶梯为传统企业转型的互联网平台型企业。例如，媒体信息平台型企业，这些企业基本上都是传统媒体行业转型，包括凤凰网、人民网、新华网等，或者是信息资讯平台。工业互联网平台型企业都是传统工业企业拆分出来的工业信息与交易类企业，包括网盛生意宝、钢铁网、化工网等。

第五阶梯为新兴的中小互联网平台型企业。例如，互联网家装平台型企业、生鲜类电商平台型企业、新式茶饮平台型企业、每日优鲜平台型企业等。这一阶段的企业尚未获得稳定的用户，正在积极拓展市场，寻求融资。

二、互联网平台型企业的成长路径

互联网平台型企业本身所处的阶段并非一成不变，随着企业的战略扩张和转型，以及不断变化的竞争环境和市场条件，互联网平台型企业从初创向平台经济体方向进行成长和演化。在平台型企业初创或传统企业初步转型阶段，通过先发优势与市场竞争获得的用户基础达到临界容量；继而由于交叉网络效应的正反馈机制，逐步成为领域内的领导者以实现"赢者通吃"；进而通过跨界竞争转型升级为多领域平台，最后能够形成拥有相对成熟生态系统的平台经济体。

（一）先发优势与临界容量

先发优势是构成互联网平台型企业市场势力的重要因素之一，互联网平台型企业在发展初期往往会采取免费策略来吸引用户的"注意力"资源，平台用户如果习惯使用该平台的产品或服务，通常不愿意花费更多的成本和时间转向其他平台，从而会形成锁定效应。结合平台的网络效应，平台型企业价值随着用户人数的增长而增加，这使平台对用户的黏性也就越大，进而形成规模效应。当用户对平台型企业依赖性增强，平台型企业不可替代时，具有独占属性的锁定效应就会更加明显。互联网平台型企业为了赢得用户并增强用户黏性从而形成正反馈，平台在成立的初始阶段所使用的措施是对两边的用户进行价格补贴，在成熟阶段仍保持对一边用户价格补贴，同时，平台采用各种方法提高用户体验和改善服务质量。但先发优势的大小和其所在行业领域的临界容量有很紧密的联系。临界容量，定义为维持均衡的最小网络规模。例如，电子商务是具有强网络外部效应的网络产品，其临界容量是较大的网络规模，较小的网络规模使市场无法达到或维持均衡状态。若消费者的购买意愿很低，将难以扩展网络规模，而网络规模不佳会降低消费者的支付意愿。

（二）跨界竞争与"赢者通吃"

双边市场中用户的决策行为往往相互影响，平台先接入用户的市场行为会影响到后接入用户的行为，并且平台后接入用户行为还取决于前期市场的初始条件。这类平台型企业使市场集中度进一步加强，拥有大量市场份额，并且在正反馈机制下，很难打破已形成的市场均衡。市场稳定性逐渐显现，这种稳定性使市场垄断企业的产品成为标准化产品。当出现更好的技术标准时，由于不兼容等原因，使得转移成本过高，市场将被锁定。随着市场份额的不断提高，正反馈效应不断积累，市场的垄断能力将迅速增强，整个市场将会出现被一家企业或者一种技术垄断的现象，互联网平台型企业成为这一领域的单寡头。

"独角兽"企业一般是指在市场上成立时间不超过10年、由其投资人或者估值机构估值超过10亿美元的未上市的创业公司，这一概念最早由美国著名投资人艾利恩·李（Aileen Lee）提出。如表2-4所示，以"独角兽"公司为例，这些公司中的大多数正是由于跨界竞争中的市场锁定特性使本公司的产品作为标准，成为某一新领域带有一定垄断性质的领导者。

表 2 – 4   2020 年全球排名前 10 位的"独角兽"公司

排名	公司名称	估值（亿美元）	国家	行业
1	蚂蚁金服	1500	中国	金融服务
2	字节跳动	750	中国	消费互联网
3	Infor	600	美国	软件
4	滴滴出行	530	中国	交通出行
5	陆金所	394	中国	金融服务
6	JUUL	380	美国	电子产品
7	Airbnb	380	美国	旅游
8	Stripe	350	美国	金融服务
9	Space – X	305	美国	航空航天
10	阿里本地生活服务	300	中国	餐饮

资料来源：IT 桔子网站。

平台通过竞争策略和技术创新优势，可以吸引并锁定用户，以便在双边市场中获得不同的资源，实现互联网平台型企业在某一行业的"赢者通吃"，并具有随时跨界竞争的特性。在锁定效应和网络效应的相互作用下，平台型企业实现跨界竞争的前提是通过技术创新优势使得不同平台之间相互联通，以快速实现不同领域的用户注意力这一"稀缺资源"在不同平台之间的流动。此时，平台型企业将会在较短的时间内跨界拥有强大的市场势力，在此基础上可以进一步扩展业务范围，但是，互联网平台又因跨界竞争面临着其他平台巨大的竞争压力。当互联网平台型企业拥有两个互补性的平台时，由于间接网络的外部效应，进入壁垒将得到加强。为了打击市场中的潜在进入者，可采取互补平台间的交叉补贴方式。如果潜在的进入者想在市场上获得同等的竞争力，他们就必须同时进入一体化中两个以上的市场，否则就会在双边市场的竞争中处于不利地位。

（三）平台生态的发展成熟

平台型企业在某一行业某一领域甚至多领域实现"赢者通吃"，以及通过跨界竞争扩大了双边用户规模。互联网平台型企业在规模经济的作用下快速将虚拟网络与实体经济相结合，由此形成了新的经济体，向生态型组织经济发展，并保持了整体的扩张和增长趋势。一方面，数据资源成为互联网平台型企业的核心生产要素，平台由大到强，数以十亿级的用户聚集在平台上交流互动，成为全球的数据寡头；另一方面，平台型企业通过制定和实施各种服务规则，逐渐集私有性和公权力于一体。但是，这不能阻碍其他多样化需求的平台型企业做大做强，垄断性竞争结构的均衡并不会因为并购和分拆而被消除，市场结构呈现单寡头竞争性垄断市场。

➡️ 第四节
本章小结

平台经济是生产力新的组织方式，是经济发展的新动能。2019 年，全球平台经济继续保持快速增长态势。互联网平台日益成为数字经济发展中极为重要的一种新型经济组织形态，互联网平台型企业的崛起与数字经济发展相辅相成、共同成长。为了深入了解互联网平台型企业的特征及演化，本章从不同角度诠释了互联网平台型企业的成长路径及属性特征。本章内容框架如图 2-8 所示。

通过对数字经济的发展阶段与平台型企业的发展历程进行针对性的梳理，互联网平台型企业的发展可以划分为初创期、成长期、成熟期与稳定期四个阶段，根据不同时期的互联网信息技术发展的特点，互联网平台型企业的成长也体现出不同的特征。为了更好地理解互联网平台型企业如何成为数字经济的载体之一，本章从平台经济和双边市场理论切入，分析了互联网平台型企业的属性特征，对互联网平台型企业的双边市场特征、数字经济特征、网络集聚特征进行了阐释。

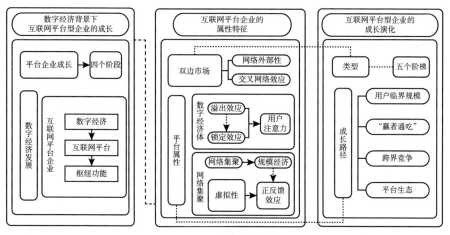

图2-8 本章内容框架

在对互联网平台型企业的成长背景、行业特点，以及功能属性进行比较研究的基础上，根据互联网企业发展的五个阶梯，进行了互联网平台型企业的分类刻画；另外，从先发优势与用户临界规模、跨界竞争、"赢者通吃"，以及平台生态的发展成熟等方面，厘清了互联网平台型企业独特的成长路径，为下一章关于互联网平台型企业市场势力的理论研究做好了铺垫。

第三章

互联网平台型企业市场势力的内涵及特点

本章系统梳理了动态竞争理论、双边市场理论以及创新经济学中与市场势力相关的理论，采用创新获益理论的利益相关者和界面分析视角，系统阐释了互联网平台型企业市场势力的内涵，及其在"平台—分工合作者""平台—消费者""平台—竞争模仿者"界面中的表现。研究了互联网平台型企业市场势力测度等方面不同于传统企业的特点，并进行了搜索引擎市场中动态竞争特征事实的考察。

▶ 第一节
利益相关者视角下市场势力的内涵

一、竞争理论流派关于市场势力的观点

市场势力的强弱，是决定企业利润实现及利益分配的关键。赢得市场势力并享受超额利润，是企业家从事富有冒险精神的市场竞争所与生俱来的天性（Leu & Kinzer，2000），也是企业家发挥自身能力的源头动力（Castanias & Helfat，2001）。拥有市场势力也意味着企业有能力保护创新，防止创新利润被其他利益相关者分享（Malerba & Orsenigo，1996）。

学术界对企业市场势力的理论认识是随着竞争理论的发展而不断深化的。在新古典经济学静态的均衡理论框架中，偏离完全竞争即被认定存在

效率损失，传统衡量市场势力的"勒纳指数"，就是将市场势力界定为产品价格维持在边际成本以上的情况（Lerner，1934）。而在传统产业组织理论的结构—市场—绩效（SCP）范式中，市场势力也只被用于衡量垄断程度。例如，贝恩（Bain，1941）认为，厂商的市场势力可用其利润率和"正常"竞争下企业平均利润率之比进行衡量。因此，在静态竞争理论中，市场势力作为效率的对立面，往往被严格加以排斥。

伴随着现代动态竞争理论的发展，市场势力作为企业创新活动的保证和市场动态竞争推动力量的特性被揭示出来。克拉克（Clark，1940）的有效竞争理论提出，适度的市场势力既是"创新竞争行为"和"模仿反应竞争行为"的前提，也是这些竞争行为的结果。熊彼特（Schumpeter，1942）认为，企业拥有市场势力是保护技术创新成果必不可缺的条件，他将市场势力理解为"防止企业创新被迅速模仿和利润受到损害的能力"。鲍莫尔等（Baumol et al.，1983）在其可竞争理论中证明，只要不存在人为的市场进入限制，企业市场势力就不会由于市场份额提高而增强。新奥地利学派代表人物柯兹纳（Kirzner，2000）认为，企业家抓住利润机会的行为理应受到市场势力的激励。以上理论的共同点是以动态分析视角对企业市场势力的合理性进行阐释。

事实上，产业经济学家较早提出，反垄断真正关注对象应该是滥用市场势力（垄断势力）而不是所有的市场势力。不少学者对"市场势力"与"垄断势力"进行了区分，有助于更准确地认识企业市场势力。例如，卡尔顿及佩罗夫（1998）认为，市场势力虽然与垄断势力一样，表现为厂商将价格制定在边际成本之上，但拥有市场势力的厂商，其利润并不会高于市场平均的竞争水平。兰德斯和波斯纳（Landes & Posner，1981）以及沃顿（Werden，1998）强调市场势力与垄断势力在持续时间上的差别。沃顿（1998）认为，市场势力形成的主要原因是某企业的产品暂时不可被其他竞争对手替代，这种市场势力会随着竞争对手的扩张而被迅速侵蚀，因而具有短期性。与之相对，垄断势力是指程度更高且持续时间更长的市场势力，基于进入壁垒的保护，垄断势力可得以长期维持。

在现代动态竞争理论影响下，学者们突破了市场势力传统研究着重于分析企业定价行为的局限，主张拓宽并深化对市场势力内涵的理解。杨

（Young，1997）认为，企业 A 若相对于企业 B 具有以下四种能力，则可以判断企业 A 相对于企业 B 更具有"势力"：（1）在直接冲突中取胜的能力；（2）干扰企业 B 达到目标的能力；（3）重塑企业 B 目标的能力；（4）通过企业 B 非意愿的方式，重塑企业 B 目标的能力。杨（2000）认为，市场势力是企业相对于竞争对手，"创造"出产品非对称需求的能力。考兰（Cough-lan，2003）将市场势力概括为企业在市场上的潜在影响力，即企业在市场竞争中改变事件本来进程的能力。

本书将沿用考兰（2003）从影响力视角考察市场势力的观点，以"促进公平透明的竞争秩序、激发创新创造活力"为核心价值导向的立场来研究互联网平台型企业市场势力的内涵、形成和影响；综合考量互联网平台型企业市场势力具有促进创新、实施平台赋能的积极作用，以及当其市场势力遭到滥用时，有损市场竞争公平和透明，需要加强监管和规制。

二、从熊彼特假说到创新获益理论

熊彼特（Schumpeter，1942）指出，拥有市场势力可为企业提供更多的创新资金、技术机遇以及由未来超额利润预期带来的创新激励，提出了著名的熊彼特假说，该假说包含了两个层次的问题：第一，创新与市场势力之间存在正向关系；第二，大公司比小公司更有利于创新。熊彼特假说中关于市场势力的分析与新古典经济学静态均衡框架非常不同，而与克拉克的有效竞争理论（Clark，1940）、可竞争理论（Baumol，Panzar& Willig，1982）以及新奥地利学派的市场过程理论（Leu & Kinzer，2000）中关于企业市场势力的观点具有共同的理论底蕴，就是通过对动态竞争过程的解构，揭示出企业市场势力具有促进创新效率的积极作用。阿罗（Arrow，1962）把赋予创新以必要的市场势力的问题本质归纳为"独占性"，指出生产知识的私人边际收益远低于社会收益，而企业需要拥有一定期限的排他性权利以独占创新收益，从而限制其他厂商分享利润并激励企业创新。但熊彼特假说的后续研究多集中于对市场集中度与创新之间的相关性检验上，并未触及企业市场势力形成的机理问题。

结合新演化经济学思想及交易成本理论，梯斯（Teece，1986）首次从微观层面出发，将市场势力的分析焦点从中观层面的市场结构转移到企业与其利益相关者，即竞争模仿者、互补资产所有者以及消费者之间对于创新收益的分配问题中，从而开创了创新获益（profiting form innovation，PFI）理论的先河（Winter，2006）。梯斯（1986）分析了独占性机制（appropriability regime）强弱及互补性资产（complementary assets）通用或专用的不同组合情形，决定了创新收益主要是由创新企业获得、抑或主要由其互补资产所有者获得，还是主要由消费者获得，从而为独占性问题的研究提供了全新的理论视角。其后，诸多学者对该框架进行了拓展研究（Pisano & Teece，2007；Atkins，1998；Rao，2005）。

对于梯斯提出的企业如何从创新中获益，即如何形成有利创新的市场势力这一问题，现有的代表性研究可被归纳为以下三类：一是从独占性机制的角度，研究企业以独占创新价值的方式，如专利、保密、领先时间、学习曲线及互补的销售和服务等方式，独享创新利润的有效性（Levin et al.，1987；Harabi，1995；Cohen et al.，2002）；二是研究企业如何选择对互补性资产进行契约联合或战略投资等决策，以确保在与分工合作者的价值分配中占据优势（Dyer & Singh，1998；Rothaermel，2001；Taylor & Helfat，2009）；三是从产业架构（industrial architecture）的角度，研究企业通过重构产业架构获取架构优势，从而与利益相关者共同完成价值创造并获得有利于自身的价值分配（Jacobides et al.，2006；Pisano & Teece，2007）。值得重视的是，杰科拜兹等（Jacobides et al.，2006）将架构理论中的界面视角引入分析，提出企业在与竞争模仿者的界面中通过采取独占性机制限制进入；而在与分工合作者的界面中应设法提高互补性资产的移动性以鼓励其竞争，从而为自身创造在利润分配中的独特优势。

经过 20 多年的发展，创新获益理论得到了深入和系统的发展，该分析框架的提出使得创新独占性问题的研究从相对狭窄的创新经济学分析领域被拓展到更广阔、多学科交叉研究的领域。该理论体系侧重于关注企业与竞争模仿者的关系中，如何保护创新成果、防止模仿及利润耗散；以及企业与互补性资产所有者的关系中，如何得到最大化的价值分配（Chesbrough，2006）。

三、互联网平台型企业市场势力内涵

如上所述，演化经济学思想 PFI 理论解释了创新收益获取的路径，为本书研究提供了重要的思路，PFI 理论对"独占性"的研究焦点转移到企业与其利益相关者，即互补资产所有者、消费者，以及竞争模仿者对于创新收益的分配中：关注企业与互补性资产所有者的关系中，如何确保在与分工合作者的价值分配中赢得优势（Hess & Rothaermel，2011）；考察企业在与竞争模仿者的关系中，如何保护创新成果、防止模仿及利润耗散；还分析企业与消费者之间权利关系的对比以及双方在创新收益中的分配。

本书将基于 PFI 理论的利益相关者视角，对互联网平台型企业的市场势力内涵进行分析。通过把握动态竞争中企业与各方利益相关者，即企业与竞争模仿者、互补资产所有者及消费者的互动关系，来开展互联网平台型企业市场势力的研究。根据创新获益理论、受独占性机制及互补性资产通用性等因素综合影响，创新收益在企业与市场利益相关者之间被争夺及分配。同理，互联网平台型企业市场势力的分析，也不能将互联网平台与市场利益相关者的关系割裂开来。

个体企业在交易成本最小化原则统领下，凭借特定的知识、资源及能力的路径依赖和演化，与市场中其他主体通过不同的规则及契约连接形成了各异的"界面"，并透过界面对外进行着知识、信息及其他资源的交流、更新、整合及创造（Jacobides et al.，2006）。从组织架构的制度视角来看，界面作为系统的基本规则，最终决定了企业与其他组织之间的控制与被控制的关系。

为了更清晰而系统地研究互联网平台型企业的市场势力，本书基于组织架构中的界面视角，来进行互联网平台型企业与利益相关者之间价值创造与利润分配问题的考察。互联网平台型企业市场势力作为企业在市场中的交易主导性和决策影响力的体现，必然随着利益相关者之间界面的差异，即互联网平台型企业与其他主体之间规则和契约联系的差异，而呈现出不同表现和特征。因而，可以借助组织界面的视角，对企业市场势力的表现特征进行有层次的归纳。利益相关者是指能够影响企业的决策和行动,同时又能被企业的决策和行为所影响的个体或者组织,通常而言,受组织目标影响或影响组织目标的个体或团体均为企业的利益相关者(杨瑞龙和周业安,2000)。根据梯斯等提出的 PFI 理论,平台生态系统的外部利益相关者主要包括三类:分工合作者、消费者和竞争模仿者。如图 3-1 所示,互联网平台与分工合作者的交互形成了"平台—分工合作者"界面;与消费者的交互形成了"平台—消费者"界面;与竞争模仿者的交互形成了"平台—竞争模仿者"界面。

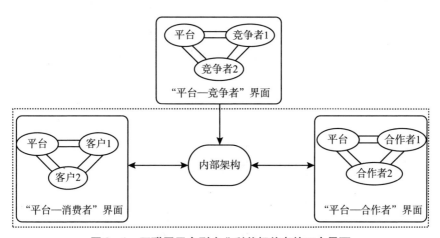

图3-1 互联网平台型企业利益相关者的三个界面

基于上述三个界面的分析视角(见图 3-2),本书提出互联网平台型企业市场势力的内涵在于:互联网平台型企业将价格制定于边际成本之上获取超额垄断利润的能力,其实质为相对于平台的分工合作者、消费者和竞争模仿者等多方利益相关者的市场影响力,主要表现为在平台经济中掌握价值创造与价值分配的主导权、通过消费者融入形成需求锁定,以及相对于竞争模仿者的不可替代。这一理解突破了传统研究对于市场利益相关者互动重视不足,甚至在某些研究中被忽略的局限。从而能够为开展互联网经济中平台型企业市场势力的影响和规制研究提供重要理论基础。

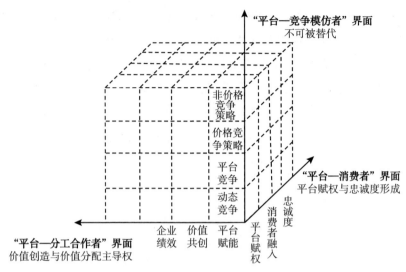

图 3-2　互联网平台型企业市场势力的维度

■■■➡ 第二节
互联网平台型企业市场势力的表现

一、"平台—分工合作者"界面：价值分配主导权

在资源互补基础上的"企业—分工合作者"界面，互联网平台型企业与其分工合作者之间属于纵向关系。互联网平台拥有市场势力，意味着有能力造成分工合作者对自身的交易"依赖性"，从而在交易条件的确立中拥有讨价还价的权利（Das，2000）。在此界面中，互联网平台型企业的市场势力表现为：主导着互补性资产所有者之间的分工、有能力对其分工合作者实施决策影响力，并且在经济租金的分配中占据高比例。

从"平台—分工合作者"界面看，互联网平台型企业与合作伙伴之间的联系日益密切，分工与协作开始在大平台框架展开，互补型合作伙伴与平台结成了利益共生体，平台发挥了契约合作的机制维护和生态圈监管的作用，互联网平台与合作伙伴之间在开放的生态体系中嵌入性增强，包含两个层面：一是互补型合作伙伴更深层次连接平台；二是合作伙伴相互关联增强。

在与互联网平台合作初期，互补型合作伙伴作为价值支持者，合作伙伴彼此相对联结不紧密，只需要各自满足消费者需求，缺乏充分的互动协作，彼此间还可能存在激烈竞争和相互模仿。随着消费者主权的崛起，平台业务也趋于多元化，平台上的合作伙伴也日趋多样化，这更要求合作伙伴加强联结。此外，为满足海量消费者个性化、多元化的需求，在平台赋能的背景下，合作伙伴亦不再受制于规模和资源制约，只要提供出色的产品与服务，就能通过平台吸引需求。

这在电子商务领域互联网平台表现更明显，互补性分工合作者对于互联网平台的依赖性较强，多边合作不仅可以提高固有收益，还丰富了互联网平台的服务内容，提高服务质量。互联网平台型企业处于枢纽的位置，兼具市场属性和准公共属性。分工合作者与平台之间的关系是不对等的，平台对分工合作者的话语权较强。

以阿里巴巴旗下本地生活服务领域为例。2018 年 4 月，阿里巴巴以 95 亿美金的价格收购了饿了么外卖平台。2018 年 10 月，阿里巴巴宣布将口碑外卖平台与饿了么外卖平台进行合并，成立本地生活服务公司，即本地生活平台作为中间渠道，其分工合作者主要包括商家、配送员、消费者、银行及金融机构等。作为互补型分工合作者，饿了么外卖平台和口碑外卖平台合并打通"到家"和"到店"两个场景，饿了么拥有丰富的本地生活服务资源和强大的即时配送能力，口碑外卖平台则拥有成熟的商家服务体系和深刻的消费者洞察，两者的协同作用明显。在合并之后，两者将共同推动本地生活服务市场的全面数字化。目前，口碑外卖平台和饿了么外卖平台在超过 600 个城市拥有超过 300 万的活跃商家，口碑外卖平台月活跃人数（MAU）达到 1.67 亿；饿了么外卖平台则拥有超过 60 万的月度活跃骑手为消费者服务。

二、"平台—消费者"界面：需求锁定

正如杨（2000）指出，从市场需求的角度来看，企业市场势力的实质体现为企业锁定产品非对称需求的能力。要赢得"平台—消费者"界面的

市场势力，互联网平台须通过向特定顾客提供最大化满足其偏好的个性化产品和服务，使顾客面临较高的转移成本，即寻求购买其他替代品所需的额外费用较高，从而降低产品的需求价格弹性。在"平台—消费者"界面中，具备市场势力的企业拥有在一定程度上被"锁定"的忠实顾客，因而拥有较高的产品价格加成能力；以市场结构性指标考察，通常体现为企业在目标市场中占据较大的市场份额。在此界面中，互联网平台型企业需要具有较高的市场把握能力，包括对市场机会、市场资源及市场风险的全面把握能力。

消费端的免费模式并不仅仅是为了产品与服务的利润，消费者"注意力"资源也成为互联网平台型企业的争夺目标。消费者花费在平台上的成本不只有金钱，还有时间精力与个人私密信息。一般消费者为了减少搜索成本，不会经常性转变自身消费习惯，在互联网平台上面注册，将个人信息披露给互联网平台型企业本身就属于风险行为，消费者的自然避险行为也决定了消费者对平台的青睐，互联网平台型企业获得消费者的个人信息，包括个人一般资料、消费生活习惯等，在此基础上衍生出企业的大数据服务，因此，众多综合平台将自己定位为数据服务商也有一定的道理。

"平台—消费者"界面的权利对比是随着平台发展而动态演进的。在平台搭建期，互联网平台主导着产品及服务的走向，消费者尚处在认知及尝试新服务的阶段，被动接受平台提供的价值主张，平台与消费者之间属于单纯的交易关系。随着消费者级数的增长，消费者话语权不断扩大，消费者的心理需求、行为方式等特征都左右着平台的发展。在数字经济时代，消费者注意力成为稀缺资源。互联网平台商业模式创新的基础在于对稀缺"注意力"的吸引，构建高"注意力资源"的商业生态。从交易成本的视角看，依托数字技术革命，外部交易成本的降低提高了互补资源的可获得性，内部交易成本的下降提高了平台管控能力，新的市场需求被不断发掘，互联网平台型企业的市场影响力也不断扩大。同时，互联网平台吸引消费者、锁定需求的过程，也是消费者完成了尝试信任、行为信任及精神信任的过程。在此基础上，"平台—消费者"界面中的关系模式不断加强。

以阿里旗下主要的电商平台淘宝为例，淘宝最大的优势是多年沉淀的巨大用户流量和平台商誉，借助其"千人千面"的智能技术，为消费者推送不同的商品，不仅提高品牌商品的曝光与点击率，而且还能够降低平台营销成本和消费者的时间成本。而近年来兴起的淘宝直播则更进一步提高平台间的交易效率，根据阿里研究院《2020 淘宝直播新经济报告》显示：淘宝直播带货能力在 2019 年显著升级，连续三年直播引导成交增速 150% 以上。快速兴起的淘宝直播改变了平台商家和消费者沟通的方式，吸引了消费者"注意力"，以便更好地了解消费者多元需求。

三、"平台—竞争模仿者"界面：不可替代性

在生产或销售处于同一价值环节的"企业—竞争模仿者"界面中，企业与竞争模仿者为获取分工利益和机会展开了激烈竞争，彼此间存在着以交叉弹性衡量的相互替代关系，该界面中互联网平台型企业拥有市场势力的表现，体现为相对于同类平台型企业以及潜在竞争平台型企业的不可替代，以及平台型企业在与竞争模仿者的博弈中无须过多考虑竞争对手的反应，拥有排他性的话语权和决定权；尤其当其成为行业领导者时，这种排他性话语权主要来自竞争对手所拥有的消费者规模以及竞争对手所具备技术专利的独特性组合。

互联网时代竞争表现为利益共享的合作竞争，从"平台—竞争模仿者"界面看，互联网平台型企业在改变治理结构的同时，也改变了市场资源配置方式，通过市场定位差异化与竞争平台建立合作关系，共同提高客户的平台使用价值。此外，制定正式或非正式的利益承诺机制，引入外部竞争合作伙伴的平台入驻，来促进产品的多样化和创新；当竞争对手拥有较多的知识产权专利或者专业化营销与服务能力时，知识外溢可以进一步促进平台的演化；通过合作机制与竞争对手整合资源，有效改善公司治理外部环境，降低治理风险。以上竞合关系包含两个方面：同业竞合以及跨界竞合。

由于同业平台之间提供同质或类似产品和服务，为了争夺市场，实现自身的规模经济和范围经济，同类平台之间存在激烈的竞争。随着消费者

话语权的崛起，零和博弈无法适应新经济时代的需要，平台之间在竞争中合作，谋求更好的共存方式。例如，2017 年 8 月，京东与沃尔玛再次达成密切合作，通过整合双方在电商和零售领域的巨大优势，继续联手打造线上线下联动大型促销活动"88 购物节"，为消费者提供品质更佳的产品与服务。除此之外，沃尔玛和京东双方在"88 购物节"期间首先实现用户互通，消费者可在沃尔玛门店可扫码领取京东满减优惠券，这些优惠券可在京东商城沃尔玛官方旗舰店、ASDA 全球购官方旗舰店、沃尔玛全球购官方旗舰店使用。此外，实现了库存互通，包括供应链、平台技术、实现信息共享和存量信息打通，双方的优势与价值在此次活动中得到完美体现。例如，消费者在京东平台下单，系统会判定商品从沃尔玛门店配送的最优路径，后台管理系统则会下发指令到相应的门店，由沃尔玛员工出库打包商品，随后由京东快递配送，大大提高配送效率，节省时间成本。虽然京东和沃尔玛同为零售企业，但是线上、线下也可以差异共存，实现互补，增强整体的市场势力。

四、市场势力在不同界面的传导路径

前文厘清了互联网平台型企业市场势力的三条作用路径：在"平台—分工合作者"界面，主导资源互补者之间的分工交易并获取架构优势，从而共同完成经济租金的创造并分配到高比例的经济租金；在"平台—消费者"界面，提高消费者转移成本并降低顾客需求弹性，从而扩大市场份额并实现产品价格加成；在"平台—竞争模仿者"界面，构筑战略壁垒、形成相对于竞争对手的不可被替代。需要指出的是，以利益相关者界面的视角对于平台企业市场势力路径的分析，并非意味着市场势力在平台与竞争模仿者、分工合作者及顾客的界面中是彼此割裂的独立存在。对应本书分析框架的三个界面，任一路径中互联网平台型企业市场势力的构建和提升，都将传导到其他两个界面，并促进互联网平台型企业市场势力的整体提升，这三条路径彼此传导，构成了双向通路。

上述路径互动传导的机制在于两个方面。其一，在"平台—竞争模仿者"界面，互联网平台型企业若能成功地构筑战略壁垒、形成自身的不可替代，那么，无论在"平台—分工合作者"界面还是在"平台—消费者"界面，均能增加交易对手的依赖性，提升交易主导性及决策影响力。例如，当平台被竞争对手替代的可能性越小，则受到竞争对手价格竞争的影响也越弱，平台才有能力向交易对手提出明显有利于自身的交易条件，包括控制产品价格或者是附加于交易条款中的成本及风险的转嫁。

其二，在"平台—分工合作者"界面，平台若能充分发挥网络构建能力，与上下游分工合作者形成优势资源互补、发挥协同效应，将获得集中体现为知识和关系租金的架构优势，这种知识和关系租金具有可持续性，不易随着市场成熟而逐步消散（Cohen et al.，2002），因此，架构优势将成为"平台—竞争模仿者"界面中战略壁垒的重要来源；另外，平台与分工合作者通过架构优势所实现的独特产品和服务价值将极大地满足市场消费者需求，有利于在"平台—消费者"界面锁定市场需求。

其三，在"平台—消费者"界面，互联网平台型企业若具备市场把握能力，成功地锁定市场需求、扩张市场份额并实现产品价格加成，则由价值实现积累的资金、品牌及社会资本，不仅是在"平台—竞争模仿者"界面构筑战略壁垒的重要保障，同时也是在"平台—分工合作者"界面赢得优质的战略合作伙伴、在分工和交易中发挥主导性的必要前提。综上所述，互联网平台型企业市场势力的传导路径具有内在的互动传导性质，说明需要兼顾与多方市场利益相关者的互动关系。

第三节
互联网平台型企业市场势力的测度

一、勒纳指数的不完全适用性

伴随着市场势力理论研究的丰富发展，企业市场势力的经验性研究也取得了诸多进展，按研究方法不同可归纳为以下四类（Larry et al.，2002）：（1）产业案例研究方法；（2）结构—绩效—行为（SCP）模型；（3）新经验产业组织（NEIO）模型；（4）时间序列模型，包括价格不对称模型（price asymmetry model）及协整模型（cointegration model）。

依万斯（2003）与万特（Wright，2004）的研究均认为，双边市场中企业市场势力应该用新的理论视角，简单片面地分析平台型企业在某一单边市场的策略行为很可能导致错误的结论，对于互联网平台型企业来说，市场势力测度会比传统企业更加需要结合现实的场景。赫维兹（Hurwitz，2011）在研究双边市场界定时提出，双边市场中不会出现普通市场中一般存在的均衡状态，这是由双边市场的特殊性决定的。双边市场本质特点决定市场势力的必然存在，而市场势力测度并不是双边市场主要的研究对象，反垄断关切的应该是滥用市场势力的情况。国内学者也注意到，平台型企业的最优定价策略和单边市场定价策略存在诸多的差异，活跃于双边市场中的平台型企业，在行为特征方面明显有别于单边市场中的企业行为（岳中刚，2006；程贵孙等，2006）。

从理论上讲，勒纳指数作为直接衡量市场势力的指标具有新古典经济学基础，但在实际操作中，一般很难获得诸如企业的边际成本之类的数据，在很大程度上也无法估计企业的剩余需求弹性。更重要的是，勒纳指数估计是以完全竞争市场为参照系，但实际中并不存在完全竞争的行业，这说明大多数企业都会具有一定程度的市场势力。所以，勒纳指数的大小是否能在反垄断意义上反映市场支配力，至今是一个尚未确定的问题。尤其是对于具有网络外部性的互联网平台型企业来说，勒纳指数的测度更不具有适用性。川伯雷（Tremblay，2018）指出，在双边市场中，当平台型企业拥有市场势力时，勒纳指数可能为负数，不能正确反映双边市场的市场势力，在具有双边市场特征的信用卡市场、操作系统市场、购物中心以及媒体市场等都是如此，勒纳指数并不完全适用于度量互联网平台型企业的市场势力。

第一，市场份额是市场势力最为重要的衡量指标之一，市场份额与勒纳指数关系密切（见图3－3）。通常认为，市场份额大的企业更容易获取和维持市场势力（Kaplow，2015），而鲍末尔的可竞争理论以及新奥地利学派的市场过程理论认为，市场份额并不等同于市场势力，互联网经济尤其如此，与传统单边市场不同，双边市场单侧市场份额无法准确反映互联网平台型企业的市场势力，应在双边市场中谨慎使用市场份额作为衡量市场势力的指标。过分强调已建立的市场份额对于市场势力的关联性会增加对企业市场势力衡量的误差，即可能会高估那些拥有较大市场份额的互联网平台型企业的市场势力，忽略那些份额暂时不大但势力很强的互联网平台型企业。

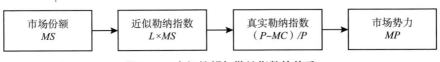

图 3 – 3　市场份额与勒纳指数的关系

第二，根据传统的衡量市场势力的方法，互联网平台的销售额通常作为其衡量市场势力的重要指标。由于数字市场具有"赢者通吃"、双边市场及动态竞争等内在特性，单纯以销售额难以准确衡量对市场竞争的影响，很多平台对多个产品和服务使用免费策略，因此，销售额并不能准确反映优势企业的市场份额或主导地位。由于互联网平台型企业普遍拥有不对称定价策略和多产品经营策略，故衡量互联网平台型企业市场势力不能仅采用传统方式。例如，单侧市场的产品价格加成等指标，所以，在衡量互联网平台型企业的市场势力时，有必要分析平台型企业的整体利润水平来源，以及两边用户通过平台完成的单位交易的价格水平。

第三，传统反垄断实践勒纳指数运用中，价格制定于边际成本之上（$P-MC$）的提价能力是判定市场势力的重要指标，正如许多研究引入成本加成率这一指标（Edmond et al.，2015），用来衡量价格与边际成本的偏离程度。成本加成率越高，表示企业拥有交易条件的谈判权以及决定权，这种现象最有可能出现在垄断竞争市场中；成本加成率较小，表示企业为被动的价格接受者，通常处于接近完全竞争的市场结构中。但是，互联网平台价格结构非中性、交叉网络外部性对于提价能力的适用性提出了新的挑战。以单边市场思维为基础的判定方法无法准确判断平台型企业是否具有市场势力。站在互联网平台型企业的角度，在交叉网络外部性较大的情况下，提高价格会减少流失用户数量，此时迁移效应与锁定效应相比较小，用户迁移成本大，因为交叉网络外部性对企业市场势力的增强有积极作用。但站在整个平台角度，在交叉网络外部性较大的情况下，提高价格会增加流失用户数量，因为锁定效应不明显，用户会选择退出该平台的使用，因此，交叉网络外部性会减弱互联网平台型企业的市场势力。

第四，互联网平台型企业在双边市场中需求锁定效应和跨界竞争效应同时存在，使得传统反垄断规制的静态分析，很难适用于动态市场并做出准确的判断。具体而言，平台与平台之间提供的商品或者服务改变时，平台的业务范围随之改变，最终造成"跨界"平台之间的竞争日益激烈。在两种效应同时存在的背景下，当平台的客户数量达到某一临界点，在锁定效应影响下，互联网平台会出现"赢家通吃"这种在双边市场中普遍存在的现象；同时，在跨界竞争的影响下，互联网平台面临着随时被竞争对手取代的可能，这些竞争对手可能来自其他领域，通过跨界竞争带来的新优势进入市场。因此，哈佳伯第和萨玛第（Hajiabadi & Samadi，2019）根据市场平衡点的区位边际价格（LMP）作为评价市场势力的新的结构性指标。

二、相关市场分析范式的变化

在平台经济领域，认定互联网平台型企业是否滥用市场势力以及开展反垄断审查的第一步，通常是相关市场的界定。相关市场的界定对于传统的市场势力测度不可或缺，相关市场是经营者之间就某一产品或者服务进行竞争的区域，要想准确计算企业的市场份额并最终对其市场势力做出评估，必须要准确界定相关市场范围。平台经济涉及多方主体，并且业务类型复杂，所处的竞争环境也是动态多变，其相关市场的界定需要遵循《中华人民共和国反垄断法》和《国务院反垄断委员会关于相关市场界定的指南》所确定的一般原则，同时考虑平台经济的特点，结合个案进行具体分析。

目前，衡量互联网平台型企业的相关市场需要通过需求替代分析和供给替代分析：需求替代分析权衡的因素有平台的功能、商业模式、用户群体以及线下交易等；供给替代分析权衡的因素有市场进入、技术壁垒、网络效应以及跨界竞争等，并且要接平台滥用市场势力的特定行为，综合来界定相关市场。2020 年 11 月，国家市场监管总局在《关于平台经济领域的反垄断指南（征求意见稿）》中明确提出，由于不同类型垄断案件对于相关市场界定的实际需求不同，因此，要坚持个案分析原则。具体而言，对于平台经济领域经营者之间达成的固定价格、分割市场等横向垄断协议，以及固定转售价格、限定最低转售价格的纵向垄断协议，反垄断执法机构在违法性认定上可不明确界定相关市场。根据《关于平台经济领域的反垄断指南（征求意见稿）》的要求："在特定个案中，如果直接事实证据充足，即依赖市场支配地位才能实施的行为持续了相当长时间且损害效果明显，准确界定相关市场条件不足或非常困难，可以不界定相关市场，直接认定平台经济领域经营者实施了垄断行为。"

在反垄断实践中，界定平台经济领域的相关市场包括两个方面，即相关商品市场和相关地域市场。目前，相关商品市场界定的基本方法是需求替代性分析。2018 年 12 月，最高法院审理的微信表情包反垄断案中就是通过需求替代分析界定了相关市场，同时强调不应以市场份额作为判定市场支配力量的唯一标准。在相关商品市场界定中，当供给替代对经营者行为产生的竞争约束类似于需求替代时，就同时需要进行供给替代分析，并且需要同时考虑是否存在跨平台网络效应，从而决定将平台界定为独立的市场抑或分别界定多个关联市场。另外，平台经济中相关地域市场的界定通常区分为特定区域市场、本国市场以及全球市场三类，相关地域市场的界定通过综合评估多数用户选择商品的实际区域、用户的语言偏好和消费习惯、不同区域竞争激烈程度以及线上线下是否融合等因素，进行需求替代分析和供给替代分析。

传统的衡量相关市场方法是预测产品涨价并观察消费者是否选择其他产品来替代，即通过利用"假定垄断者测试"（small bur significant and non-transitory increase in price，SSNIP）反垄断法来对相关市场的范围进行定义。结合已有研究，传统的假定垄断者测试法（SSNIP）中的供需替代分析依旧适用于互联网平台型企业。

互联网平台型企业对于相关市场范围的定义与企业用户类型有着密切的关系。如图 3 - 4 所示，根据平台型企业的双边结构并考虑双方用户与平台之间的关系，可以大致将相关市场界定范式划分为两个不同的方面，即单侧界定与双侧界定。前者是将平台和单侧用户归为一个相关市场；后者是将平台和双侧用户均纳入相关市场。

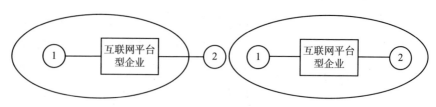

图 3 – 4 相关市场的单侧界定与双侧界定

基于平台"同质化"产出的双侧相关市场界定范式，需要考虑平台型企业与双边用户的关联性，并且综合计算平台型企业与双边用户的市场份额。曲创和刘重阳（2016）通过考察平台型企业市场势力和收益的动态变化，构建出了基于平台整体的"均价比"指标，建立了平台型企业的市场势力的测度方法，其主要思路为：

$$\gamma_i = \lambda_i - 1 = \frac{msi_i}{mst_i} - 1 = \frac{i_i \big/ \sum_{i=1}^{N} i_i}{t_i \big/ \sum_{i=1}^{N} t_i} - 1 = \frac{\overline{p_i} - \overline{p}}{\overline{p}}$$

其中，均价比 γ_i 表示高于或者低于市场价格的程度，当 γ_i 长时间大于 1，则认为市场势力超过了由需求因素决定的全行业水平。此外，mst 表示总的市场份额，t_i 表示每种具体产品的市场份额；msi 表示总的收入份额，i_i 表示每种具体产品的收入份额。在衡量市场势力的实践中，采取双边市场的不同界定范式对于衡量结果具有差异性。对于异质性的双边市场，双边用户从平台获得的服务和产品也明显不同，单侧界定范式在实践中更为普遍；对于同质性的双边市场，双边用户均以该平台作为交易介质，获得的服务以及产品的差别较小，通常采用双侧界定范式。

三、数据影响力的评估趋势

由于数据在数字经济时代已成为重要的新型生产要素，数据的获取和分析能够显著改善资源配置效率并提升生产效率，是否掌握充分的数据资源和足够的分析技术，已成为衡量互联网平台型企业竞争力的重要因素。卡瑟玛戈尔和凯利克（Ghasemaghaei & Calic，2019）认为，当具备良好的大数据分析能力时，才有可能通过关联性发现，形成"描述性洞察"来挖掘业务价值，通过"预测性洞察"对未来的趋势进行判断，通过"规范性洞察"进行各项决策，从而满足消费者需求偏好、降低市场竞争的风险，构筑优势的市场地位。

事实上，各国监管机构正在积极创造数据影响力的评估方法，并试图以之衡量互联网平台的市场势力。由于数据价值与数据规模、数据的时效性、分析能力以及应用场景存在密切联系，依据数据本身规模判断数据控制者的市场力量存在相当多的操作困难。欧盟委员会在经过长期的调查和研究，发展出分析数据影响力的评估方法，包括数据多样性、数据收集速度、数据集规模大小以及数据经济相关性四个关联指标。日本 2017 年发布的《数据与竞争政策》调研报告指出，需高度重视免费服务、网络效应与数据在短时间内叠加形成的市场势力。

在数字市场中，互联网平台与其利益相关者之间不断的互动交流，伴随着时刻发生的数据采集、积累、流动与共享的过程。随着互联网平台迈入快速发展期和壮大期，数据规模极大增长、数据资产的不断积累，互联网平台的数据影响力成为市场势力的重要体现，通过多源的数据流动及双边网络效应的发挥，平台与各利益相关者相互依存、相互联系的关系日趋紧密。

总体而言，各国监管机构倾向开始采用数据收集分析和产品功能改善之间的"转化率"来评估数据影响力。数据资产转化为数据影响力，离不开互联网平台在数据价值链中发挥的主体作用；在数据资产的价值转化中，数据规模、数据多样化和数据完整性等因素均发生了变化，最终影响了决策并促进了创新（见图 3-5）。因此，数据资产是互联网平台最核心的资产。[①] 数据作为投入要素，通过数据分析建模、加工挖掘，正在创造

---

① 根据中国信息通信研究院（2018）发布的《数据资产管理实践白皮书（3.0 版）》中的观点，数据资产是指由企业拥有或控制的、能够为企业带来未来经济利益的、以物理或电子方式记录的数据资源。并非所有数据都构成企业的数据资产，数据资产是能够为企业产生价值的数据资源（马丹，2020）。

越来越多的价值，已成为新的生产力来源和资产。

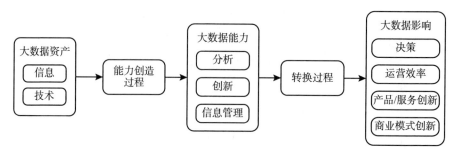

图 3 – 5　大数据资产、能力及影响力的价值转化

　　关于数据价值转化的相关研究主要有三种。一是数据、信息、知识和智慧（data、information、knowledge、wise，DIKW）层次。罗利（Rowley，2007）提出了 DIKW 结构，数据由原始事实或符号组成，给定内容的数据即"信息"，进而转化为综合了理解能力的信息即"知识"，最后知识经积累和创造形成了"智慧"，每一层次转化体现了数据价值不断增进。二是虚拟价值链（virtual value chain，VVC）。瑞波特和斯维尔科勒（Rayport & Sviokla，1995）提出了 VVC 框架，概括了数据创造价值所需的步骤，包括数据收集、组织、选择、合成和分发，VVC 框架被认为完全适用于大数据环境（Ossi Ylijoki & Jari Porras，2019）。三是基于过程理论的 IT 价值创造模型（Soh & Markus，1995）。该模型包含三个过程：（1）IT 支出转化为IT 资产；（2）IT 资产转化为 IT 影响力；（3）将 IT 影响力转化为组织绩效。由于体量、多样性、速度（3Vs）等技术特性准确性的需要，大数据应特别关注治理机制以确保数据质量，因为无论是概念还是技术，大数据都有别于传统商业智能，并且数据质量管理更为困难。华利州克和波罗斯（Ylijoki & Porras，2019）指出，大数据创造价值的过程与 IT 技术相似，是从"大数据资产创造"过程到"能力创造"过程，再到"转型过程"的转化。其中，"大数据资产创造"过程是指投资于数据管理的软件和硬件，旨在将投资转化为有价值的资产；"能力创造"过程即利用数据资产所反映的信息，开发与数据资产相关的资源和能力，如大数据处理的硬件环境、开发分析算法、分析能力、信息管理和治理能力及创新能力等；"转

型过程"是指利用能力和知识创造新的价值，而大数据能力从中起到中介媒质的作用。以上三个模型从不同的角度解释了数据价值创造的过程：DIKW 模型展示了知识创造过程；VVC 框架提供了软件实施的构成要素；IT 价值创造理论则揭示了组织绩效转化的过程。上述模型可以为评估数据影响力，即衡量数据收集分析和产品功能改善之间的"转化率"提供框架。

➡ 第四节
互联网平台型企业市场势力的特点

一、平台市场势力的易累积性

互联网平台型企业本身的属性和所处市场竞争特征，决定了其进入市场后，就具备了快速形成市场势力的各种先决条件，也就是形成了易累积的市场势力。班伯格和罗贝尔（Bamberger & Lobel，2017）指出，阻止可能的新竞争模仿者出现的种种壁垒，体现了较晚进入市场将面对的诸多竞争劣势。事实上，通过技术领先、规模经济、资源控制和转换成本产生的"锁定"效应，使得较早进入市场将获得实质性的竞争优势，其具体表现如下。

第一，网络效应及成本优势叠加构成第一进入者优势。卡林戈尔和莫塔（Karlinger & Motta，2012）考察了具有网络效应的行业，研究表明，拥有固定客户群的平台型企业可能会向关键的消费者群体收取低于成本的价格，从而使新进入者不能达到在市场上盈利所需的规模。由于平台型企业具有较强的网络外部性，这种外部性会对潜在竞争者形成数据、技术以及竞争策略等方面的壁垒，从而使潜在竞争者进入成熟市场面临困难。在网络产品市场中，企业进入竞争市场的先决条件之一，即是用户数量必须达到关键规模，并通过锁定用户以及增加转移成本，获取并维持其市场势力。具有较少初始用户群的平台将会逐渐失去用户，具有较多初始用户群的平台将拥有越来越多的用户，并最终形成"赢家通吃"这种在双边市场中普遍存在的局面。

第二，用户转移成本增加并形成需求锁定。互利网平台通过发挥集聚功能，在供给侧扩大产品或服务的规模从而形成规模效应，有效降低了用户为该产品或服务支出的成本。基于客户需求反馈的大数据研发设计模式，具有针对性和导向性的响应市场需求，为自身未来跨界竞争发展奠定基础，而产品或服务适用性的扩大，使平台型企业网络外部性进一步巩固。与此形成强烈对比的是，用户在使用平台过程中沉淀成本不断积累，转移成本随之增加，甚至当用户寻找到更加物美价廉的产品时，也不会轻易放弃原平台而选择进入新的平台。换言之，存在于双边市场中的互联网平台型企业，能够通过网络效应不断增加用户的转移成本，形成具有较强用户黏性的锁定效应，这使得价格因素与市场变化的关联性降低，导致传统研究方法在互联网领域分析中面临挑战。

第三，以平台规模优势和定价等策略构筑进入壁垒。当在位互联网平台型企业对两个互补性的业务模块实施纵向一体化，网络外部性作用的发挥将进一步增强进入壁垒；其竞争模仿者必须同时进入两个以上的市场，才能保证相对的竞争优势，而这往往是很难逾越的。这意味着，市场潜在进入者要想取得竞争优势，就需要同时在不同领域内构筑优势，或者通过与其他平台结成战略联盟，消解原有的一体化进入壁垒。此外，对于早期在平台市场取得主导地位的企业，不得不衡量是采用合法的定价方案来推动网络增长，还是参与掠夺性定价（Bamberger & Lobel，2017）。因为在位的互联网平台型企业往往会采取掠夺性定价战略巩固市场势力，通过降低价格至低于竞争对手的平均成本，迫使实力较弱的竞争对手亏本出售并离开市场，进而在缺乏竞争的情况下，提高价格以弥补损失并赚取垄断利润。"先增长，后收入"的战略推动了许多互联网平台型企业跨市场扩张。

第四，互联网平台采用的"免费策略"有利于市场势力的增长。免费策略甚至单边补贴，已成为互联网平台型企业发展初期争夺用户注意力的重要手段，旨在迅速积累起大量的用户基础，在互联网平台通过技术与创新对用户形成锁定效应，以及平台的交叉网络外部效应的综合作用下，互联网平台型企业在短期内将获得市场势力。然而，如果其产生了与之相应的滥用市场势力的情况，传统的假定垄断者测试法将出现失效情形，从而有可能无法监测其市场势力的发展。因为就评估标准而言，由于免费模式基准价格的特殊性，导致了产品价格变动与基准价格变动幅度之间的关联性不大；除此之外，在"免费模式"中提高价格，会使得因免费服务而吸引的用户大量流失；只有当双边市场两端的产品和服务可以按照价格进行评估时，假定垄断者测试法才有效，而"免费模式"明显将价格因素的作用弱化了。

二、平台市场势力变化的动态性

正如前文所述，互联网平台型企业具备了快速形成市场势力的有利条件，因此，其市场势力具有不同于传统企业的易于累积的特点。但是，竞争环境和竞争格局的不确定性，也使互联网平台型企业市场势力变化具有动态性的特点。

第一，面临商业模式创新模仿以及跨界竞争的威胁。在发展初期如果能够突破在"瓶颈"期生存的考验，互联网平台型企业在市场中通常会拥有短期的市场势力。但是，其优势地位也可能随着其他竞争者通过模仿创新而受到削弱；长期的市场势力的维持需要实施各种创新和竞争策略，其原因正是在于网络经济时代市场环境的易变性，体现在前沿技术和创新产品的动态更替、消费者偏好的快速转移以及市场竞争格局的演变等方面。互联网平台技术的虚拟性和易模仿性也使得互联网平台型企业之间易出现激烈的动态竞争。尤其是跨界竞争，其他领域的互联网平台型企业将利用其原先拥有的用户基础重叠业务、用户的多归属特征等，迅速侵蚀本领域互联网平台型企业的市场份额，威胁已有的市场势力。

第二，单一领域中用户基础的流动性使平台在该领域的市场势力面临挑战。用户基础的流动性使得市场势力具有了短暂性和不稳定性，而为了防止用户注意力资源的流失，互联网平台型企业往往会通过增加注册环节以及入门费等来提高消费者黏性，吸引更多的消费者加入平台，并依照网络外部性的差别而实施歧视性定价。互联网平台型企业通过并购等策略，在不同领域互联互通，扩大平台的覆盖领域，充分利用用户的多属性，而用户在进行平台选择时，也会选择在知名度高的大平台进行注册、体验和消费。正如阿里巴巴从电子商务领域向生活服务、即时通信、互联网金融、办公软件等领域延伸，在多个占据更多市场份额，实现"赢家通吃"。因此，在互联网平台型企业获取市场势力的初级阶段，其争夺的重要资源就是用户，即用户成为市场势力形成初期平台的主要竞争目标；而在互联网平台型企业维持和扩大市场势力的过程中，利润将发挥举足轻重的作用。

第三，颠覆式创新对于维持互联网平台型企业市场势力构成威胁。技术创新为平台型企业的动态竞争提供源源不断的动力，熊彼特的"创新性毁灭"理论阐释了市场竞争的动态过程，以及创新对原有经济结构的破坏性作用，也适用于刻画互联网平台型企业竞争的内涵。熊彼特（1942）开创性地提出并研究了市场势力与创新的关系。熊彼特指出，对于静态资源配置而言，竞争性市场中的原子型企业（atomistic firm）或许是最优的企业类型；但从长期来看，大型企业才是技术进步和总产出扩大的最强动力。熊彼特将市场势力描述为"防止企业创新被迅速模仿和利润受到损害的能力"，凭借市场势力获取的超额利润既是对创新者的激励，也是研发资金重要的内部来源，市场势力还可以为创新提供技术机遇和市场机遇，故对于企业从事创新活动是必不可少的。

基于对市场竞争动态性的理解，熊彼特认为，企业拥有市场势力并不是稳定的，因为后起跟进者的创新必然威胁或替代先行创新者所拥有的市场势力，而这将进一步激励先行创新者从事新的创新。对于市场进入壁垒稳定性比较，其中熊彼特"创新性毁灭"理论认为，"创新带来的经济收入是不可靠的，下一轮创新变革会破坏这些经济地位的稳定性并且创造新的财富"，相比其他进入壁垒而言，当企业采用技术创新策略，研发出具有技术优势的新商品或新技术时，其不仅获得了大量的市场份额和利润收入，更重要的是能够破坏主要竞争对手的市场地位，增强自己的市场势力。因此，从整体的动态竞争过程来考察，后来竞争模仿者的技术创新可以破坏原有互联网平台型企业构建市场势力的基础，并且重构新的垄断市场格局，形成迭代的新的市场势力。

三、网络外部性与市场势力增进

在平台经济发展过程中，互联网平台型企业通过将各种服务规则制定和监督实施纳入平台治理，包括保护用户信息、监督网络信息安全和审查内容合规、合法性等，成为具有半公共资源性质的企业，在经济体系中发挥着资源整合的枢纽作用。平台固有的经济属性决定了其控制力和影响力已然超越了普通企业的行为范畴，使得互联网平台型企业市场势力有了新的内涵特征及表现。在互联网平台型企业与双边用户组成的双边市场中，交叉网络外部性的存在将产生以下两种效应。第一，当一侧用户交叉网络外部性呈现"负"的特征时，互联网平台型企业会对该侧用户产生更大的影响力，获得更高的定价水平；相反，当一侧用户交叉网络外部性呈现"正"的特征时，互联网平台型企业对该侧用户的价格加成更低，影响力降低。第二，当两侧用户的交叉网络外部性同时呈现"正"的特征时，互联网平台型企业为了吸引用户及扩大用户基数，可能会制定较低的价格水平，却仍然可以在双边市场中建立起市场势力。在两个或者多个互联网平台相互竞争时，消费者可以享受到短期的竞争溢出效益，但是，实施免费策略的互联网平台若妨碍了公平的市场竞争，会使中小规模互联网平台的创业动力和发展空间被遏制，并且形成对用户的"锁定效应"。

在双边市场背景下，充分利用互联网平台对双边用户产生的交叉网络外部性，通过各类创新以及价格与非价格竞争策略锁定用户，促进互联网平台型企业价值来源的多元化。为了实现技术和商业模式创新，需要不断增加研发支出在总投资中的份额，最终实现虚拟化企业边界、横向延伸向外扩展、线上线下双向整合的目的，这一时期的互联网平台型企业极大发挥马太效应的作用，在单一行业实现"赢者通吃"，用户黏性也成为互联网平台型企业进行跨界竞争的重要资源，有利于促进"网络外部性"的品牌号召力，最终实现数据、用户、技术等资源的垄断，极大提升互联网平台型企业在动态竞争中的市场势力。

互联网平台型企业拥有的双边市场特性，决定了一方的需求与另一方的需求高度相关。凯罗德和朱利恩（Caillaud & Jullien，2003）研究总结了互联网平台的"各个击破"的策略，描述了互联网平台型企业先以商业推广战略来获取双边市场某侧的大量客户，通过各种价格竞争策略和非价格竞争策略，鼓励受益者参与平台的积极性，然后凭借已有用户群吸引其他用户参与的方式，形成完整的商业模式；随后，互联网平台型企业需要不断地扩张用户规模、增加用户活跃程度，这是资金投入与消耗循环进行的过程。在这个过程中，通过微调价格结构维持并且平衡双边市场两端用户的利益，并且不断地增加流动性。在互联网平台型企业扩张的过程中，找到合适的商业模式从而再扩张，这一过程伴随着资本投入以及用户规模的增长，从而可确保互联网平台获取并维持市场势力。

四、案例分析：搜索引擎市场的竞争

作为网络内容的检索工具以及用户了解网络环境的窗口，搜索引擎作为双方用户的媒介，将网络内容的需求者和提供者联系在一起，同时满足了双边用户的服务要求，而搜索引擎的出现对双边用户行为产生了显著影响。搜索引擎作为双边用户之间的媒介，促进了网络内容的提供者与网络内容的需求者之间供求匹配的效率，同时，交叉网络效应的存在使得双边用户规模相互促进，搜索引擎的内容也在这一过程中不断丰富、提供的服务更加完善，在正反馈作用下，吸引更多的内容需求者，从而带动内容提供者数量的增加和服务质量的提高，最终促进了双边用户数量极大增长，互联网平台型企业的市场势力得以增进。

2004~2014年，百度的市场份额快速增长，其流量份额短时间内从25%增长到80%以上，其收入份额从20%迅速增长到80%。并在2013年前后进入稳定期，到了2020年，百度仍然是中国搜索引擎市场份额占比最大的平台。2004~2009年，谷歌的收入份额呈现持续增加的趋势，并在2009年达到35%的峰值，但其流量份额在2004年开始降低，并在2007年达到最低点。搜狗的收入份额在2004年后不断降低，其流量份额也一直处于中下游水平，收入份额变动趋势与流量份额变动趋势呈现相同的态势。①

---

① 易观产业数据库，《中国搜索引擎市场季度监测分析（2018年第1季度）》。

根据 Stat Counter Global Stats 发表的数据，百度在 2020 年中国搜索引擎市场中占有率为 72.73%，位列第 1 位，搜狗市场占有率为 14.89%。表 3-1 描述了 2020 年中国搜索引擎市场份额占有率。

表 3-1　　　　　　　2020 年中国搜索引擎市场份额占有率　　　　单位：%

项目	百度	搜狗	神马	360	谷歌	必应
占有率	72.73	14.89	4.45	3.77	2.04	2.02

资料来源：Stat Counter Global Stats。

大型信息技术企业凭借其用户基础和现有技术，发挥"跨界竞争"效应进入搜索引擎市场，用户可能会选择使用市场新进入者的引擎。例如，在进入搜索引擎市场之前，搜狗先利用免费提供地图搜索服务和打字输入法服务吸引用户，然后进入搜索引擎市场；奇虎 360 通过前期提供免费的杀毒服务积累用户，在进入搜索引擎市场后，利用其杀毒软件宣传其搜索引擎，迅速吸引了搜索引擎用户。另外，百度的市场份额和流量份额在近几年总体上呈现上升趋势，同时，搜索引擎市场前四大平台的收入份额和流量份额一直在 70% 以上，表明市场存在高市场集中度的特征。可能有两个原因造成了此种局面。一是先发优势的作用。历史使用数据不仅是搜索引擎行业生产的重要因素，还是搜索引擎改进算法的基础，通过前期积累的历史使用数据，先进入的平台能不断完善内容以及更新服务器，因此，先进入者比后进入者具有绝对优势。二是品牌知名度的作用。2003~2013年，中国搜索引擎行业一直处于快速增长时期，用户数量和流量一直呈现高增长态势。搜索引擎市场先进入者比后进入者具有绝对优势，因为先进入者将积累大量的用户数据以形成用户的路径依赖。在新用户没有使用过相关搜索引擎服务的情况下，根据知名度做出判断是新用户普遍的选择，即选择有一定信誉和品牌知名度的先进入者，在没有足够的激励情况下，这些用户不会转移到其他平台，从而形成了需求锁定。

综上所述，鉴于搜索引擎市场中市场份额占比和市场势力间存在匹配性较低的特点，市场份额并不能很好地反映市场势力。目前，中国各搜索引擎平台的市场地位稳定性不高且变化程度较大，市场格局处于不断发展与调整的过程中，百度等主要搜索引擎平台的市场势力已表现平稳，这有利于搜索引擎市场格局的稳定，并带来整个搜索引擎市场的发展。

第五节
本章小结

本章对互联网平台型企业市场势力内涵及特点进行了理论研究，本章内容框架如图 3 - 6 所示。首先比较分析了竞争理论流派关于市场势力的不同观点，指出在静态竞争理论中，市场势力作为效率的对立面，往往被严格加以排斥。伴随着现代动态竞争理论的发展，市场势力作为企业创新活动的保证和市场动态竞争推动力量的特性被揭示出来。反垄断真正关注对象应该是滥用市场势力而不是所有的市场势力。结合新演化经济学思想及交易成本理论，梯斯（1986）首次将市场势力的分析焦点转移到企业与其利益相关者，即竞争模仿者、互补资产所有者以及消费者之间对于创新收益的分配问题中，开创了创新获益理论。

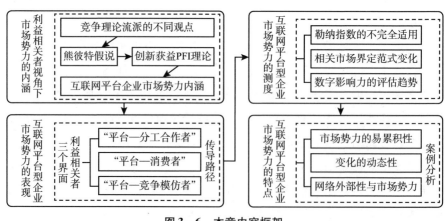

图 3 - 6　本章内容框架

基于创新获益理论的拓展，本章提出互联网平台型企业市场势力的内涵在于互联网平台型企业将价格制定于边际成本之上获取超额垄断利润的能力，其实质为相对于平台的分工合作者、消费者和竞争模仿者等多方利益相关者的市场影响力，主要表现为在平台经济中掌握价值创造与价值分配的主导权、通过消费者融入形成需求锁定，以及相对于竞争模仿者的不可替代。本章第二节在创新获益理论的界面分析视角下，详细就市场势力的表现在平台与利益相关者的三个界面分别展开了阐释。

进而，本章分析了互联网平台型企业市场势力测度的特殊性，突出了其不同于普通企业市场势力测度的要点。首先，深入阐释了传统静态分析中勒纳指数、市场份额等指标对互联网平台型企业市场势力测度的不完全适用；其次，就双边市场的相关市场分析范式的区别和应用进行了探讨；最后，着重研究了各国监管机构倾向开始采用数据收集分析和产品功能改善之间的"转化率"来评估数据影响力，从侧面反映互联网平台型企业的市场势力。本章第四节分析了互联网平台型企业市场势力的特点。一方面，互联网平台型企业具备了快速形成市场势力的有利条件，因此，其市场势力具有不同于传统企业的易于累积的特点；另一方面，竞争环境和竞争格局的不确定性也使得互联网平台型企业市场势力变化具有动态性的特点。另外，网络外部性对于互联网平台型企业市场势力的增进具有区别于传统企业的独特作用。最后，以搜索引擎市场的动态竞争为对象为案例，在上述归纳的基础上分析了互联网平台型企业市场势力的特点。

研发创新与互联网平台型
企业的市场势力

当前，新技术进步和新产品的不断出现推动着我国经济与社会的发展，创新驱动将成为我国经济发展的新常态。数字化革新正从第三产业渗透和扩散到第一产业和第二产业，最终呈现数字产业化和产业数字化互相促进、协同发展的局面。技术进步尤其是大数据、云计算、AI人工智能、区块链、物联网等技术的发展，很大程度上推动了互联网平台型企业的创新与发展，从技术实现的角度拓宽了互联网平台型企业的创新路径。互联网平台型企业只有不断增加对新技术的研发投入，把握良好的技术机遇和市场机遇，革新数字经济中的前沿技术，才能持续保持在平台经济中价值创造和价值分配的枢纽地位，形成并维持其市场势力。互联网平台具有知识密集型的特点，研发（R&D）资源是互联网平台型企业形成市场势力的重要源泉，研发活动能使产品的边际成本下降，从而使其有能力凭借低于其他平台边际成本的价格出售商品，将缺乏效率的平台挤出市场。同时，研发活动亦能够创造差异化，使互联网平台型企业获得市场优势地位。因此，互联网平台型企业通过牢牢控制住核心R&D资源，以巩固并增强自身的垄断优势，并借此在数字经济的分工体系中形成强大的市场势力。

以阿里云为例，根据IDC发布的《全球公有云服务市场跟踪》（2018年下半年）显示，阿里云在中国市场占有率位居第1位（市场份额高达42.7%），离不开其稳定的技术实力，阿里巴巴核心系统已100%上云，是全球首个核心系统100%运行在公有云上的互联网公司，阿里云成功支持了2019年"双十一"单峰值为54.4万笔每秒的世界级技术挑战。互联网平台型企业获得的市场势力反之又将促进"创新效率"的增进，市场势力将为创新提供可持续的动力机制、盈利机制及再投入保障机制。事实上，国际竞争中成功的互联网平台型企业无不是通过不断创新以获得并维持市场势力，并凭借市场势力进一步提升创新动力与能力的。

本章分析了互联网平台研发创新的特征事实及技术专利巩固市场势力的趋势，并从理论机制上分析了两大研发创新形成市场势力的路径，分别为"产品创新—差异化—市场势力"以及"过程创新—成本降低—市场势力"。进而结合海尔 COSMOplat 工业互联网平台的案例考察揭示出：通过技术专利和新技术融合，加速构建生产智能化、研发协同化、管理扁平化的生产创新体系；发展共享制造、工业电子商务、现代供应链等新业态，培育数字化管理、个性化定制、网络化协同、服务化延伸等新模式，同时，也促进了互联网平台市场势力形成。

➡ 第一节
互联网平台型企业研发创新与技术专利

一、互联网平台型企业研发创新特点

2019 年，我国数字经济增加值规模达到 35.8 万亿元，占 GDP 比重达到 36.2%，占比同比提升 1.4 个百分点，按照可比口径计算，2019 年我国数字经济名义增长 15.6%，高于同期 GDP 名义增速约 7.85 个百分点。[①] 同时，新一代信息技术行业规模逐年攀升，据《中国制造 2019 科创板创新科技产业发展研究报告》显示，2018 年，新一代信息技术行业规模的增速高达 66.2%，预计到 2023 年，新一代信息技术行业规模将达到 11988 亿元（见图 4-1）。在此发展背景下，互联网平台型企业正凭借丰富的技术和信息资源、良好的技术发展机遇而不断进行着研发创新。

---

① 中国信息通信研究院. 中国数字经济发展白皮书（2020 年）[EB/OL]. 中国信通院网站，2020-07.

图4-1 中国新一代信息技术主要行业规模

资料来源：《中国制造2019科创板创新科技产业发展研究报告》。

目前，互联网平台型企业的研发创新特点主要有以下四个方面。

第一，大量应用虚拟现实、AI人工智能等新技术。互联网平台型企业通过差异化的营销方式，利用虚拟现实和AI人工智能技术对消费者的需求实现差异化的定制，如海尔搭建的COSMO平台将透明化的制造体系和消费者碎片化、个性化的用户需求完美结合起来，优化了消费者购物的体验。

第二，利用大数据和云计算等互联网技术的深度融合。用户消费互联网平台提供的产品或服务的过程中，产生大量个人信息数据，通过大数据和云计算，对这些历史数据进行收集、储存和整理，针对不同消费者的差异化需求，借助虚拟现实技术和AI人工智能等，不断更新消费者所需求的产品和服务，如微信利用大数据和云计算，在用户画像的基础上，实现精准的供需匹配。

第三，以提升供应链的效率为导向。供应链效率对互联网平台型企业的未来发展具有极其重要的作用。例如，电商平台型企业不断提高从生产到销售再到物流的整体效率，利用自动化或半自动化加人工智能的技术增加产出效率，利用大数据对仓储进行管理、划分销售地区，利用无人机、机器人提高配送效率，将从整体上提升供应链效率，降低交易费用。

第四，以创新驱动战略，提升用户体验。利用新产品、新服务满足消费者多样化的需求，提升用户体验、增加消费者的归属感和认同感，形成消费者对产品或服务的依赖，产生锁定效应从而形成市场势力。正如阿里巴巴的淘宝在创新和变革中诞生，引领了中国互联网消费的变革，即电商的普及和移动电商新模式的诞生，互联网平台型企业在创新战略引领下，拥有丰富且稳定的资源来支撑前瞻性的研究。

二、技术专利巩固市场势力

技术专利巩固市场势力是研发创新作用于互联网平台型企业市场势力的重要路径。技术专利对于保护自主知识产权，维持互联网平台型企业市场地位具有重要作用，因为 R&D 资源作为垄断优势的来源固然重要，然而由于知识存在着极大的"外部性"，若缺乏必要的知识产权保护，创新者的研发成果会被轻易模仿，市场势力将难以维系。专利及标准对知识产权进行了有力的保护，不仅是保障创新者合法利益的必要手段，还是互联网平台型企业维持市场势力的重要途径。

专利为获得市场势力提供了坚实的制度保障，抢先获得专利、形成标准已成为重要的研发策略之一，使互联网平台型企业在动态竞争中占据有利位置。在全球垂直专业化分工体系中，对专利和标准的垄断，已经成为主导平台生态的分工格局，形成并维持市场势力的重要手段。专利保护制度的存在与不断完善会在一定时期内保护创新企业的专利成果，现有或潜在竞争对手由于专利制度的限制在短期内难以对创新企业的专利产品进行模仿生产，成本上的劣势会迫使创新企业的竞争对手退出市场，最终创新企业凭借市场规模的扩大实现规模经济，这将进一步实现产品单位成本的降低（吉生保和冼国明，2012）。

专利丛林（patent thicket）、专利联盟（patent pool）的产生为互联网平台型企业强化市场势力提供了制度保证。随着新工业革命不断向前推进，大数据、云计算、5G 网络、人工智能、工业互联网、物联网、数据中心等新技术往往互相依赖且互为补充，复杂产品系统的研发需要多种相关技术相互配合，并牵涉众多互补性专利许可。事实上，后续创新的专利即使技术更为先进，在运用时也必须得到基础专利的许可，此类专利形成了牵制性专利。技术体系与专利系统的本质特征决定了现实竞争中存在着大量互补性和牵制性的专利，由此产生了专利丛林现象。

为应对专利丛林现象并确保技术创新的自由，越来越多互联网高科技公司实施了专利联盟战略，即通过交叉许可、集中许可等方式来实现复杂产品系统的开发。通过对标准实施垂直预占，或选择核心技术内部化，或通过收取高昂的专利许可费开展许可贸易，依靠对标准和技术的垄断，互联网平台型企业形成了相对于价值链上其他环节的强大议价能力。例如，阿里云拥有大量技术专利并占据了云计算领域的大量市场份额，通过自主创新、兼并收购等方式获得越来越多的技术支撑，影响力的扩大又促进了高端人才引进，为技术专利的不断叠加打下了基础，使其在云计算领域已然形成较强的市场势力（见图 4 - 2）。

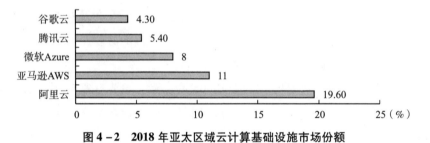

图 4 - 2　2018 年亚太区域云计算基础设施市场份额

资料来源：前瞻产业研究院，《2018 中国云计算产业竞争格局分析》。

第二节
研发创新与市场势力的形成

一、产品创新的作用机制

在数字经济时代的竞争体系中，平台竞争策略呈现动态变化的特性，对于互联网平台型企业未来发展以及市场势力的获取具有重要作用，这是传统产业组织理论研究过程中的普遍共识。而在包括价格竞争策略，以及差异化、兼容性、捆绑搭售和兼并收购等非价格竞争策略的多样化平台竞争策略中，研发创新形成差异化优势或成本节约优势，发挥着重要的作用。互联网平台型企业增加研发投入、积极开展研发活动以增强自主研发创新能力，在获取较高利润收入的同时打造知识品牌，从而增加在市场竞争中的控制权与影响力，获取并维持其市场势力。

研发活动主要包括产品研发创新和过程研发创新（Tirole，1988），本节分析中的产品创新指的是平台通过增加研发投入、多方引入优质的平台商家等方式，为平台用户提供创新的商品与服务，或者反馈商家改进已有产品与服务功能。根据研发活动的不同类型，研发活动影响市场势力的创新路径可通过技术专利和新技术融合这些方式来实现（白雪洁和孙红印，2016）。为了分析产品创新与市场势力的关系，本节参考维夫斯（Vives，2008）的研究，将价格（P）设定为互联网平台型企业数量（n）和产品差异化（σ）的函数。

由于产品创新（ψ）影响产品差异化，并且工艺创新（Φ）能够影响生产成本，假设 $P = P(n, \sigma(\psi))$ 和 $c = c(\Phi)$，重写勒纳指数（L）如下：

$$L = \frac{P = P(n, \sigma(\psi)) - c(\Phi)}{P(n, \sigma(\psi))} \tag{4.1}$$

本章先对产品创新（ψ）对市场势力（L）影响的机理展开研究。产品创新会增加产品的差异性，进而促进产品的多元化发展，此时，互联网平台型企业市场势力的提高来源于提高商品价格的机会。基于此，可以得出如下公式：

$$\frac{\partial L}{\partial \psi} = \frac{P(n, \sigma(\psi))\frac{\partial}{\partial \psi}P(n, \sigma(\psi)) - c(\Phi) - (P(n, \sigma(\psi))) - c(\Phi)P(n, \sigma(\psi))}{P^2(n, \sigma(\psi))} \tag{4.2}$$

$$\frac{\partial L}{\partial \psi} = \frac{P(n, \sigma(\psi))\frac{\partial P}{\partial \sigma} \times \frac{\partial \sigma}{\partial \psi} - P(n, \sigma(\psi))\frac{\partial P}{\partial \sigma} \times \frac{\partial \sigma}{\partial \psi} - c(\Phi)\frac{\partial P}{\partial \sigma} \times \frac{\partial \sigma}{\partial \psi}}{P^2(n, \sigma(\psi))} \tag{4.3}$$

$$\frac{\partial L}{\partial \psi} = \frac{c(\Phi)\frac{\partial P}{\partial \sigma} \times \frac{\partial \sigma}{\partial \psi}}{P^2(n, \sigma(\psi))} \tag{4.4}$$

$$\frac{\partial L}{\partial \psi} = \frac{c(\Phi)}{P^2(n, \sigma(\psi))}\frac{\partial P}{\partial \sigma} \times \frac{\partial \sigma}{\partial \psi} \tag{4.5}$$

根据卢恩（Lunn，1986）、百利弗莱明和裴兹（Belleflamme & Peitz，2015）的理论研究，产品创新（ψ）通过产品差异化（σ）来增加价格

(P)，这意味着 $\frac{\partial P}{\partial \sigma} \leq 0$ 且 $\frac{\partial \sigma}{\partial \psi} \leq 0$。因此，可以做出如下总结：

$$\frac{\partial L}{\partial \psi} = \frac{c(\Phi)}{P^2(n, \ \sigma(\psi))} \times \frac{\partial P}{\partial \sigma} \times \frac{\partial \sigma}{\partial \psi} \geq 0 \qquad (4.6)$$

式（4.6）说明了产品创新（ψ）对互联网平台型企业市场势力的获得具有正向作用。互联网平台型企业通过不断增加研发投入、积极参与产品创新活动，可以促进产品的多样化、增加产品吸引力，进而使得平台在市场中的控制权和话语权得到提升，最终带来互联网平台型企业市场势力的提升。

通过产品创新开展差异化的竞争，创造并锁定非对称的需求，是互联网平台型企业在特定市场中形成控制力和主导地位的重要手段。互联网平台型企业对自身产品价格的控制力与"企业主动影响市场需求"密切相关，通过产品和市场创新而展开差异化竞争，可将自身产品从同类产品中区分出来，"创造"并满足了非对称的市场需求，从而使企业在特定市场中拥有更大的价格加成能力。

正如杨（2000）指出，"创造"出产品非对称需求的能力正是市场势力的实质。而开展差异化竞争对于互联网平台型企业形成市场势力具有双重效应：一方面，产品差异化降低了市场中竞争的激烈程度，令产品具有不完全的替代性；另一方面，差异化是行业形成进入壁垒的重要因素，它增加了潜在竞争者进入市场的难度。通过水平差异化有助于缓和同类产品市场上的价格竞争，通过垂直差异化则有利于企业与其他竞争对手争夺市场需求（植草益，2000）。上述分析同样适用于解释互联网平台型企业市场势力的形成。

二、过程创新的作用机制

借鉴白雪洁和孙红印（2016）的分析，本节对过程创新与互联网平台型企业市场势力的关系进行分析。过程创新（Φ）将对生产成本产生重要的影响，为与式（4.1）产生区别，可以设定推导方程如下所示，式中各变量含义与式（4.1）相同：

$$L = \frac{P = P(n, \ \sigma(\psi)) - c(\Phi)}{P(n, \ \sigma(\psi))} \qquad (4.7)$$

$$P(n, \ \sigma(\psi))\frac{\partial}{\partial \Phi}P(n, \ \sigma(\psi)) - c(\Phi) - \frac{\partial L}{\partial \Phi}$$

$$= \frac{(P(n, \ \sigma(\psi))) - c(\Phi)\frac{\partial}{\partial \Phi}P(n, \ \sigma(\psi))}{P^2(n, \ \sigma(\psi))} \qquad (4.8)$$

$$\frac{\partial L}{\partial \Phi} = \frac{P(n, \ \sigma(\psi))\frac{\partial P}{\partial \Phi}P(n, \ \sigma(\psi)) - c(\Phi)}{P^2(n, \ \sigma(\psi))} \qquad (4.9)$$

$$\frac{\partial L}{\partial \psi} = \frac{P(n, \ \sigma(\psi))}{P^2(n, \ \sigma(\psi))} \frac{-\partial c(\Phi)}{\partial \Phi} \qquad (4.10)$$

根据克莱帕（Klepper, 1996）、百利弗莱明和裴兹（2015）的研究，过程创新（Φ）对于成本的降低有着积极的作用，因此，假设 $\frac{\partial c(\Phi)}{\partial \Phi} \leqslant 0$，可以重写公式如下：

$$\frac{\partial L}{\partial \psi} = \frac{P(n, \ \sigma(\psi))}{P^2(n, \ \sigma(\psi))} \frac{-\partial c(\Phi)}{\partial \Phi} \geqslant 0 \qquad (4.11)$$

式（4.11）反映了过程创新（Φ）与市场势力（L）之间存在密切的关联性，即过程创新能够增加企业市场势力。积极从事研发活动的创新企业更有能力实现过程创新，大幅度降低成本，成本降低带来价格的竞争力，一方面，增加了现有用户对互联网平台的交易依赖性，有利于扩大用户群，并通过交叉网络效应的发挥进一步吸引更多的双边用户；另一方面，通过基于全球资源整合的过程创新，互联网平台型企业将以速度经济、规模经济形成成本领先，进而构筑成本壁垒、规模壁垒，提高品牌覆盖，从而在价格竞争中占据有利地位，实现企业市场势力的获得与维持。

价格竞争是互联网平台的重要竞争手段，例如，滴滴打车和快的打车在争夺网约车市场的过程中，对双边用户共同补贴以扩大市场份额，最终滴滴打车在"价格战"中取胜；随着短视频平台的爆火，抖音与快手也纷纷开展"价格战"，抢占短视频用户、占据更多市场份额。从价格控制的角度理解，市场势力即"持续地将价格维持在边际成本之上的能力"（Utton, 1995）。在动态的价格竞争中，互联网平台型企业若能使边际成本降低幅度大于价格降低幅度，就可以在降低价格的同时仍然拥有市场势力，并获取可观的总利润。

通过降低边际成本可以控制行业的价格竞争格局，通过过程创新使得平台的边际成本曲线向下移动，由于边际收益曲线斜率为负，使得互联网平台型企业拥有了将出清价格维持在更低水平的能力。故互联网平台型企业实施降价往往出于主动选择，基于成本降低的价格竞争不仅未使其丧失市场优势，反而有利于保证市场势力的实现与维持。事实上，要突破"同质性"的价格战竞争，形成并维护市场势力，关键在于通过全球资源整合实现领先于竞争对手的成本优势，即能否通过创新形成高效率的经营模式，从而实现动态的规模经济、获得市场份额的扩张，以及能否在高效率的流程中实现速度经济，降低成本与风险。

三、案例分析：工业互联网平台创新

（一）工业互联网平台与传统产业的融合

2017 年，《国务院关于深化"互联网＋先进制造业"发展工业互联网的指导意见》提出大力推进工业互联网创新发展；2020 年是工业互联网作为"新基建"重点建设内容的第一年。工业互联网是新兴信息技术、互联网与工业系统深度融合与集成的产物，其本质是通过工业互联网络采集海量工业数据，并提供数据存储、建模、分析、管理及应用开发环境，将制造企业及第三方开发者汇聚在一起，开发出覆盖产品全生命周期的创新性应用，不断提升制造业资源配置效率，推动制造业高质量转型发展。

工业互联网平台通过过程创新，正在推动要素、技术、产业以及全球供应链的深度融合，力求在工业互联时代促进传统制造业和服务业的转型与升级，在整个价值链范围内促进资源的优化配置，从而加速构建生产智能化、研发协同化、管理扁平化的生产创新体系，壮大共享制造、工业电子商务、现代供应链等新业态，有利于培育形成数字化管理、个性化定制、网络化协同、服务化延伸等新模式。因此，工业互联网平台正成为新一轮工业革命的关键支撑。

据《2019 年中国工业互联网平台研究报告》显示，工业互联网市场规模持续增长，预计到 2023 年，全球工业互联网平台市场规模预测将达到 138.2 亿美元，占全球工业互联网市场规模的 15% 。受限于数字化发展水平，各行业工业互联网平台的应用程度各不相同。数字化水平越高的行业，工业互联网平台的应用程度越高。整体来看，在国内外的应用案例中，机械与能源行业的工业互联网平台应用程度最高，累计占比高达 58% （见图 4-3）。

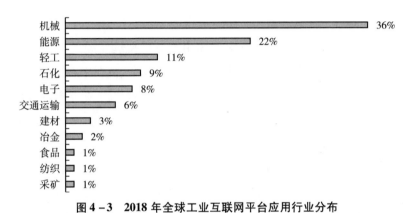

图 4-3　2018 年全球工业互联网平台应用行业分布

资料来源：艾瑞研究院，《2019 年中国工业互联网平台研究报告》。

　　事实上，传统工业以及制造业模式在数字经济背景下正在迎来重大变革，工业互联网作为过程创新的载体，将颠覆传统工业软件研发体系，变革传统工业企业竞争的方式，重构工业生产关系与组织方式。从微观层面来看，工业互联网平台正在重新定义和优化工业流程，催生新型业态、驱动生产与运营的创新、重塑传统工业商业模式，将在深层次促进组织管理模式的变革。工业互联网平台对于过程创新的推动作用具体表现在以下四个方面。

　　一是提升生产制造过程的智能化水平，提高装备核心零部件生产效率与质量稳定性。核心自主研制零部件是产品功能和安全的重要保障，通过产业互联网的引入和对产线的改造、智能控制和大数据分析，缩短核心零部件新产品研制的周期，有效降低不良品率，提升生产效率，提高设备能源利用水平。

　　二是实现生产要素、管理流程和管理系统的互联互通，提高流程效率并降低运营成本。以工业互联网推动过程创新，解决零部件种类和供应渠道多样化的要求，实现跨业务模块的流程优化，以及多信息化平台的高效集成和应用，促进平台经营企业与其客户、代理商、供应商和第三方物流公司之间横向的端对端集成。

三是在高度离散场景下，满足用户个性定制化的需求。通过工业互联网有效基于用户的需求研发设计，高效地将客户的需求转换成可供生产使用的制造工艺技术文件，并试图在有限的成本范围内，响应快速交付小批定制产品的需求，尤其在通用设备制造行业。

四是提升智能化服务能力，实现通用制造可持续发展。运用工业互联网的大数据分析、物联网、信息化等数字化技术，加强服务全生命周期管理，促进主机合理使用及设备残值再利用，可在主机市场渐趋饱和的环境下，帮助装备制造厂商严格控制主机故障率、延长设备服役时间，并且降低工厂生产设备及工程机械产品的能耗。

当前，我国正大力推进工业互联网平台打造，拓展"智能＋"制造。在新时代经济社会发展的历史新方位上，应深刻认识信息化和工业化深度融合的新要求、新使命，促进工业互联网平台发展，以创新催生工业新动能，推动传统产业转型升级，实现高质量发展。

（二）海尔 COSMOPlat 平台的创新

在家电生产行业消费升级的背景下，市场对高端智能家电的需求不断增长，但线下家电零售、集中销售模式对市场需求的针对性不强，难以实现供给端与需求端的有效匹配，存在产品同质化问题。自 2012 年起，海尔集团开始构建海尔 COSMOPlat（cloud of smart manufacture operation plat），集聚了全球家电设计和制造的优势资源，利用"按需定制"、消费者融入的创新模式，来满足消费者对差异产品个性化定制的需求，以过程创新形成了市场势力。

2018 年，通过工业互联网 COSMOPlat 平台推动过程创新，海尔集团产品定制占比 76%，研发周期与交付周期缩短超过 50%，[1] 利用自主搭建的

---

① 《2018 工业互联网平台创新发展白皮书》。

平台，不断扩大市场份额并提升了市场势力。图4-4显示，海尔集团从2013年到2018年营业收入呈现持续增长态势，2019年第三季度海尔集团营业收入高达1488.96亿元，相比于2018年第三季度的1381.39亿元，同比增长率高达7.79%。这种持续增长的局面在家电制造业并不多见，其重要原因在于海尔集团数字化改造的成效显著。

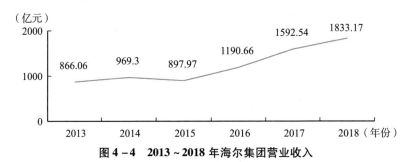

图4-4 2013~2018年海尔集团营业收入

资料来源：海尔集团，《青岛海尔2019年报》。

如表4-1所示，2018年，海尔的COSMOPlat平台位居"2018最值得关注的工业互联网平台"第1位。截至2018年，该平台拥有3.3亿消费者用户，超过390万家供应商企业，交易额超过5315亿元。正是依托COSMOPlat工业互联网平台的创新驱动，实现了营业收入连续多年高比例增长。

表4-1　　　　　　**2019年最值得关注的互联网平台排名**

排名	平台名称	公司名称
1	COSMOPlat	海尔集团
2	用友精智工业互联网平台	用友网络
3	BIOP平台	东方国信
4	根云平台	树根互联
5	航天云网INDICS	航天科工
6	M81工业互联网平台	浪潮集团
7	BEACON平台	富士康
8	ISESOL平台	智能云科
9	宝信工业互联网平台	宝信软件
10	OceanConnect loT	华为

资料来源：《2019值得关注的工业互联网平台TOP30》。

海尔 COSMOPlat 工业互联网平台的采用，极大地缩短了企业订单交付周期，提高了产品生产效率和营销效率。2018 年，海尔平台产品的不入库率接近 70%，这意味着大部分产品从出厂就直接到达消费者手中，实现了速度经济效应。COSMOPlat 工业互联网平台构建有以下三个特点。

第一，以创造用户终身价值为导向，以用户体验为中心。平台产品的设计、制造、采购、物流均围绕消费者展开，消费者参与价值创造并增加了融入，极大地提升了对海尔 COSMOPlat 平台的归属感和认同感，以"定制"为特点的过程创新增进了需求锁定，因此，也增加了互联网平台型企业的市场势力。

第二，基于 COSMOPlat 平台的云端结合，实现大规模定制。以开放式平台的要素和资源集聚，赋能全球中小制造企业并促进其实现创新转型，具体而言，在创新的生态模式下，从商业流程再造、智能制造工厂改造、企业运营提效、数据沉淀及良性应用等层面，通过平台多个可拆分的微服务形式，促进平台上的企业实现从简单自动化到大规模定制的转化。在此过程中，平台用户可以直接链接到平台资源。另外，平台运营的每个节点都实时接收用户意见并给予及时反馈。

第三，促进平台企业数字化及智能化的同时，架构跨领域、跨行业的平台生态体系。海尔 COSMOPlat 平台不仅适用于家电行业等制造业，其过程创新的模式已产生了跨领域、跨行业的示范效应，基于开放、多元、多边、共创和共享的工业互联网平台生态体系，完善了工业互联网价值生态的构建，实现各类工业要素跨领域、跨行业的精准配置和高效对接。

四、生命周期视角下的研发创新与市场势力

在生命周期演进的视角下，互联网企业的市场势力会经历从弱到强再逐渐减弱的演进过程，同时，与互联网企业研发创新密切相关的 R&D 投入强度是逐渐减弱的。从生命周期角度考虑，成熟期互联网企业的市场势力最强，成长期的研发支出最高且创新活动投入成本最大。但随着市场势力的增加，成熟期互联网企业可能逐渐呈现出市场地位停滞不前、研发速

度放缓、破坏式创新动力不足等问题。而随着竞争的不断演进，成熟的互联网企业逐渐步入稳定期。稳定期的互联网企业面临份额下降、生产能力过剩、创新能力和动力不足以及垄断地位被打破等问题，同时，稳定期也是互联网企业蜕变转型的重要时期，如果互联网企业能够持续的研发创新，具有强大的动态适应环境变化的能力，使得稳定期演变为蜕变期，那么经历成功的蜕变后，互联网企业将维持稳固的市场地位。

（一）成长期的研发创新与市场势力

在成长期中，互联网企业由于在技术和市场等的积累，其在某一领域内已经初具规模，在人才、资本、市场份额等方面取得了一定的优势，有动力获得更多市场份额、吸引更多人才，从而形成并增进市场势力。互联网企业在成长期会利用免费等定价手段进行市场扩张，处于这一阶段的互联网企业会通过进取的竞争策略应对挑战，以获得更多的市场份额。与所处生命周期的其他阶段相比，成长期的互联网企业对于资源的投入通常持续增长，其适应动态环境变化的能力也更强，将为互联网企业未来扩张提供支持。

成长期互联网企业发展迅速，产品销售量持续增加且市场份额快速增加，同时，创新活跃，表现在产品迭代速度增加，产品差异化明显等方面。此时的互联网企业由于战略目标明确会积极寻求市场机遇并应对各种挑战。在这一时期互联网企业可能会在其所在行业中形成市场势力，但仍需通过进一步成长在更广的跨领域或跨行业范围中提升市场影响力。此时，互联网企业将投入新产品研发、扩大生产线和招聘新人员等，这也将导致互联网企业开支的增加。以百度为例，在成长初期，伴随着研发支出增加，用户体验提升极大增加了百度吸引用户的能力，扩大了其用户基础，使百度迅速占领了搜索引擎行业中的大量市场份额。

（二）成熟期的研发创新与市场势力

当互联网企业处于成熟期时，互联网企业拥有雄厚的资金、强大的技术支撑与丰富的人才和资源，管理水平相较于成长期互联网企业也有显著提高，互联网企业能够更加有效地配置资源，这使得互联网企业在市场竞争中保持较高的竞争能力。通过市场规模的持续扩大以及逐步达到规模的最大点，互联网企业可以实现跨行业的市场优势地位。成熟期互联网企业可能在产品和过程上进行微创新，产品创新带来产品的多样性和差异化以适应消费者的个性需求，过程创新可以同时降低生产成本并提高产品质量，以此提高互联网企业的盈利能力。

成熟期互联网企业的市场地位虽然比较稳定，但是，研发创新活动对市场势力的促进作用相较于成长期可能有所减弱。经历成长期的快速发展之后，处于成熟期的互联网企业慢慢展现出"痼疾"（崔也光和唐玮，2015），具体表现在：一是发展增势趋缓，经过成长期的快速发展，互联网企业的战略目标和竞争优势愈发凸显，产品市场占有率以及行业地位得以显现，但发展逐渐趋于平稳的状态；二是研发速度趋缓，处于成熟期的互联网企业，基本上拥有比较完善的产品开发技术，互联网企业难以在规模和发展速度上迅速突破，研发创新趋稳甚至放缓，研发进程很难如成长期一般快；三是破坏式创新的动力不足，处于成熟期的互联网企业内外部都比较稳定，根据创新价值工程的原理，从事破坏式创新颠覆企业过去拥有的技术专利的可能性减小。

（三）稳定期的研发创新与市场势力

当互联网企业步入稳定期时，互联网企业仍能凭借成熟期积累的优势在业务经营上表现突出，所以，刚进入稳定期的互联网企业在营利上并不会明显减少，但部分产品已经过时、市场份额逐渐下降、生产能力过剩、创新能力不足等问题，甚至互联网企业的规模会慢慢缩小，最终导致互联网企业内部逐渐瓦解，时刻面临倒闭威胁。在这一阶段，互联网企业的垄断地位被打破，市场势力大幅下降。但对于一些长寿型公司来说，往往是在此阶段进行了成功的战略调整，使稳定期演变为蜕变期，而成功的蜕变必然有赖于公司持续的研发创新。

处于稳定期的互联网企业，可能由于管理机制缺乏活力且运营效率降低，决策者对于研发创新的重视程度很难确定。稳定期的互联网企业缺乏持续高质量创新的能力，大量非创新支出占据总支出较大比重，因此，导致盈利能力下降。在商业竞争方面，由于市场份额已经被大量竞争模仿者

蚕食，甚至会出现一方面在不断增加创新支出，另一方面市场势力却不断
被削弱。

第三节
互联网与企业市场势力：创新的中介作用

本节就互联网发展对于企业市场势力产生的影响及创新从中发挥的作
用进行了理论和实证分析。基于网民规模、互联网基础设施、互联网应用
能力三个方面，综合构建了城市互联网发展水平测度体系；利用 2013～
2018 年 959 家中国 A 股制造业出口企业数据，同时，匹配并测度了 161 个
城市的互联网发展水平，研究表明，互联网发展通过"创新效应"和"成
本效应"两个渠道的作用显著提升了我国出口企业市场势力，而"创新效
应"发挥的作用比"成本效应"更大。本节的边际贡献在于：其一，综合
构建了城市互联网发展水平测度体系，并将该数据体系在国际贸易领域进
行了创新应用；其二，建立互联网发展影响出口企业市场势力的分析框
架，揭示了传导路径中"创新效应"和"成本效应"的作用，从互联网发
展的视角丰富和深化了出口企业市场势力影响因素的研究；其三，本节结
论为加快 5G 网络等新基建、实施"互联网＋"行动计划提供了理论支持，
为我国出口企业加强互联网融合应用，以提升市场势力并实现外贸高质量
发展带来了启发。

一、理论机制和研究假设

（一）互联网发展对出口企业市场势力的影响

出口企业市场势力反映了企业在国际分工格局中利益分配状况，虽然
现有研究尚未对互联网与出口企业市场势力之间的关系进行直接分析，但
仍可基于相关研究及逻辑分析形成两者关系的初步假设。目前，信息通信
技术（information communications technology，ICT）在国际贸易中的广泛应
用已成为各国比较优势的新来源，互联网使信息分享、传播和整合的速度

大大加快，也使企业的生产经营活动产生了深刻变革，实现了企业生产率的增进。然而，加成率与生产率内涵并不一样。加成率体现了企业的市场优势地位，故有必要从出口企业与其利益相关者互动关系的层面来进行考察：第一，在出口企业与其消费者的关系层面，互联网有助于企业迅捷地获取国际市场信息，提供更好地满足需求的产品和服务，锁定市场需求从而提高加成率；第二，在出口企业与上下游分工合作者的关系层面，互联网可帮助出口企业与其合作者更高效地进行价值创造，并在价值分配中形成有利地位从而提高加成率；第三，在出口企业与其竞争者的关系层面，互联网有利于出口企业在动态竞争中构筑竞争壁垒，形成不可替代的竞争地位从而提高加成率。概言之，互联网使出口企业在国际竞争中更好地整合各种资源，形成相对于各利益相关者的优势地位，从而有利于加成率提升。因此，本节进行以下假设。

H4.1：互联网发展对出口企业市场势力具有促进作用。

（二）互联网发展对出口企业市场势力的作用机制

进一步考察互联网发展对出口企业市场势力影响的作用机制，互联网发展通过"创新效应"及"成本效应"的中介作用，对出口企业市场势力产生促进作用，具体理论机理阐释如下。

1. 创新效应

创新是出口企业在国际市场上取得产品价格控制力，形成优势市场地位的重要途径，而互联网对于出口企业创新效率和能力的作用显而易见，具体表现为以下三个方面。首先，增进了出口企业对知识和经验的学习效率。互联网的崛起促进了大数据、云计算等技术发展，使企业基于数据等新生产要素进行知识获取和创新成为可能。其次，优化了组织经营各环节的创新流程。互联网与企业层面具体的经营活动相融合，优化了各环节流程并孕育了创新的商业模式。最后，有利于开放式创新生态的构建。互联网促进了创新主体之间的沟通效率，提高了创新主体之间开展研发合作广度和深度，成为开放式创新生态必不可少的基础载体。从现实依据来看，国内外现有许多研究支持了互联网对企业创新活动及创新能力具有显著积极影响，充分论证了互联网促进企业创新投入和创新效率的作用。总结而言，互联网发展加强了出口企业对国内外创新资源进行整合的能力，而创新正是促进出口企业市场势力提升的重要渠道。基于以上论述，本节提出以下假设。

H4.2：互联网发展通过促进创新，提升了出口企业市场势力，即存在"创新效应"。

2. 成本效应

出口企业开展国际贸易的成本削减，将转化为企业提升价格制定于边际成本之上的能力，即更高的成本加成。互联网对出口企业降低贸易成本的主要表现有以下三个方面。其一，降低投入要素和资源的获取成本。互联网提供了出口企业信息搜寻和沟通的各类有效渠道，并通过互联网平台的赋能，使得出口企业获取各类要素和资源的成本得到节约。其二，降低国际贸易活动的组织成本。互联网的融合应用重构了出口企业价值创造流程，并使出口企业更有效地联结外部互补性资源，以协同效应的发挥降低贸易活动的组织成本。其三，降低国际市场推广的成本。通过互联网提供的供需匹配，出口企业将更精准定位并服务于目标市场，规避贸易壁垒并节约国际市场营销等成本。从现实依据来看，目前不少结合特定行业的研究和针对特定地理区域的考察，以及结合特定互联网电商平台的经验研究均从各自角度支持了互联网降低出口贸易成本的作用。总结而言，出口企业借助互联网发展可以有效降低各类贸易成本，而成本领先对于企业价格加成率提升至关重要，有助于使企业在价格竞争中保持较高的加成率。基于以上论述，本节提出以下假设。

H4.3：互联网发展通过降低贸易成本，提升了出口企业市场势力，即存在"成本效应"。

二、模型、变量设定和数据来源

（一）模型构建

由于可能存在着样本选择性偏差，故使用 Heckman 两步法进行检验，结果表明，逆米尔斯（IMR）系数并不显著，因此，有理由认为并不存在样本选择性偏误。为了检验假设 4.1，研究互联网发展对出口企业市场势力的影响，构建以下基准模型：

$$markup_{it} = \alpha_1 + \alpha_2 inte_{it} + \alpha_3 C_{it} + u_i + v_t + \varepsilon_{it} \tag{4.12}$$

其中，$markup_{it}$ 表示出口企业市场势力；$inte_{it}$ 表示企业 i 所在城市的互联网发展水平；C_{it} 表示控制变量的合集，具体包括企业规模（$\ln size$）、企业年龄（age）、资本密集度（$\ln klr$）。u_i 和 v_t 分别代表个体和时间固定效应。

为了检验假设 4.2 和假设 4.3，研究互联网发展对出口企业市场势力的影响机制，引入企业创新（$inno$）和贸易成本（$cost$）来构建中介效应模型。检验将分三步进行：第一，将因变量对基本自变量进行回归；第二，将中介变量企业创新（$inno$）对基本自变量进行回归；第三，中介变量贸易成本（$cost$）同时对企业创新（$inno$）和基本变量进行回归；第四，将因变量同时对基本自变量和中介变量进行回归。本研究使用的中介效应模型共包含式（4.12）到式（4.15）四个方程，式中各变量下标 i 和 t 与前文一致。

$$inno_{it} = \beta_1 + \beta_2 inte_{it} + \beta_3 C_{it} + u_i + v_t + \varepsilon_{it} \tag{4.13}$$

$$cost_{it} = \gamma_1 + \gamma_2 inte_{it} + \gamma_3 inno_{it} + \gamma_4 C_{it} + u_i + v_t + \varepsilon_{it} \tag{4.14}$$

$$markup_{it} = \theta_1 + \theta_2 inte_{it} + \theta_3 inno_{it} + \theta_4 cost_{it} + \theta_5 C_{it} + u_i + v_t + \varepsilon_{it} \tag{4.15}$$

（二）变量选择

1. 被解释变量

本研究的被解释变量为企业加成率（$markup$），借鉴德洛克和瓦兹克（De Loecker & Warzynski，2012）的方法进行出口企业市场势力的测算。该方法以拉格朗日方程得到成本加成率，衡量加成率与某一可变要素产出弹性，以及该要素投入占总产出份额之间的关系：

$$Q_{it} = Q_{it}(X_{it}^1, \cdots, X_{it}^v, K_{it}, \omega_{it}) \tag{4.16}$$

其中，Q_{it} 表示企业 i 在 t 时期的产出水平，$X_{it}^1, \cdots, X_{it}^v$ 表示企业的可变要素投入，K_{it} 表示企业的资本投入，ω_{it} 表示企业的生产率。假设生产函数 $Q_{it}(\cdot)$ 连续且二阶可导，依据成本最小化原则构建拉格朗日函数：

$$L_{it}(X_{it}^1, \cdots, X_{it}^v, K_{it}, \delta_{it}) = \sum_{v=1}^{V} P_{it}^{Xv} X_{it}^v + \delta_{it} K_{it} + \delta_{it}[Q_{it} - Q_{it}(\cdot)]$$

$$\tag{4.17}$$

其中，P_{it}^{Xv} 为可变要素 X_{it}^{v} 的购买价格，δ_{it} 为资本的使用成本。企业加成率可表示为 $u_{it} = \dfrac{P_{it}}{\delta_{it}}$，得到可变要素 X_{it}^{v} 的产出弹性如式（4.17）所示，进一步可得企业加成率的计算如式（4.19）所示。

$$Q_{it}^{Xv} = \mu_{it} \frac{P_{it}^{Xv} X_{it}^{v}}{P_{it} Q_{it}} \tag{4.18}$$

$$\mu_{it} = Q_{it}^{Xv} (\delta_{it}^{Xv})^{-1} \tag{4.19}$$

其中，δ_{it}^{Xv} 表示可变要素支出 $P_{it}^{Xv} X_{it}^{v}$ 占企业总产出 $P_{it} Q_{it}$ 的比值，可变要素产出弹性 Q_{it}^{Xv} 可通过莱温斯恩和派垂恩（Levinsohn & Petrin）的半参数估计方法（简称 LP 法）计算得到。可变要素支出从微观企业数据库获取，资本投入以企业固定资产净值表示；劳动要素投入以职工人数表示；总产出以营业收入对数值表示；劳动投入占总产出的份额用支付给职工的现金与销售商品与提供劳务收到的现金之比来表示；中间品投入使用倒算法，即用制造费用、管理费用、销售费用合计减去工资和福利费，再加上直接材料和利息支出而计算得出，最后可得企业加成率的数值。

2. 解释变量

本研究的关键解释变量为互联网发展（inte）。参考韩先锋等（2019）对互联网发展的测度，并根据全面、科学及数据可得的原则，本节构建了城市互联网发展水平的测度体系如表 4-2 所示。该体系包含网民规模、互联网基础设施和互联网应用能力三个方面的一级指标。其中，网民规模包含两个二级指标，分别为移动电话用户数和电信业务收入；互联网基础设施为互联网宽带接入用户数；互联网应用能力指标为计算机服务和软件业从业人员。进而，根据选取的出口企业样本，匹配样本企业所在城市。本节运用全局主成分分析（GPCA）法构建城市的互联网发展水平指数。为检验观测数据是否适合主成分分析法，对全部数据进行 Bartlett 球形检验和 KMO 检验。对于因子个数的选取，则采用前 k 个主成分的累计方差贡献率达到 80% 的方法进行确定，以测算得到的城市互联网发展水平指数作为互联网发展（inte）的代理变量。

表4-2　　　　　　　　　　城市互联网发展水平测度体系

一级指标	二级指标	指标解释
网民规模	移动电话用户数（万户） 电信业务收入（万元）	反映移动端网民规模状况
互联网基础设施	互联网宽带接入用户数（万户）	反映互联网宽带设施的建设情况
互联网应用能力	计算机服务和软件业从业人员（人）	反映地区互联网应用能力

3. 中介变量

本节以企业创新（inno）和贸易成本（cost）作为中介变量。以企业全要素生产率来衡量企业创新，企业的创新投入最终会转化为企业的创新产出，尤其明显的表现为生产效率的提升，因此，全要素生产率可以较好地衡量企业创新程度。对于贸易成本的衡量，本节参考刘斌和王乃嘉（2016）的做法，根据会计准则测算企业贸易总成本，并取其对数值作为贸易成本的测度指标。

4. 控制变量

控制变量测度参考了诸竹君等（2017）的做法，企业规模（lnsize）使用总资产的对数值衡量；企业年龄用企业当年年份与成立年份的差值度量；资本密集度（lnklr）以固定资产与从业人员数的比值取对数来表示。同时，引入城市层面的控制变量城市规模（gdp），用各城市当年剔除通货膨胀因素的实际地区生产总值（单位：千亿）为代理变量。

（三）数据来源

本研究中使用的中国A股制造业出口企业数据来源于BVD-OSIRIS数据库。出口企业样本的筛选按以下步骤进行：第一，为使估算尽可能反映全貌，初步选取了A股上市制造业企业2466家；第二，根据企业是否报告出口，从中筛选出口企业1013家；第三，考虑到信息技术企业本身就与互联网密不可分，不易观察互联网发展对其影响的动态过程，因此，删除了这些企业样本；第四，删除数据缺失的样本。完成上述筛选工作后，最终得2013～2018年161个城市959家制造业A股出口企业的数据，共5754个观测值。测度互联网发展的相关数据来源于中国各城市统计局、统计信息网、《中国城市统计年鉴》和各类公开信息。

三、实证结果与分析

（一）描述性统计分析

主要变量的描述性统计结果如表 4 - 3 所示，包括主要变量名称及含义、均值、标准差、最小值和最大值。其中，出口企业市场势力（*markup*）均值为 1.167，数值相对较小，说明目前我国 A 股制造业出口企业的市场势力总体上仍处于较低的水平。互联网发展（*inte*）的最小值为 1.159，最大值为 20.569，均值为 3.802，说明虽然总体发展水平较高，但城市互联网发展呈现出明显的区域不平衡性。

表 4 - 3　　　　　　　　主要变量的描述性统计

变量名称	变量含义	均值	标准差	最小值	最大值
markup	企业加成率	1.167	0.281	0.284	15.913
inte	互联网发展	3.802	4.849	1.159	20.569
ln*size*	企业规模	13.204	1.180	8.863	18.516
age	企业年龄	17.423	5.020	1	38
ln*klr*	资本密集度	1.503	0.206	0.533	2.290
inno	企业创新效率	1.319	0.317	- 5.277	4.211
cost	贸易成本	0.669	0.219	- 6.882	4.468
gdp	城市规模	10.512	86.141	49.071	32.680

（二）基准回归结果

表 4 - 4 汇报了基准模型的回归结果。本节采用了不同的回归估计方法：第（1）列为普通面板混合回归，第（2）列为固定效应回归，第（3）列在第（2）列的基础上，进一步控制了年份和城市固定效应进行回归。第（1）列到第（3）列结果显示，解释变量互联网发展（*inte*）的系数均显著为正，说明互联网发展水平越高，出口企业的市场势力越高，假

设 4.1 得到验证。控制变量的回归结果大体上符合预期，企业资本密集度（lnklr）的系数显著为正，说明资本密集度越高的企业，其市场势力越高；企业规模（ln$size$）的系数显著为正，说明企业规模越大，其市场势力就越高；企业年龄（age）系数并不显著。

表 4 – 4　　　　　　　互联网发展对出口企业市场势力的影响

变量	(1) 混合面板	(2) 固定效应	(3) 固定效应	(4) 工具变量法	(5) 差分 GMM 法	(6) 系统 GMM 法
$inte$	5.039 *** (0.754)	5.039 *** (0.690)	5.433 *** (0.782)	11.024 *** (1.092)	10.243 * (6.036)	10.718 *** (3.455)
ln$size$	2.026 *** (0.579)	2.026 *** (0.607)	2.124 *** (0.580)	2.070 *** (0.583)	10.618 *** (1.776)	11.433 *** (1.776)
lnklr	81.528 *** (3.265)	81.531 *** (9.011)	82.064 *** (3.275)	82.919 *** (3.292)	111.013 *** (6.467)	127.602 *** (6.515)
age	0.189 (0.127)	0.189 (0.140)	0.266 ** (0.133)	0.255 * (0.134)	– 1.286 (1.268)	– 0.806 (0.511)
gdp	– 0.002 (0.002)	– 0.002 (0.002)	– 0.002 (0.002)	0.001 (0.002)	– 0.001 (0.003)	– 0.001 (0.003)
常数	– 147.613 *** (8.302)	– 147.602 *** (14.080)	– 153.086 *** (8.772)	– 185.021 *** (9.813)	– 312.032 *** (36.276)	– 364.176 *** (23.303)
$L.\ markup$					0.037 ** (0.017)	0.172 *** (0.013)
个体固定	否	是	是	是	是	是
时间固定	否	否	是	是	否	否
N	5720	5720	5720	5720	3791	4754
R^2	0.136	0.136	0.132	0.125		
Sargan 检验					0.000	0.343

注：*** 、** 和 * 分别表示在 1%、5% 和 10% 的水平上显著，表中括号内为标准差值，拟合优度均为调整后的 R^2。

经过豪斯曼检验，结果拒绝原假设：所有解释变量均为外生变量。由于本研究中被解释变量为微观层面企业加成率数据，解释变量是宏观层面各城市互联网发展数据，前者对后者的影响有限，因此，判断除了已控制的非观测固定效应，可能存在一些遗漏变量是引致内生性问题的主因。本节选用工具变量法和动态面板 GMM 法进行内生性处理。表 4 - 4 第（4）列是采用工具变量法的回归。借鉴黄群慧等（2019）的做法，用各城市 2000 年每百人固定电话数量作为互联网发展（inte）的工具变量。选取该指标有以下理由：一是具备相关性的要求，因固定电话是互联网技术发展的前身，历史上固定电话发展领先的城市极有可能在互联网发展上也领先；二是该指标同时具备外生性要求，因随着技术变革，各城市历史上的固定电话数量并不会对目前出口企业成本加成率产生影响。经过弱工具变量检验，两阶段最小二乘法回归中第一阶段回归的 F 统计量等于 89.15，远大于经验规则的 10，结果显著拒绝原假设，因此，以 2000 年每百人固定电话数量作为工具变量是合适的。结果显示，第（4）列中解释变量互联网发展（inte）的系数依旧显著为正。进而，本节利用动态面板 GMM 法进行更有效的估计，表 4 - 4 的第（5）、第（6）列分别汇报了差分 GMM 法和系统 GMM 法的估计结果，两次回归结果显示互联网发展（inte）的系数依旧显著为正。

（三）机制检验

机制检验结果如表 4 - 5 所示，第（1）列呈现了基准模型的估计结果，第（2）列为互联网发展对企业创新影响的检验结果，结果显示，互联网发展（inte）系数显著为正，说明互联网发展提高了企业与外界知识交流，激发企业的创新氛围，借助互联网手段出口企业可以更好地整合技术和人才等创新资源，从而促进了企业的创新效率。第（3）列为链式多重中介效应的检验，即互联网发展（inte）和企业创新（inno）是否对贸易成本有显著影响，结果显示，互联网发展（inte）的系数在 1% 的水平上显著为负，说明互联网发展可以有效降低出口企业的贸易成本（cost），包括贸易中发生的资源成本、贸易组织成本和市场开拓成本等。同时，企业创新（inno）对贸易成本（cost）的影响显著为负，表明存在链式多重中介效应。表 4 - 5 第（4）列将变量企业创新（inno）和贸易成本（cost）同时纳入模型中，企业创新（inno）的系数显著为正，说明企业创新有效促进了出口企业市场势力的提升。贸易成本（*cost*）对出口企业市场势力的影响系数在1%水平上显著为负，说明贸易成本下降可以在更大程度上提升出口企业的成本加成率。

表 4-5 机制检验结果

变量	(1)	(2)	(3)	(4)
	markup	*inno*	*cost*	*markup*
inte	5.433 *** (0.782)	0.060 *** (0.009)	−0.011 *** (0.003)	3.403 *** (0.731)
cost				−14.610 *** (3.289)
inno			−0.183 *** (0.004)	33.721 *** (1.214)
ln*size*	2.124 *** (0.580)	0.044 *** (0.007)	0.039 *** (0.002)	0.179 (0.557)
ln*klr*	82.062 *** (3.275)	−0.117 *** (0.038)	−0.154 *** (0.012)	87.951 *** (3.091)
age	0.266 ** (0.133)	−0.011 *** (0.002)	0.001 ** (0.001)	0.582 *** (0.124)
gdp	−1.610 (2.321)	0.0269 (0.0271)	0.0053 (0.00868)	−2.530 (2.160)
常数	−153.103 *** (8.772)	−0.561 *** (0.102)	0.305 *** (0.033)	−140.202 *** (8.244)
个体固定	是	是	是	是
时间固定	是	是	是	是
N	5720	5720	5720	5720
R^2	0.132	0.021	0.275	0.249

注：***、**分别表示在1%、5%的水平上显著，表中括号内为标准差值，拟合优度均为调整后的R^2。

与第（1）列基准模型估计结果相比，在引入两个中介变量后，互联网发展（*inte*）的系数和显著性水平（t值）均有所下降，初步说明互联网发展提升出口企业市场势力的两个可能渠道，即"创新效应"和"成本效应"的存在。进而，检验原假设：$\beta_2 = 0$，$\beta_3 = 0$，$\theta = 0$ 和 $\mu = 0$，如果原假设受到拒绝，表明中介效应显著；否则不显著。从表 4-5 的第（2）到第（6）列回归结果可见原假设均不成立，说明中介效应显著。

鉴于文中的中介变量企业创新（inno）与贸易总成本（cost）相关性检验显著，且理论上企业的全要素生产率对其贸易总成本具有单向因果关系，故本节属于链式多重中介变量模型。由图 4-5 可知，城市互联网发展对出口企业市场势力的中介效应路径共有三条，各路径影响系数由该路径上所有子系数的乘积计算而得。路径一，互联网发展通过影响创新效率进而影响出口企业市场势力，影响系数大小为 2.023；路径二，互联网发展通过降低企业贸易成本来提升出口企业市场势力，影响系数大小为 0.161；路径三，链式中介效应路径，即互联网发展通过提升创新效率进而降低贸易成本来提升出口企业市场势力，影响系数大小为 0.160。进一步对中介变量路径上的回归系数乘积项是否显著进行检验。以路径一为例，Sobel 检验统计量为 $z = \hat{\beta}_2 \hat{\gamma}_3 / s_{\beta_2\gamma_3}$，其中，$s_{\beta_2\gamma_3}$ 是 $\hat{\beta}_2 \hat{\gamma}_3$ 的标准差，原假设为 $\beta_2\theta_3 = 0$，如果拒绝原假设，表明中介效应显著；否则不显著。结合表 4-5 的数据，本节对三条路径乘积项 $\beta_2\theta_3$、$\gamma_2\theta_4$ 和 $\beta_2\gamma_3\theta_4$ 对应的 z 统计量进行计算，分别为 6.380、4.430 和 2.539，对应的 p 值均小于 0.01，即三条中介效应路径均在 1% 的水平显著。证实了"创新效应""成本效应""创新—成本效应"是互联网发展影响出口企业成本加成率的三个中间渠道，从而证实了前文中的假设 4.2 和假设 4.3。此外，结果显示，"创新效应"发挥的作用要远大于比"成本效应"。

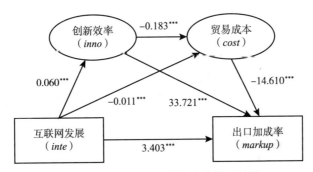

图 4-5 链式多重中介效应的检验结果

注：*** 表示在 1% 的水平上显著。

（四）异质性分析

本节从企业的要素密集型、所有制和所在地区三方面进行了异质性检验，主要研究结果如下。

第一，按照资本密集型企业和劳动密集型企业分类①进行检验。表4-6的第（1）和第（2）列分别汇报了资本密集型企业的工具变量法和系统GMM法的回归结果。结果显示，变量互联网发展（inte）的系数均显著为正。第（3）和第（4）列显示了对劳动密集型企业的固定效应和系统GMM法的回归结果。结果显示，互联网发展（inte）的系数同样显著，但相对较小。以上结果说明，由于资本密集型企业在资金和技术方面都具有优势，对互联网技术的应用和融合较好，因而能获取互联网"发展红利"，借助互联网降费增效并提升加成率。对比之下，目前，互联网发展对劳动力密集型出口企业市场势力的影响相对较小，后者在工业化和信息化两方面的发展更待加强。

表4-6　　　　　　　　　基于企业要素密集型异质性的回归结果

变量	资本密集型	资本密集型	劳动密集型	劳动密集型
	固定效应	系统GMM法	固定效应	系统GMM法
inte	10.130*** (1.826)	14.261*** (6.202)	5.163*** (0.610)	8.453*** (1.801)
控制变量	是	是	是	是
个体固定	是	是	是	是
时间固定	是	是	是	是
N	2857	2863	2033	1759
R^2	0.222	—	0.017	—

注：***表示在1%的水平上显著，表中括号内为标准差值，拟合优度均为调整后的R^2。

第二，按照国有企业和非国有企业分类进行检验。表4-7的前两列和

---

① 区分方法借鉴黄先海等（2018）的方法，在样本企业中将要素密集度位于前50%的企业归为资本密集型企业，后50%的则归为劳动力密集型企业。

后两列分别显示了国有和民营出口企业的固定效应和系统 GMM 法的回归结果，表明两种所有制性质的出口企业互联网发展（*inte*）的系数均在 1% 水平上显著为正，但互联网发展对国有出口企业的促进效应更大，原因可能是国有企业相对于体制灵活、触网时间较早的非国有企业而言，早期对互联网应用程度相对更浅，故互联网发展通过对国有出口企业运营效率的提升，更大程度地促进了其加成率的提升。

表 4 - 7　　　　　　**基于企业所有制异质性的回归结果**

变量	国有企业	国有企业	民营企业	民营企业
	固定效应	系统 GMM 法	固定效应	系统 GMM 法
inte	20.491 *** (2.495)	25.290 *** (7.808)	9.309 *** (1.137)	8.664 * (5.50)
控制变量	是	是	是	是
个体固定	是	是	是	是
时间固定	是	是	是	是
N	1686	1404	4034	3576
R^2	0.242	—	0.163	—

注：*** 、* 分别表示在 1%、10% 的水平上显著，表中括号内为标准差值，拟合优度均为调整后的 R^2。

第三，按照东部地区、中部地区和西部地区的出口企业分类进行检验。表 4 - 8 呈现了区域异质性的回归结果，分别进行了工具变量法和系统 GMM 法两种估计。其中，第（1）和第（2）列东部地区的企业检验结果显示，互联网发展（*inte*）的系数均显著为正；第（3）和第（4）列中部地区企业的检验结果中，互联网发展（*inte*）的系数相对较小，且均不显著；第（5）和第（6）列西部地区企业的检验表明，互联网发展（*inte*）的系数为负值，且均不显著。分析以上结果，由于经济发展和互联网建设呈现的地区不均衡，以及出口企业应用互联网程度和能力的差异，互联网发展对不同地区出口企业市场势力的提升作用在东部地区显著，而在中部、西部地区并不明显，呈现明显的空间异质性。

表 4-8 基于区域异质性的回归结果

变量	东部地区	东部地区	中部地区	中部地区	西部地区	西部地区
	工具变量法	系统 GMM 法	工具变量法	系统 GMM 法	工具变量法	系统 GMM 法
$inte$	15.682*** (1.752)	11.371** (5.628)	1.952 (1.637)	5.184 (6.165)	-4.362 (-3.258)	-7.793 (-4.932)
个体固定	是	是	是	是	是	是
时间固定	是	是	是	是	是	是
N	4070	2704	979	648	655	555
R^2	0.1189	—	0.2064	—	0.1721	—

注：***、** 分别表示在 1%、5% 的水平上显著，表中括号内为标准差值，拟合优度均为调整后的 R^2。

(五) 稳健性检验

1. 替换出口企业市场势力的测度指标

成本加成率（$markup$）的测度主要有生产函数法和会计法两种。前文采用的方法是生产函数法，为了进行稳健性检验，这里运用会计法对企业成本加成率进行重新核算，会计法计算公式如下：

$$\left(\frac{p-c}{p}\right)_{it} = 1 - \frac{1}{markup_{it}} = \left(\frac{va-pr}{va+ncm}\right)_{it} \tag{4.20}$$

其中，$markup_{it}$ 表示企业成本加成率，p 为产品价格，c 代表企业的边际成本，va 为工业增加值，pr 为本年工资额，ncm 表示净中间投入要素成本。

表 4-9 的第（1）和第（2）列显示了替换出口企业市场势力（$markup$）的代理指标进行再估计的结果，第（2）列报告的检验在第（1）列基础上加入了企业和年份固定效应。结果表明，虽然变量互联网发展（$inte$）的估计系数值有所下降，但仍显著为正，说明本节的核心结论是稳健的，即互联网发展显著促进了出口企业市场势力的提升。

表 4-9 稳健性检验（替代变量结果）

变量	(1)	(2)	(3)	(4)
	替换 $markup$	替换 $markup$	替换 $inte$	替换 $inte$
$inte$	7.922*** (0.650)	7.757*** (0.638)	0.508*** (0.134)	0.488*** (0.140)

续表

变量	(1)	(2)	(3)	(4)
	替换 *markup*	替换 *markup*	替换 *inte*	替换 *inte*
N	5720	5720	2864	2864
控制变量	是	是	是	是
个体固定	否	是	否	是
时间固定	否	是	否	是
年数	6	6	3	3
R^2	0.243	0.236	0.159	0.155

注：*** 表示在1%的水平上显著，表中括号内为标准差值，拟合优度均为调整后的 R^2。

2. 替换互联网发展的测度指标

前文衡量各城市互联网发展水平时，笔者采用经主成分分析法构造的互联网综合发展指数。在稳健性检验中，选取腾讯研究院每年推出的"互联网 +"指数作为互联网发展（*inte*）的替换指标。表4 - 9的第（3）和第（4）列显示了再估计的结果，第（4）列在第（3）列的基础上加入了企业和年份固定效应。结果显示，互联网发展显著地促进了出口企业市场势力的提升，核心结论依然稳健。

3. 分位数回归

前文回归分析采用的均值回归，其结果容易受到极端值的影响，而分位数回归能减弱极端值对结果的影响。表4 - 10进行了分位数回归，第（1）列到第（5）列分别汇报了加成率在10%、25%、50%、75%和90%分位数上的回归结果。结果表明，互联网发展对出口企业市场势力的影响在10%、25%低分位数上并不显著，而在50%、75%和90%分位数上均有显著的正向影响，这和表4 - 8中的区域异质性结果较为一致。

表4 - 10　　　　　　　稳健性检验（分位数回归结果）

变量	(1)	(2)	(3)	(4)	(5)
	10%	25%	50%	75%	90%
inte	6.106 （-15.543）	7.574 （12.331）	9.568 *** （8.185）	12.821 *** （4.286）	15.270 ** （7.447）

续表

变量	（1）	（2）	（3）	（4）	（5）
	10%	25%	50%	75%	90%
控制变量	是	是	是	是	是
个体固定	否	否	否	否	否
时间固定	是	是	是	是	是
N	5723	5723	5723	5723	5723
R^2	0.030	0.021	0.013	0.012	0.251

注：***、**分别表示在1%、5%的水平上显著，表中括号内为标准差值，拟合优度均为调整后的 R^2。

本节理论分析了互联网发展对出口企业市场势力的影响及作用机制。基于我国各城市互联网发展水平的差异，综合构建了城市层面互联网发展水平测度体系，用以实证分析互联网发展对出口企业市场势力的影响，进而检验了企业创新和贸易成本从中发挥的中介效应。研究得出以下结论。

第一，互联网发展对出口企业市场势力具有显著的促进作用，这一结论在进行稳健性检验后仍然成立。这表明互联网发展能够使出口企业在国际动态竞争中更好地整合资源，形成相对于各利益相关者的市场优势地位和影响力，从而促进加成率的提升。

第二，互联网发展对出口企业市场势力的影响通过两个中间渠道即创新效应和成本效应发挥作用。互联网发展驱动了产品创新、模式创新及生态创新，创新效应成为出口企业在国际市场上获取价格控制力，提升加成率的重要途径；互联网发展降低了出口企业的资源获取成本、贸易组织成本及市场开拓成本，成本效应将转化为企业提升价格制定于边际成本之上的能力，即更高的加成率。

第三，互联网发展对出口企业市场势力的影响呈现异质性。按要素密集型分类，互联网发展对资本密集型和劳动密集型出口企业的加成率均有显著的提升作用，但对前者的影响更大；按所有制分类，互联网发展对两类出口企业市场势力均具有显著的促进作用，但对国有出口企业市场势力的促进作用更为明显；按东部、中部、西部地区分类，对东部地区出口企业的加成率提升效应明显，而对中部、西部地区出口企业的作用不显著。

➡ 第四节
本章小结

随着我国经济逐渐由高速增长转变为高质量发展，创新驱动成为推动我国经济发展的新业态，互联网平台作为数字经济中重要的经济基础设施，担负着数字价值链运作，即将数字转化为数字智能等重要职能，故研发创新对其巩固智能化和平台化的枢纽地位至关重要。研发创新是动态市场竞争中，互联网平台型企业市场势力形成的最基础的动力。因为，只有不断增加对新技术的研发投入，把握良好的技术机遇和市场机遇，站在数字经济研发的前沿，互联网平台型企业才能持续保持平台经济中资源整合的枢纽地位，巩固形成其市场势力。

本章内容框架如图4-6所示，本章首先分析了互联网平台研发创新的特征事实及技术专利巩固市场势力的趋势，并从理论机制上分析了两大创新路径与市场势力的关系，分别为"产品创新—差异化—市场势力"以及"过程创新—成本降低—市场势力"。进而结合海尔COSMOplat工业互联网平台的案例考察揭示出：通过技术专利和新技术融合，加速构建生产智能化、研发协同化、管理扁平化的生产创新体系，发展共享制造、工业电子商务、现代供应链等新业态，培育数字化管理、个性化定制、网络化协同、服务化延伸等新模式，同时也促进了互联网平台市场势力形成。进而本章探讨了不同生命周期互联网企业研发创新与市场势力的关系。

本章通过基于城市层面互联网发展与出口企业市场势力关系的实证研究表明：互联网发展能够使出口企业在国际动态竞争中更好地整合资源，形成相对于各利益相关者的市场优势地位和影响力，从而促进加成率的提升；互联网发展驱动了产品创新、模式创新及生态创新，创新效应成为出口企业在国际市场上获取价格控制力、提升加成率的重要途径。

本章研究为研发创新促进企业市场势力形成提供了理论和实践依据，说明了研发创新是互联网企业增强市场势力的重要路径。互利网平台型企业通过加大产品创新满足用户个性化需求，锁定更多需求并占据更高市场份额，以强化现有市场势力；通过对研发进行专利等保护来构筑技术壁垒，同时，通过过程创新构筑成本壁垒，进一步强化现有市场势力。

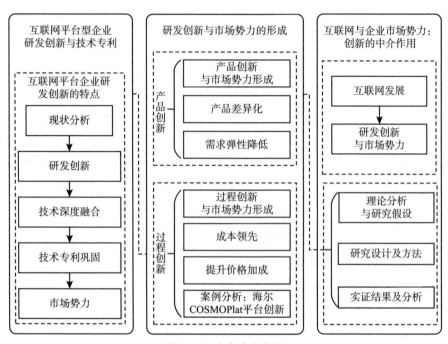

图 4-6　本章内容框架

第五章

商业模式创新与互联网平台型
企业的市场势力

正如第三章所述，研发创新带来的市场势力增进具有短暂性，因为在动态竞争中，拥有市场势力的在位者会随时面对后来者的技术模仿、逾越技术壁垒而使其市场优势地位受到威胁，或者，由于颠覆式技术创新而被取代。另外，第四章生命周期视角下研发创新与市场势力关系的检验也表明，对于不同生命周期阶段的互联网平台型企业而言，研发创新对其市场势力的影响并不一样。对于成长期的互联网企业而言，研发创新对市场势力的促进作用才最明显。

本章将进一步深入分析市场势力形成的另一动因——商业模式创新。区别于传统竞争策略"如何竞争"，商业模式创新的核心则是企业"如何合作"，商业模式创新本质上属于改变与利益相关者交易结构的架构创新，而第六章将要详细论述的生态系统创新，属于企业外部的网络组织的架构创新，对于互联网平台型企业而言，架构创新无疑已经成为其市场势力极为关键的来源。本章借鉴已有的研究成果，从经济学理论的角度诠释了商业模式的内涵，分析互联网平台商业模式创新的推动因素，并基于和消费互联网的比较，对工业互联网驱动商业模式创进行了分析，进而，基于利益相关者的视角，分析互联网平台商业模式创新、利益相关者界面的重构，以及互联网平台型企业市场势力在不同界面之间传递并形成正反馈，从而探讨了商业模式创新对互联网平台型企业市场势力形成的意义。最后，本章以具有代表性的企业——亚马逊和阿里巴巴为例，通过对比研究考察了其会员制、线上线下全渠道拓展，以及云计算赋能等商业模式创新与市场势力增进的路径。

第一节
互联网平台商业模式创新的经济学分析

一、商业模式创新的经济学解释

帕森特（Basant，2013）从创新概念出发，指出商业模式创新与产品创新、流程创新等传统类型的创新不同，这是一种全新的范式创新。范式创新的影响体现在企业业务的潜在思维方式的变化，这源于新进入者进入市场时重新提出问题和定义游戏规则。魏炜、朱武祥（2017）从利益相关者的视角，首次从经济学角度提出商业模式本质上是企业与利益相关者的交易结构，并归纳了商业模式构成六要素模型（见图 5 - 1）。商业模式的最终结果是企业价值，而其他五个要素都紧密围绕着"利益相关者的交易结构"这个概念。

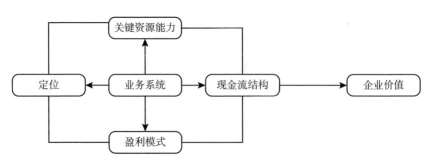

图 5 - 1   商业模式六要素模型

资料来源：魏炜，朱武祥. 商业模式的经济解释［M］. 北京：机械工业出版社.

一是企业的定位。这里强调的是企业商业模式构建的目的，会直接体现在商业模式所能实现的消费者价值上。企业的定位更多的是用来帮助了解企业的真实状况，该状况包括企业获利能力的各种因素：产品和服务类型、进入市场的类型、链接到产业价值链的环节、经营活动的内容、选择的合作关系等。二是业务系统。商业模式的核心是业务系统，赢得或成为企业竞争优势的必要条件是高效运行的业务系统。高效运行的业务系统则需要依靠企业定位来确定相关活动内容并将其整合，随后再依据企业的资源能力范围分配利益相关者的角色，明确与企业从事价值网络中业务活动之间的关系与结构。三是关键资源和能力。商业模式构建的重点任务之一是让业务系统高效运行时拥有所需要的关键资源和能力。对企业来说，并非所有的资源和能力都具有同等价值，其所需要的资源和能力也不完全相同。四是盈利模式。即企业通过自身以及内外部利益相关者的资源整合形成的一种实现价值创造、分担成本、利益分配的组织机制。五是现金流结构。现金流结构的不同体现在企业的定位、业务系统、关键资源能力，以及盈利模式等方面的差异，反映了企业的商业模式具有不同的特征，并对企业成长增速造成的影响，保持合理的现金流结构是企业持续发展的基础。

根据以上经济解释，商业模式的创新实际上是改变企业与利益相关者的交易结构。魏炜等（2019）提出，在生态系统的视角下进行商业模式创新的路径主要有以下三类：第一类是动态地处理企业与生态系统之间的关系，重新设定企业边界，目标是调整企业业务活动边界和在生态系统中的角色；第二类是找准现有生态系统中的创新机会，将自身商业模式进行创新，以弥补生态系统中空缺的角色；第三类是重构传统行业的商业模式，基于生态系统价值创造的新逻辑以及技术创新，以全新的定位、盈利模式、关键资源能力、现金流结构，完成企业价值创造。从中可见，商业模式创新是基于生态系统的格局而进行的架构创新，但还不等同于生态系统创新。

二、互联网平台商业模式创新优势

在互联网平台商业模式创新中，自组织的更新完善主要体现在利益相关者组织通过自身努力，以充分适应外部环境变化以及内部激烈竞争，并与其他成员形成协调共生的关系，最终促进协作结构、机制与功能不断优化，实现自我服务与自我维系的逐渐完善。推动互联网平台商业模式创新的因素可以归纳为以下四个方面。

(一) 交易主体的多样性

交易主体的多样性是指商业模式所涉及的交易主体的数量和类型。吕鸿江等（2012）认为，交易主体的多样性是由商业模式所涉及的消费者、参与交易的企业所提供产品或者服务的数量和类型等共同构成。互联网平台商业模式创新逐渐演变为开放式创新，需要创造和获取不同的价值来满足多元消费者的需求，从而形成更为复杂和多样的交易结构，具备完全不同的适应性状态。这种动态性不断推动着企业进行商业模式创新，以适应愈加复杂的交易关系。若互联网平台商业模式提供的是品类众多的产品或服务，相应具备更复杂的生产流程、供应模式、交货方式，导致更多交易活动与对应交互关系的结合。

构成互联网平台商业模式交易主体的数量和种类越多，其结构就越复杂，互联网平台商业模式创新就会产生。多样的交易主体使"跨界协作"变得普及，互联网平台的原有行业界限由清晰变得越来越模糊，市场进入无边界竞争状态，以满足创造新价值的需求。通过跨越不同的领域、行业甚至文化和意识形态，多样化的主体相互连接并参与价值共创。互联网平台商业模式的发展使得更多的产业边界变得模糊，并随着专业分工日益精细化和复杂化，虚拟化的组织大量涌现，进而各大产业的跨界交融成为可能。因此，跨界协作的开放式创新构成了互联网平台商业模式创新的主要驱动力。

(二) 网络节点的知识传递

由于消费者的需求不同，通常会产生需求偏好的异质性，并在此基础上产生差异化的细分市场。网络组织产生了对多层次要素和资源的联结，其中不仅包括人与人的聚集，也涉及信息、产品、服务及商业内容等商业信息的聚集，而其本质是应对消费者主权的崛起并响应其个性化的需求。在网络经济作用下，互联网平台商业模式的本质正是网络节点之间的价值互动和知识传递，商品被赋予了独特的网络组织关系属性，融入消费者完成价值互动的体验之中。

互联网平台商业模式下利益主体的共同专业化依赖平台与利益相关者之间的知识传递，即平台需要将商业模式新知识和理念传递给利益相关者，有利于改进与新型的商业模式相匹配的业务活动，以共同完成企业的商业模式创新。与此同时，各利益相关者也是知识传递的主体，当他们产生新知识、新理念时，可以通过平台在彼此之间进行传递。在知识传递中，各利益相关者互相协同并围绕交易结构进行自身经营战略和运营的调整，进而推动各平台商业模式创新。

（三）网络枢纽的信息优势

互联网平台型企业在网络组织中处于中心位置，以下两方面的网络中心优势推动了商业模式的创新。一是网络中心的信息优势。互联网平台型企业在网络组织中，若结构的中心度越高，信息交换的频率就会越高，其获取信息的速度也就越快。在市场竞争中，倘若能够及时并能够充分地了解产品、消费者、技术和市场等方面的信息，就越可能在竞争中处于领先地位，获得核心竞争力，这也是信息产生的价值所在。网络中心与互联网平台型企业能够接近和获取有价值的知识和信息的能力有关，即网络中心度越大，互联网平台型企业从网络获取信息、资源的能力就越强。二是网络中心的控制优势。互联网平台型企业在社交网络中的结构中心度越高，经过这些网络接收与传递的信息就越多。往往在这种情况下，处于核心地位的互联网平台型企业具有操控能力，即可以控制交易信息的传播方向，解释交易信息的内容，影响整个社会网络中的信息流。因此，结构的中心度越高，互联网平台型企业具有的市场势力越大，其他企业对其依存度越高。同时，互联网平台型企业获得更多的连接渠道和信息资源之后，有利于实现商业模式中销售渠道、信息传播、产品制造研发以及消费者关系等功能模块的不断创新，实现互联网平台型企业自身、供应商、消费者与互补者等系统模块的协同创新。

（四）利益相关者的共生竞合

共生现象是一种自组织现象，而共生过程也是一种自组织过程。因此，共生系统具有开放性、非线性、非平衡性以及涨落性等特点（王珍珍和鲍星华，2012)，因此，共生竞合也将为商业模式创新带来根本性的变革。在互联网平台商业模式中，互联网平台与各利益相关者主体依据交易成本、交易收益等分工协作，在这种关系中，各主体具有明确的定位，能不断推动组织实现进化。在共生结构中至少有两种共生体，通过紧密合作而产生共生绩效 (Zaccaro & Horn，2003)，这种共生绩效的产生得益于共生单元之间的合理分工。在此基础上，互联网平台型企业与利益相关者共同实现商业模式的创新，从而达到价值共创。

竞争合作乃是共生现象的本质特质之一，共生并不排除竞争，而是更加强调从竞争中产生创造性合作关系，共生现象的本质特征则包含了合作竞争关系。共生单元之间相互吸引、合作、补充、促进，共生具有极大包容性、互动性和协调性 (胡晓鹏，2009)。合作与竞争既可能以性质相反的面目出现 (Park & Russo，1996)，也可以作为一对互补的力量。互联网平台型企业与利益相关者在合作协定中兼顾合作与竞争，最终有助于提高企业自身的竞争效率。互联网平台型企业与利益相关者基于合理分工和合作竞争，最终实现协同进化，而系统的协同进化又进一步促进了互联网平台商业模式的创新。

第二节
工业互联网驱动商业模式创新

2020 年 3 月 17 日，李克强主持召开国务院常务会议，指出要依托工业互联网促进传统产业加快上线上云。2020 年 3 月 20 日，工信部发布了《关于推动工业互联网加快发展的通知》，提出要深化工业互联网行业应用。随着我国互联网向各个产业的渗透加深，产业数字化进程被大大推进，工业企业的价值链活动包括研发设计、智能生产、供应链等各个运营环节，都将因为工业互联网的应用而被重构，工业互联网迎来了崭新的发展机遇，也将成为商业模式创新的新动能。

一、从消费互联网到工业互联网

工业互联网平台日益成为第四次工业革命的关键支撑、深化"互联网+先进制造业"的重要基石,将会对数字经济发展产生全方位、深层次以及革命性的影响。随着 5G 网络、边缘计算、区块链等新技术的进步,互联网向更多产业领域渗透,推动了消费互联网深化和工业互联网开拓,工业互联网平台发展和应用已进入全面建设阶段。传统消费互联网平台具备的电子商务、应用分成、金融服务、专业服务及功能订阅等模式,仍然会在工业互联网平台中出现,不同的是,工业互联网相比于消费互联网而言,将更深层次地联结产业上下游和多方互补型分工合作企业,对数据要求和网络安全性的要求也是消费互联网无法比拟的。可以说,从消费互联网进入工业互联网时代,数字经济的发展空间又得到了极大提升,必将驱动更广泛的商业模式创新。

表 5-1 将工业互联网与消费互联网进行了比较。从面对对象来看,消费互联网服务于消费者,工业互联网服务于企业;从普遍性来看,消费互联网是更具普遍性的全球化网络,而工业互联网主要在企业内部连接,后者的网络过程与生产过程密切相关;从构建主体来看,消费互联网主要由网络运营商构建,工业互联网则要求多方信息技术企业参与,并且平台型企业必须和垂直行业企业密切合作;从数据要求方面来看,工业互联网相对于消费互联网而言,更需要克服数据离散性和孤岛性问题,因此,数据获取成本更高;从商业模式创新来看,两者也有很大区别,消费互联网较多依靠风险投资驱动,而工业互联网需要自上而下在产业生态中贯彻"互联网+"的业务流程再造。

表 5-1 工业互联网与消费互联网对比

对比项目	消费互联网	工业互联网
面向对象	消费者	企业
普遍性	全球化	与生产过程相关
构建主体	网络运营商	多方信息技术企业、与垂直行业企业合作
数据要求	平台采集消费者数据	开放并激活企业数据
商业模式创新	风险投资驱动	自上而下业务流程再造

工业互联网不断颠覆传统生产方式、生产组织方式和产业形态,推动

传统产业转型升级，驱动形成新的商业模式。全球工业互联网平台将保持活跃的高速发展态势，2018 年，全球工业互联网平台市场规模达到 33 亿美元，同比增长了 22.21%；预计到 2023 年将增长至 138.2 亿美元，年均复合增长率预期达 33.4%。[①] 各行业中越来越多制造企业、提供工业技术解决方案的企业、提供大数据分析处理的平台企业为工业互联网发展提供发展新动力，同时，工业互联网平台提供了制造业数字化的驱动力。

二、平台应用场景与商业模式创新

在新一代信息技术与制造业深度融合的背景下，工业互联网通过对人、机、物的全面互联，构建起全要素、全产业链、全价值链连接的新型生产制造和服务体系，将成为数字经济中推动新旧动能转换、实现数字化转型的关键力量。当前，我国政府正大力推动 5G 与工业互联网融合发展，"5G + 工业互联网"在行业领域的应用日趋广泛。图 5 - 2 显示，工业互联网产业体系涵盖范围广，不仅包括工业互联网本身，还包括工业互联网平台和工业软件产业、工控和传感等工业互联自动化产业、采集、连接和计算等工业数字化装备产业，以及工业互联网安全产业。

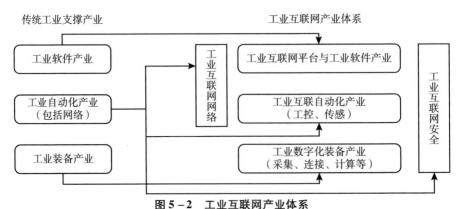

图 5 - 2　工业互联网产业体系

资料来源：中国信通院，《2019 工业互联网产业发展报告》。

---

①　中国信通院，《工业互联网平台白皮书（2019 年）》。

按照功能构架分类，工业互联网平台通常可以分为六类：应用层—工业 SaaS 平台、PaaS 层—工业 PaaS 平台、PaaS 层—工业数据分析与可视化平台、PaaS 层—通用 PaaS 平台、IaaS 层—云服务平台、边缘层—连接与边缘计算平台。[①] 以上六类工业互联网平台商业模式的侧重点有所不同。例如，边缘层的工业互联网架构主要是连接与边缘计算平台，现阶段其主要功能是为市场提供工业设备和边缘计算服务，以将用户与工业产品相连接，同时，其也为海量工业数据提供了连接端口，为商业模式的转变提供了支撑。

目前，工业互联网平台较多采用"模型 + 深度数据分析"模式，该模式在设备运维、资产管理、能耗管理、质量管控和工艺调优等场景获得大量应用。目前，最普遍的探索转型的应用有以下三个：第一，为了更深入地进行价值挖掘，大企业依托平台开展工业大数据分析；第二，为了以较低成本实现数字化，中小企业应用平台上的云化工具；第三，通过平台优化配置制造资源，并且进行产融对接等应用模式创新，这都将推动制造业向着更高发展水平迈进。当前，GE、西门子、ABB、富士康、东方国信等企业已经推出了上百个此类应用服务；青岛纺织机械厂依托海尔 COS-MOPlat 平台，通过数据采集及分析实现设备远程运维，取得较为显著的经济效益。此外，PTC、微软、思科、罗克韦尔、宝信、阿里云等企业的工业互联网平台推出了各类可视化应用，基于上云、物联、可视化的生产过程管控企业运营管理和资源优化配置已经获得了商业化实践，其中，在生产监控分析领域应用最为广泛，改变了企业的商业模式。

工业互联网的应用驱动了企业商业模式创新。具备较好的信息化基础的企业，将有能力借助平台提升数字化分析决策的能力，通过高价值应用来变革商业模式，具体包括：第一，对特定场景进行深度的数据分析挖掘，优化设备或设计、生产、经营等具体环节，在现有基础上借助平台增强自身能力；第二，对产业链条进行要素打通并叠加一定程度的数据分析，提升上下游协同与资源整合能力，积极拓展创新型应用；第三，在资产管理服务场景中，借助平台进行大数据深度分析优化，降低设备运维成

---

① 《2019 年中国工业互联网平台研究报告》。

本，提高资产使用效率；第四，在生产过程管控场景中，在现有生产管理系统的基础上，依托平台大数据分析能力对于能耗与排放管理、质量管理等进行优化，减少产品质量缺陷、降低能耗排放；第五，在运营管理场景中，将大数据分析能力与供应链管理、财务管理等业务结合，实现精准智能的决策。

以家电业为例，该行业具有技术更新速度快、产品研发周期短，以及产品同质化程度高的特点，同时，家电行业又存在比较普遍的生产智能化水平低、供应链协同效率低且行业营收增速放缓的问题。目前，海尔集团、美的集团、海信集团、格力电器等已成功应用工业互联网驱动商业模式创新。例如，美的集团通过打造 M. IoT 工业互联网平台，构建以数据为驱动的全价值链运营模式，实现了传统家电制造工厂到精益制造、再到智能精益制造的转型升级。以美的南沙工厂为例，原材料和半成品库存减少80%，整体制造效率提高 44%，产品交付周期由 20 多天降到最多 3 天。[1]通过工业互联网实现了柔性化生产、供应链协同以及智能家居解决方案，从而使生产方式由规模化生产向规模化定制方向转变，经营方式由生产型经营向平台型经营转变，以及盈利模式由卖产品向卖服务转变。

➡ 第三节
商业模式创新与市场势力的形成

一、商业模式创新与利益相关者互动

互联网平台型企业的外部利益相关者的差异具有众多维度，包括契约的可交易性、与企业关系的直接性和紧密性、与企业关系的远疏性以及风险承担的自愿性等，主要包括三类：分工合作者、消费者和竞争模仿者。正如第三章所述，互联网平台与分工合作者的交互形成了不同的界面，在每一界面中，商业模式创新及由此带来交易结构变化都会影响价值创造与

---

[1] 美的官方网站。

价值分配等规则的重构。除了以上内部与外部利益相关者，互联网平台型企业的利益相关者的外延还可以进行拓展，即拓展至平台链接的网络参与者。互联网平台型企业利用免费策略，吸引各类利益相关者加入平台，还需要拓展网络边界，链接新的利益相关者加入平台（见图 5 - 3）。通过互联网平台赋能，以正反馈效应增强互联网平台型企业的市场地位。

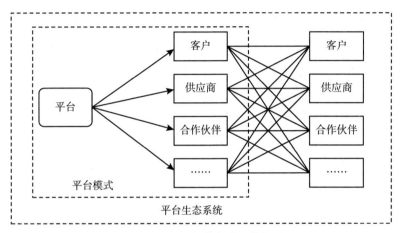

图 5 - 3　利益相关者外延的拓展

从发展态势来看，新增的收入源主要集中在广告商、信息和数据消费者等群体，门户网络、搜索引擎、网络社区及 C2C 等都在不断拓展此类收入源。除此之外，网络经营者和消费者广泛认可了信息内容有价，通过将新闻和信息等内容打包向其他网站或公司销售，由此也将扩展信息内容的收费通道。互联网平台打破区域和时空的硬约束，从而可迅速传播信息。作为一个相对独立的需求个体，每位消费者活跃于网络市场，需求侧的集聚形成了大规模且个性化与差异化的消费群体，其需求信息在互联网平台上充分流动；供给侧可按照平台集聚的不同需求信息，提供多样化的产品和服务。

互联网平台上利益相关者互动带来以下三方面效应。

一是交易价值增值。在互联网平台上，需求方与供应方之间的良性互动具有的空间经济效益，促进平台规模的不断扩展，同时，使供求双方的空间交易价值增值得以明显提升。而时间价值的存在正是在互联网发展背景中的关键因素之一，马可和洛依（Marco & Roy，2004）认为，消费时间价值的增值不仅增加了买方自身福利，还增加了卖方的社会福利。商业领域中的相互依存关系越来越重要，商务平台生态系统内的各方利益相关者，实现了"1 + 1 > 2"的协同效应，促进了商业平台生态系统内各参与方价值增值。

二是效用互相促进。随着平台规模的扩大，其他利益相关者主体也在平台上集聚，最为典型的是支付公司和物流公司。此时，消费者效用受商品多样性、支付便捷性、物流快速性三方面影响；供应商效用受沟通有效性、收款及时性、物流便捷性影响。由此，平台上利益相关者主体形成了相互依赖的关系，具有明显的效用相互加强的特征，这就降低了对某一个单独利益主体的依赖性，增强了平台各方抵御交易风险的能力。

三是开放式创新。互联网平台型企业的跨界竞争打破了原有的行业及产业经营界限，最终形成一种新的产业间竞争和协调关系。平台由于其本身属性实现了各类企业的大量积聚。海帕尔（Hippel，1994）指出，企业间若要建立一种共享功能、特殊增长引擎和相互依存的健康商业系统网络，其目的在于集中资源为消费者创造出新价值。在此新型关系的基础上，在互联网平台上的创新已逐渐演变成开放式创新，企业与供应商、互补的合作伙伴、消费者和其他外部利益相关者可以参与其中。

二、商业模式演化及市场势力增进

正如上文所述，商业模式的各构成要素围绕"利益相关者的交易结构"而定义。商业模式创新的目的是创造更多利润，并将成果分配给股东、供应商、合作伙伴以及消费者等利益相关主体。从互联网平台商业模式的构成看，利益相关者（平台、分工合作者、消费者和竞争模仿者）的交互，形成了"平台—分工合作者"界面、"平台—消费者"界面、"平台—竞争模仿者"界面，平台商业模式创新直接表现为交互界面构成要素以及利益相关者交互规则的改变。因此，平台商业模式创新可以分为两个层次：内部的平台演化与外部的界面重构，并且这两个层次并不是独立存在，一个层次的变动往往会带动另一个层次改变，两者之间存在双向促进。

（一）互联网平台商业模式的演化

互联网平台商业模式的演化随着动态竞争中平台资源、功能属性及组织定位的平台策略变化而发生，表现为改进和提升其资源的数量与质量，演化后的互联网平台资源进行了整合和优化配置，从而具备了新的功能。在平台生态系统中，由于网络外部性的存在，平台上需求侧或供给侧均是平台所拥有的重要客户资源。从时间周期来看，平台会经历吸引流量、流量沉淀、流量变现的过程，平台商业模式的演化会经历搭建期、扩展期和升级期三个时期。一是平台搭建期。互联网平台进行价值创造的功能定位，通过市场前期调研，以新进入者在市场中吸引用户，互联网平台型企业通常通过免费等定价模式突破前期发展"瓶颈"，着重发挥资源优势，其商业模式创新主要体现在平台架构的优化上。二是平台扩展期。随着互联网平台消费者数量出现几何数级的增长、消费者成熟度的增加及消费需求的多样化，各平台往往通过各种策略吸引消费者流量并扩大用户规模，进而形成平台的大规模扩张。此阶段，分工合作者和消费者的地位得到提升，互联网平台商业模式发生变化，消费者价值实现、与伙伴合作机制的建立以及同业竞争策略成为平台商业模式创新的新方向。三是平台升级期。由于消费者需求出现新变化，互联网平台必须借助全社会的创新资源，平台的开放性提高。此阶段，平台主要任务是锁定市场需求，实现流量的沉淀和资源变现，在这个时期平台型商业模式创新主要在于提升消费者忠诚度，由其他各利益相关者构成的参与主体形成动态统一的有机整体，彼此不再进行分割。

由于平台在市场中所处的地位也会随着竞争环境而变化，互联网平台商业模式涉及各利益相关者之间的互动也不断发生新改变，以推动平台商业模式的创新。界面是互联网平台与利益相关主体交互规则的集合，利益相关主体之间的互动带来基于交互规则改变的界面重构，能够促进商业模式创新，创造出更高的经济价值，市场势力得到增进。

伴随着平台与多方利益相关者共同参与的开放式创新，原有企业边界将更加模糊，同时也会创造新的需求价值，催生出跨界的新业态。通过跨越不同的领域、行业乃至文化、意识形态而进行碰撞和合作，有利于创造新知识。通过互联网平台与竞争模仿者之间的界面重构，竞合关系不断深化。在锁定效应和网络效应的影响下，通过平台竞争战略和技术创新优势，互利网平台型企业试图在互联网某单一行业实现"赢者通吃"，即在较短的时间增进市场势力（朱战威，2016）。

（二）互联网平台型企业市场势力增进

阿里旗下平台间的互联互通使消费者可以被"统一身份"（见表5-2），阿里巴巴在国内的电子商务领域（淘宝、天猫、聚划算等）奠定了市场的主导地位，对其他平台的竞争对手形成了排他性，进而凭借在电商领域的垄断地位，阿里巴巴又向金融领域、生活服务、电影娱乐等各个领域扩展业务，获得市场强势地位。核心商业、云计算、媒体娱乐和创新业务四大业务，依托手机淘宝、支付宝、优酷土豆、高德地图、淘票票等平台在不同场景沉淀的各种数据，阿里巴巴通过数据价值链的运作和转化，迅速实现了消费者注意力资源在不同平台的共享。

表5-2　　　　　　　阿里消费者"统一身份"的主要业务平台

领域	业务平台
电子商务	淘宝网、天猫、聚划算、农村淘宝、天猫国际、阿里妈妈、1688. com、Ali Express
数字娱乐	优酷、土豆网、UC 浏览器、阿里音乐
支付金融	支付宝、蚂蚁金融
本地服务	高德地图、飞猪、淘票票、口碑、饿了么
物流	菜鸟驿站

资料来源：《互联网巨头系列之阿里巴巴：论阿里巴巴的成长性和护城河》。

事实上，市场势力在利益相关者的不同界面之间可以形成正反馈。

一是在"平台—消费者"和"平台—分工合作者"界面之间，由于交叉网络外部性的存在，且网络的外部性越大，平台对双侧利益相关者的影响越大，故双边市场中两侧用户的相互关联及正反馈共同促进了双边市场中市场势力增进。当互联网平台型企业与分工合作者的互动合作创造更大的价值并产生正外部性时，该平台将会造成消费者更大的需求锁定，使消费者如果选择其他平台面临更高转移成本。另外，如果拥有稳定增长的用户规模，互联网平台型企业也将更容易连接优质的互补性的资产提供者。

二是在"平台—消费者"和"平台—竞争模仿者"界面之间，市场势力体现在平台的不可替代性以及对消费者需求的锁定方面。互联网平台型企业通过构筑各类进入壁垒，在市场中形成相对于竞争对手的不可替代，使消费者的转移成本上升。同时，对于潜在的竞争和模仿者而言，如何设计创新的商业模式以发挥差异化优势，以降低服务费用或提高服务质量吸引更多消费者，是互联网平台型企业应对竞争加剧、获取较高市场势力的重要因素。

三是"平台—分工合作者"和"平台—竞争模仿者"界面之间。互联网平台型企业在与分工合作者之间的资产互补性越强，甚至通过专用性资产投入等锁定效应产生分工合作者对平台的交易依赖性，那么，平台对分工合作者就具有越具有影响力，表现为在交易中对于有利于自身交易条件的掌控，而且后者越不容易选择和平台的竞争模仿者交易。当互联网平台型企业在和竞争模仿者的竞争中具有领先优势，那么，其对分工合作者也更具有影响力。综上所述，互联网平台型企业相对于利益相关者的影响力会在不同界面之间传递和增进，并且形成正反馈效应。

三、案例分析：亚马逊与阿里巴巴的商业模式

1. 低价及会员制锁定需求

在发展初期，平台型企业市场势力的扩张得益于大规模的客户流量资源。对比亚马逊和阿里巴巴两大互联网平台型企业，在吸引和锁定客户所采取的措施方面极为相似。在发展前期，两者均以极致低价的销售策略吸引用户。相较于传统实体销售，亚马逊和阿里巴巴能实现商品低价销售主要源自以下三方面原因：首先，在互联网平台主导的电商模式中没有中间商层层分销，运营成本和管理费用比线下销售低，故产品售价较低；其次，平台吸引了较多数量的第三方商家入驻，产品种类更为丰富多样，同类商家竞争压低价格，使平台的消费者享受到更低的价格；最后，平台实施自营电商模式，亚马逊一直具有很明显的自营模式属性，阿里巴巴在后

期也推出自营店铺"淘宝新选",通过建立自营模式降低了运输与管理费用,构筑了价格竞争力。

在平台发展中后期阶段,亚马逊和阿里巴巴均实施了会员制度。一方面,可以使会员用户享受平台提供的更加优质的服务以及各种折扣;另一方面,会员制度也能锁定现有消费者,进而吸引新的优质供应商,从而在市场中稳固地位。亚马逊 Prime 会员制设立于 2005 年,其主要内容是为消费者提供高速的物流服务,促进消费频率并提升消费体验,并且在锁定需求的同时,吸引潜在消费者加入。目前,Prime 会员提供的服务不再局限于物流配送,而是向 Kindle 阅读、Prime music 等文娱服务领域务扩展,通过配套的文娱业务来吸引客户成为 Prime 会员,从而显著增强用户黏性,促进平台市场势力提升。

相较于亚马逊平台,阿里巴巴的会员制度推出较晚。2018 年,阿里巴巴推出 88VIP 会员业务。伴随着我国用户市场逐渐成为存量市场,阿里巴巴将会大幅度扩展文娱市场的业务,而 88VIP 会员制度也会在提升用户黏性、吸引新用户加入与提升市场份额占比方面发挥重要作用,将成为未来阿里巴巴促进用户积累的重要引擎。

2. 线上线下全渠道跨界拓展

除了低价策略锁定消费者而引致的业务扩张外,亚马逊与阿里巴巴还通过投资收购策略进行规模化扩张。两者都选择了以线下生鲜超市作为向线下市场扩张的支点。2017 年,亚马逊以 137 亿美元的价格收购连锁超市 Whole Foods,进行实体超市零售,依托线下门店并以数字化手段提升运营流程中各环节的效率,提高了亚马逊在生鲜领域的竞争地位。此外,亚马逊还在北美投资开设了数家"自动结账超市"即 Amazon Go 线下商店。与之类似,阿里巴巴打造"盒马鲜生"的商业模式,将实体零售空间与餐饮店面、在线订单仓库相结合,通过线上线下数据联接及实时物流配送,创新性地架构了以消费者为中心的商业模式。此外,阿里巴巴还通过战略投资合作在新零售领域进行拓展,包括收购了银泰集团、饿了么与口碑等商业平台,同时吸引了更大规模的流量资源。

对比而言,亚马逊和阿里巴巴由于所面临的竞争环境不同和所处生态圈的差异,两者的全渠道扩张战略并不完全相同。亚马逊全渠道扩张大多是依靠一体化组织体系独立完成，而阿里巴巴与线下零售商经过广泛合作，以平台化的商业模式联结各个零售产业链，从而构建平台型产业生态。两大平台的全渠道扩张战略殊途同归，通过迅速整合传统资源，基于线上线下相结合的全渠道商业模式巩固市场势力。

3. 云计算创新驱动与平台赋能

尽管亚马逊和阿里巴巴的电商业务发展已较为完备，但对比两大平台在云计算方面的业务表现则更能说明问题。通过云计算是用互联网改造企业级 IT 服务（包括 IaaS 和 PaaS），亚马逊以 AWS 为 Amazon. com 赋能，阿里巴巴以阿里云为核心商业（淘宝、天猫等）赋能，由此激发的创新活力将云服务和商业层面应用结合在一起，创造更大的价值。

2006 年，亚马逊率先推出公有云服务，在全球市场抢占先机，随着云计算服务不断成熟，亚马逊 AWS 云计算已成为全球公有云市场龙头，其云业务进入了良性循化阶段。对比之下，阿里巴巴在电商业务中的淘宝、天猫等平台的购物体验、支付宝和菜鸟物流均需要强大的云计算支撑，2009 年，阿里云在阿里巴巴 ToB 与 ToC 业务催生中成立，并从 2014 年以来一直保持国内市场第 1 位。

根据 Gartner 数据显示，2018 年全球 IaaS 公有云市场中，亚马逊云市场份额占比为 47.80%，居绝对领先地位；阿里云市场份额占比 7.70%，排名第 3 位（见图 5-4）。在未来以云服务为基础的商业竞争中，亚马逊

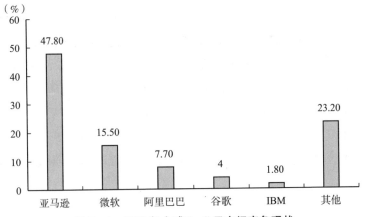

图 5-4　2018 年全球 IaaS 云市场竞争现状

资料来源：《全球公有云服务市场跟踪》。

抢占了有利的位置；同时，阿里云也将持续加快数据中心的国际化布局，发展速度很快，两个平台的云计算创新驱动都对各自市场势力稳固具有重要作用。通过亚马逊和阿里巴巴对比的案例分析，揭示了互联网平台型企业商业模式创新对市场势力形成的作用。

第四节
本章小结

按现代经济学解释的视角，商业模式本质上是企业与利益相关者的交易结构（魏炜和朱武祥，2017）。随着数字经济的兴起，互联网平台型企业通过商业模式创新与多方利益相关者之间产生创新的交易结构，这成为平台竞争优势及其持续保持盈利能力的重要来源。随着数据成为互联网平台型企业不可或缺的战略资产，互联网平台商业模式创新集中体现在以下方面：提升掌握的数据规模、数据的时效性，以及采集、分析、处理数据的能力，创新服务模式和盈利模式；基于大数据的精准营销、就近服务、网络征信及服务质量评价等服务，促进了供求信息对接、市场优胜劣汰以及服务质量提升；基于客户需求反馈的大数据研发设计模式，让研发设计更加具有针对性和导向性，大大提升了响应市场需求的能力；利用生产制造大数据解决了生产数据车间流动问题，使生产过程更加柔性化，从而有效支撑了个性化定制、体验式制造和网络制造等新型制造业态。

本章内容框架如图 5-5 所示，首先从经济学视角解析了商业模式创新的本质，进而分析了互联网平台商业模式创新特点及创新优势；对比了消费互联网和工业互联网的不同发展特征，进而以工业互联网为考察对象，从产业体系、平台架构的六层分类、模型和深度数据分析的角度分析了互联网平应用场景与商业模式创新的关系。进而，本章分别从平台与利益相关者的联系，即"平台—分工合作者"界面、"平台—消费者"界面、"平台—竞争模仿者"界面视角，对商业模式创新与市场势力增进的关系进行了研究。

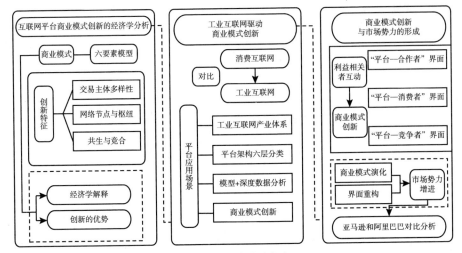

图 5 - 5　本章内容框架

生态系统创新与互联网平台型企业的市场势力

　　生态系统创新旨在快速构建适合于创新的生态体系，并将其转化为商业模式的开放式创新。最初，思科专门创造了思科超级现场实验室（cisco hyper innovation living labs，CHILL），体现了生态系统创新的理念，参与其中的企业主动合作创造新理念并将其商业化。生态系统内部的每个主体利用自身的异质性和优势资源，与其他主体进行协同创新以实现价值共创的目标，由此构建了相互依存和共生演化的价值网络关系。而在数字经济时代，互联网时代的平台生态系统和工业经济时代的价值链存在不同：前者是开放的且可以不断纳入新的资源形成动态优化的系统；后者是相对封闭的，成员相对稳定无法及时动态优化的体系。因此，互联网平台生态系统是指核心企业以及多方利益相关者依托互联网信息技术所形成的，具有网络特点的创新系统；互联网平台居于该体系枢纽地位，促进与协调系统中多方利益相关者之间交易、竞争及创新等多种活动。

　　互联网平台型企业的生态系统创新旨在获取架构优势，在生态系统中与分工合作者实现资源互补并发挥协同效应，共同创造经济租金；同时，以平台的渠道控制占据战略性价值环节，从而在价值分配中赢得有利的经济租金分配比例，即拥有价值创造与价值分配的主导权。本章首先对平台生态系统架构的形成、升级演化到共生竞合的动态发展过程进行了研究；同时，对互联网平台生态系统的创新优势、创新绩效提升进行了深入研究，并应用到阿里巴巴平台生态的案例考察中。本章深入研究了平台生态系统治理，即契约治理和关系治理对于市场势力形成的作用机制。在此基础上，以钉钉生态系统创新与市场势力形成的案例分析进行了实证分析。

第一节
互联网平台生态系统架构

　　平台生态系统突破了双边市场理论的局限，为平台经济学的理论研究提供了全新的视角。双边市场理论更多地强调平台是具有降低交易成本功能的多边市场，这种交易逻辑有助于拓展战略管理思维。而从平台生态系统的角度来看，平台不仅具备多边市场的功能，还能够激发企业创新、改善企业运营环境、增强企业与消费者之间的交流互动以及促进多边平台用户交易（Thomas et al.，2014）。目前，关于平台生态系统的研究主要聚焦于案例分析研究。比如，伽瓦（Gawer，2009）诠释了内部平台到产业链平台再到产业平台的发展历程；台瓦南（Tiwanan，2014）以软件产业为例，就此分析了其平台生态系统的成长和演变过程。此外，国内学者胡岚岚等（2009）、谢洪明等（2019）将商业生态系统理论应用到电子商务领域中，从价值链整合、价值共创及网络效应等不同的角度分析了阿里巴巴平台生态系统的演化路径和成长机理。但从总体而言，仍然缺乏对互联网平台生态系统普适性的研究，尤其是对互联网平台生态系统演化的理论研究更少。

　　生态系统创新需要有强大的资源整合能力及渠道控制能力。资源整合能力是构建生态系统及创造经济租金的基础，体现为筛选、甄别及配置互补资源，并形成生态组织架构的能力。发挥资源整合能力，意味着通过与合作者订立各种契约或实施一体化，连接那些与自身形成互补的信息、研发、制造及营销等资源，并协调企业与分工合作者之间有序协作，促进信息、产品和服务在网络中有效率的流动，从而以架构优势有效扩展资源边界、与分工合作者共同创造可观的经济租金。另外，渠道控制能力是确保平台在生态系统中占据战略环节，从而分配到高比例经济租金的前提。渠道控制能力的发挥需要把握生态系统中关键的稀缺资源，通过对其上下游厂商采取独占交易等策略性的竞争行为，影响交易条件向有利于自身的方向倾斜，有助于实现互联网平台型企业市场势力在价值链上的纵向延伸。

为了推进互联网平台生态系统的研究，本节借鉴已有的研究成果，首先对传统企业到互联网平台型企业再到互联网平台生态系统形成及升级的过程进行探讨，对互联网平台生态系统竞合行为以及其凭借网络效应实现自增强的战略展开分析。

一、平台生态系统架构的形成

（一）从企业到平台型企业演化

互联网平台生态系统形成的第一阶段就是平台型企业的形成。与平台型企业相比，传统企业往往具有明显的单向性，一般从原料到中间产品再到最终产品，具有明显的单向不可逆性，其各自之间的关系存在双赢的特点。互联网与传统企业的融合逐渐成为必然趋势，渗透到各个领域之中，这种单向不可逆性受到了很大挑战，互联网平台型企业会呈现出多边网络性的特点，企业与企业之间以及企业与消费者之间的关系往往具有多赢的特点。平台之所以能成为多方交易的多边市场，是因为相比自发形成的市场，平台往往能够大幅度降低多方用户在交易过程中的交易成本和时间。在此阶段，充分利用多方用户之间的交叉网络外部性以扩大平台用户规模是平台的主要任务和目标。此时，平台不只是面临着同质平台的竞争，同时很有可能会受到生态系统中其他非同质平台型企业的威胁，其在生态系统中的地位并不牢固。传统企业能够演化成平台企业一般都具备以下四个特点：第一，能识别出两个有交易意图的群体；第二，该市场呈现长尾特征；第三，已将双边中的其中一边用户吸引到平台上；第四，存在交叉网络效应。

从企业到平台型企业，按照企业诞生时是否具有平台性质，可以分为初始平台型企业和转型平台型企业。初始平台型企业就是指那些注册诞生时就具有平台性质的企业；而转型平台型企业是指那些注册诞生时不是平台型企业，但后来从传统企业转型成平台的企业。按照平台型企业涉足平台的路径不同，又可以分为自建平台型企业和加入第三方平台的企业。

1. 自建平台

传统企业通过自建平台不断开拓自身边界以此实现可持续发展，为创建以平台为核心的生态系统奠定了基础。自建平台有以下三点优势。首先，自建平台突破了时间和空间上的限制，有利于实现线上平台与线下运营的整合，其生态系统具有更高的集成度（Thomas et al.，2014）。其次，自建平台有助于培养用户的忠诚度。自建平台通过与线下实体店相结合，为不同的消费者群体提供定制化的增值服务，不断设计开发个性化的产品以满足消费者的差异化需求（Chen et al.，2014）。最后，自建平台有利于提高用户的信任度。自建平台使得消费者可以通过在线渠道全方位了解目标企业及其产品，从而减少了信息不完全的情况，改善了消费者的决策行为。此外，由于企业统一线上与线下的品牌和管理策略，消费者如果对线下实体店或线上平台建立起信任，这种信任关系将溢出到线上平台或线下实体店（Cao & Li，2015）。

2. 加入第三方平台

第三方平台是一个基于第三方的开放式交易平台，以平台用户为核心。该平台以创新性的方式实现传统功能，创建各种增值功能服务于平台型企业。在第三方平台生态系统中，平台通常可以促进产品或服务的交易匹配、建立用户的在线社区以及驱动企业创新，这对于加入平台以改善其绩效和运营的企业是有益的。

首先，在多边市场中，供给方与需求方之间存在交叉网络外部性。一方面，网络外部性有利于提高企业与消费者的交易匹配程度（Rochet & Tirole，2003）；另一方面，网络外部性能为平台带来诸多福利，比如规模和强度。网络外部性的规模是指作为供给方企业的规模经济和需求方消费者的规模经济。当企业加入第三方平台后，可以与平台上的大量终端消费者直接交流联系，致力于满足消费者不断变化的需求，以此扩大自身的用户规模。网络外部性的强度是指平台中一侧每增加单个用户所能给另一侧用户带来的价值增加。当平台所有者为双边用户提供增值服务时，有利于提高网络外部性的强度。

其次，在线上社区相同一边的用户之间具有网络口碑效应。不同于消费者之间口耳相传的传统口碑，网络口碑则是指人们基于互联网等电子通信设备进行交流沟通的方式（Cheung & Thadani，2012），其正逐渐成为现代消费者决策行为中重要的决策依据。第三方平台一般会建立用户的在线社区，为用户提供线上交流的空间，互动网络化同样增强了该平台的吸引力。由于参与人数众多，历史信息记录可以查询，以及不断优化的信息系统设计，相比传统的线下口碑，网络口碑拥有更大的用户参与规模、更广泛的传播力、更强的用户信任度以及更好的可控制性（Cheung & Thadani，2012）。在第三方平台上，网络口碑所形成的消费闭环有利于扩大用户规模，为平台型企业的发展创造良好条件。

最后，第三方平台能驱动平台上企业的创新。第三方平台所有者会采用适度的开放策略，吸引参与者进入平台，并利用自身的信息集成性优势和专业技术服务优势有效弥补参与企业在资金、信息、技术以及关注度等方面的缺陷，为参与者提供丰富的信息资源与能力（Thomas et al.，2014）。第三方平台拥有丰富的企业类型，这弥补了单个企业在功能上的不足。此外，平台内不同类型的企业具有异质性资源，各个企业通过资源的共享能够达到激发创新的目的。

3. 自建平台与加入第三方平台的比较

首先，两者在企业类型上存在一定的差异，自建平台上企业类型一般相同且数量有限，而第三方平台则拥有不同类型且处于不同发展阶段的企业。其次，从平台生态治理难易程度的角度来看，自建平台的生态系统治理难度较小，治理成本更低，有利于企业的长期健康发展；第三方平台上企业的多样性与异质性大幅度提高了治理难度，增加了治理成本。

自建平台的生态系统可以依据系统内外部的具体情况对决策权进行适度调整，协调管理与执行的成本偏低；第三方平台的生态系统中各方的议价能力决定了决策权的分配状况，协调管理与执行的成本偏高。从控制机制的角度来看，相比第三方平台，自建平台的所有者能够较好地使用规则与价值观等非正式的控制方案解决问题。在收益分配上，自建平台的平台所有者与参与者同属于一家企业，两者的根本利益是一致的；第三方平台独立于参与企业和消费者，其利益同盟的基础实际上是建立在参与者与平台所有者之间具有共同的利益驱动上，并通过不断的博弈行为明确合作准则。因此，在利益一致的前提下，自建平台的参与企业比第三方平台的参与企业更容易接受和遵循平台所有者制定的治理标准和规则。

平台型企业的建立是一个核心市场势力形成的过程，之后平台型企业利用自己在技术上的优势来实现市场势力的不断积累,进而进一步锁定在位消费者,以巩固其市场势力,而从平台型企业到平台生态系统的形成过程则是其市场势力不断渗透的过程。

(二) 从平台型企业到平台生态系统演化

在第二阶段,平台型企业从生存期逐步过渡到发展期。平台型企业不断积累市场势力以及声誉,这有助于降低消费者的"心理成本"并不断整合业务促使其多元化发展,平台型企业与其平台上的其他企业、消费者以及其他利益相关者联系日趋紧密,平台型企业不断成长与壮大,最终完成以自身平台为中心的平台生态系统的搭建。这个阶段也是平台型企业自身成长及其市场地位不断巩固的过程。在这一过程中,不仅可以刺激核心产品或服务的消费,而且也极大地促进了长尾市场中产品的多样化,在更大程度上放大同边以及交叉网络效应。如图6-1所示,不同于传统经济模式的链状组织形态,平台生态系统模式是建立在平台模式基础之上,通过网络化协同将相关企业之间的联系构造成围绕平台的网络状结构,是多方构成的商业生态系统。在这个体系中,平台参与者的联系更为密切,具有更强的规模效应。

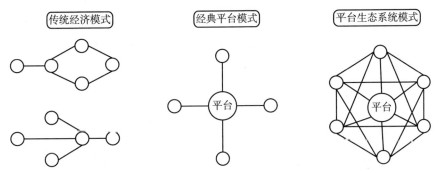

图6-1 传统经济模式与平台生态系统模式

根据平台型企业在互联网平台生态系统中扮演着不同的角色,平台生态系统分为以下三种:一是核心型企业平台生态系统,即平台型企业在生态系统内部起主导作用,简化了大而分散的业务网络以及解决了用户连接问题，并通过向其他企业提供资金，利用"平台"促进整个生态系统生产率的提高和稳定性的增强；二是支配型企业平台生态系统，即平台型企业通过横向整合或纵向整合对特定生态系统进行控制；三是缝隙型企业平台生态系统，即平台型企业将自身优势资源集中在产品上，以实现产品的专业化生产。同时，也利用系统中其他企业的资源进行平台的管理与运营。

在这一阶段，一方面，由于第一阶段积累了足够的用户规模，该平台将增加一些全新的功能，比如促进基于平台创新和非交易性事物的互动。平台型企业推出的这些新功能不仅可以吸引更多用户到平台进行交易，而且还能够提升用户的使用黏性。另一方面，在平台生态系统形成之后，平台型企业也具有更强的自我协调能力与更快的创新速度。然而在这个阶段，平台生态系统的市场势力相对较弱，其影响范围也仅存在于某些细分市场。

二、平台生态系统的共生竞合

互联网平台生态系统里的不同主体存在一种显著的共生关系。作为平台所有者的企业，一般会为平台成员企业建立合法的合作程序，这样平台参与者可以通过此程序所开发的应用和提供的解决方案以实现价值共创。换言之，共生关系主要体现在两个方面：一方面，在主体之间通过信息共享方便用户管理，并提升平台竞争力和合作性，为跨界的实现提供可能；另一方面，平台生态系统通过信用评价共享提升用户体验和价值，发挥乘数效应，通过交易协调机制改善信息不对称，实现共赢。通过共生竞合，平台生态系统的进化升级从低级到高级可分为短期、中期、长期三个阶段，其升级的演化过程如图 6-2 所示。

首先，联网平台生态系统凭借平台特有的网络效应不断积累用户数量，同时也在扩大生态系统的规模，以提升其市场势力范围；平台通过依托良好的创新环境，对其中包含的业务子系统进行丰富的拓展。平台生态系统在升级的过程中，由于不断拓宽业务渠道，跨界成为十分常见的现象，而且随着平台生态系统的逐步升级，跨界也变得越来越容易。其次，平台生态系统相比传统生态系统而言具有更加显著的开放效应，平台生态

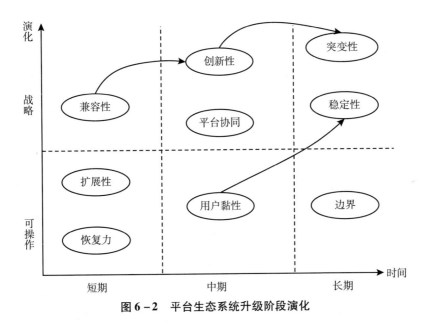

图6-2 平台生态系统升级阶段演化

系统内部有时候会滋生出新的主体，而更多的是将不断吸引网络运营商、金融组织等之前处于外围的主体不断融入生态系统中，进而不断丰富生态系统的种群，完善平台生态系统的环境质量，最终有利于加强生态系统的稳定性。最后，随着互联网生态系统逐步壮大，基于互联网本身的网络监督以及一些外围主体介入的监督和担保效应，平台生态系统的安全性也将逐步提高。

通过这种共生竞合关系，协调生态系统中利益相关者之间的关系，优化平台型企业内外部要素配置，实现跨界竞争和创新发展，以形成生态优势。[①] 这对于拓展作为战略管理研究主导范式的资源观的传统研究逻辑和核心关注点具有重要意义（Eisenmann et al.，2011）。平台链接的利益相关者主要分为四类，包括用户、供应商、互补型合作者以及竞争模仿者，而且各个利益相关者之间存在明显的相互依存、相互加强的特征。在平台生态系统中，各利益相关主体各尽其责，又相互交织形成一个完整的网络体系。通过这个网络体系，各主体的优势资源、能量和信息等均可在整合

---

① 与传统的企业组织相比，生态优势指的是互联网时代智慧型组织所具有的核心优势，是竞争优势的继承和发展，具有更加全面、深入和可持续性的特征。

体内不断流动和循环往复，共同组成一个多因素、多角度、多层次的错综复杂的商业生态。

从根本上说，平台生态系统的快速发展是基于各利益相关者之间密切的联系与互动。特别是在生态系统内部，核心企业与参与企业的密切联系将触发平台直接网络效应，这能够极大地吸引其他企业参与互动。而在互动企业数量发展到临界值后，其他平台利益相关者就会进入平台，形成相互影响并且发展迅速的生态系统。相反，若核心企业与其他企业缺乏联系与互动，平台生态系统不仅难以成长，甚至还会导致平台内爆。

以平台核心企业为视角，基于间接网络效应的有效性，平台所有者通过激励手段促使企业整合和利用外部资源进行第三方创新，为平台用户的异质性需求提供了选择的可能性。这些外部资源通常包括商业研发机构、研究性大学等，这些资源与平台系统一起参与价值共创。这种互补性的创新方式带来了平台生态系统模型的变革，同时也促进了创新网络产生让平台更具有价值的互补品。从一些小企业的角度来看，它们通过加入平台并成为系统中的一员来实现企业绩效和销售收入的提升。当这些小企业具有更强的向下游延伸的能力时，这个关系就会变得愈加明显。这表明了企业在进行竞争与合作期间，生态系统企业之间的价值共创与独占性也并非相互排斥。

➡ 第二节
互联网平台生态系统的创新

与研发创新和商业模式创新相比，生态系统创新（ecosystem innovation, EI）专注于在项目初始就将参与方全部聚集起来，通过深度分析和协同，孕育出突破性理念与产品，为参与的各方提供实践和投资机会，通过快速灵活地构建生态系统，将新理念商业化。与传统合作方式不同，思科已利用这种生态系统创新模式应对多个行业领域的挑战，包括供应链、零售、医疗健康、社区医疗网络，并将很快涉足金融。综合而言，参与方正在生态系统层面上构建新的创新能力。

一、平台生态系统的创新优势

（一）连接多元创新主体

在以创新发展趋势为主体的经济全球化的背景下，关于创新优势的研究不再仅仅聚焦于创新系统内部的相互作用，而更加注重于系统内部与外部环境之间的相互作用。平台型企业是平台的创建者和拥有者，领导了生态系统内部各主体的互动交流与创新合作；平台创新的动力和方向就是为了满足消费者持续增长的多元化和个性化的需求；平台的内容提供商不仅是各种产品与服务的提供者，还是创意与服务的传播主体；广告商是平台生态的重要盈利来源；第三方开发者是创意、知识的提供者和技术开发者。

平台通过将消费者、内容提供商、广告商和开发者等创新主体纳入平台生态体系的过程，将各创新主体内生化使之成为平台生态系统内部的关键要素。平台生态系统充分利用了各利益相关主体的创新优势，通过搭建连接各创新主体的桥梁使得主体成员能够共享彼此的创新知识和资源，这种共享机制不仅增强了系统成员的创新思维和学习能力，同时也提高了创新绩效，为平台生态系统的创新活动形成可持续的良性循环奠定了基础。

（二）核心企业驱动创新

当前的创新已进入以创新生态系统为主的创新范式和竞争范式 3.0 阶段，企业间竞争的本质直接体现为平台生态系统所驱动的技术、人才和协作网络共生发展的创新新范式。企业根据自身独特的、具有价值的核心能力并依据平台生态系统的动态环境不断转化竞争优势。这种企业的竞争优势具有独特特征，具体表现为从组织内部到组织外部、从竞争到竞合、从静态到动态、从单一竞争优势到系统整合的转型发展。它摒弃只注重自身资源发展的竞争战略，开启将自身的竞争优势资源与外部资源、能力、关系等战略要素整合优化的战略。平台生态系统为了形成更具有竞争力的竞争优势，将组织内部和外部之间的新行业结构、新战略资源、新核心竞争力、新组织间关系在系统下进行新的"四维度"竞争优势要素集聚，并重新组合以实现协同效果。

（三）双边市场的创新环境

传统市场往往是单边市场，其价值随着产业链流动，从生产者到消费者，从产品到收入。而在平台经济的双边市场中，单一的价值链流向被打破：在双边市场中，参与者的身份不是固定不变的，在某个交易中的生产者可以成为另一个市场行为的消费者。前文在平台生态系统的特征中提到的网络外部性就是基于双边市场形成的。在同侧市场内双方的相互作用被称为同边网络效应，双边乃至多边市场内各方的相互依赖性被称为跨边网络效应。无论是同边还是跨边的网络效应，只要是能够产生正外部性，那么都会在平台生态系统内部建立一个良好的创新环境。获得优势的平台由于存在网络效应，其规模收益呈递增形式，消费者通常会选择相信用户安装基础更大的平台。因此，平台规模越大，用户流量越多，平台的预期收益也会越高。此外，具有优势地位的平台为了提升平台生态系统的创新绩效以及营造良好的创新环境，便会采取一定的措施来实现目标，如增加研发创新投入、降低服务价格等。

（四）共生竞合促进创新

平台生态系统中创新主体间竞合共生关系的出现，源于创新主体在竞合状态下的共生需求，是平台生态系统中内外部因素综合作用的结果，为生态系统实现价值创造，提升创新绩效提供了新方式。

平台生态系统中内部"竞合"的伙伴关系更容易实现平台的战略目的，实现和谐的战略手段。基于平台核心企业的立场，利用间接网络效应，平台所有者或管理者采用激励策略促使其他企业利用自身或者外部资源和知识来进行第三方创新，以此满足使用者需求异质性进而发展系统内部的"竞合"关系。这些第三方往往包括客户、研发公司、商业合作伙伴等。戈瓦和古苏马诺（Gawer & Cusumano，2008）认为，这种竞合关系不仅推动了平台生态系统的演化，还为网络创新提供了有效的新方式，让平台能够产生更有价值的互补品。艾森曼等（Eisenmann et al.，2006）则进一步论述了这种竞合关系的具体表现，这种竞合关系最一般的体现为作为平台所有者和管理者的平台型企业为其他平台成员提供相应的基础设施，以此降低成员创新成本，提高整体创新能力和效率。

二、平台生态系统创新绩效提升

本节基于前文所分析的平台生态系统的内涵、特征及创新优势，进一步分析为了实现平台生态系统健康持续的发展，其创新绩效提升的影响因素和提升路径。基于平台生态系统的特性，本研究对其创新影响因素进行研究，主要从内生影响因素和外生影响因素这两个方面进行分析。

（一）创新绩效影响因素

1. 内生影响因素

内生影响因素主要是指平台生态系统的规模和性质、战略导向、自我研发能力等方面。首先，在平台主体的规模方面，一般来说，规模越大，意味着平台的层次越高，那么越能够利用内外部资源进行创新研发，提高创新绩效。其次，就平台生态系统的性质而言，不同性质的行业主体以不同的途径获取和使用创新技术。例如，技术水平较高的行业主体倾向于自主创新技术，以获得行业技术制定的主导地位；技术水平较低的行业主体倾向于从外部获得创新技术。再次，平台的战略导向也是影响创新绩效的一个重要因素，平台对市场竞争、产业变化、平台定位和人才战略等方面的态度均反映了平台的战略导向，平台越强调市场的导向作用并积极顺应产业变化，就越能进行准确定位，越能吸收高水平的技术和管理人才，从而打造更有利的创新环境，提升创新绩效。最后，在创新主体的自我研发能力方面，技术吸收能力较强的企业倾向于从外部获取创新技术。

2. 外生影响因素

外生影响因素主要涉及外部竞争环境的变化、合作伙伴的意愿、技术市场的特点以及知识产权的制度等。首先，从外部竞争环境的变化来看，创新主体采取何种形式的开放式创新策略在一定程度会影响行业环境的变化速度。外向型的开放式创新适用于波动较大的行业，内向型开放式创新适用于波动较小的行业。其次，在合作伙伴的意愿方面，为了促进平台主体的开放式创新行为，可以通过完善创新政策、打造开放式创新平台、加大创新资源投入等措施合理利用开放式创新中合作伙伴异质度。再次，在技术市场的特点方面，任何一种规模的平台主体在竞争激烈、技术变化快速的市场环境中都倾向于采取开放式的创新策略。最后，在知识产权的制度方面，专利制度保护通过为创新主体的研发成果提供有效保护，赋予了创新主体在一定时间和空间内的市场垄断权，并为其创新活动提供经济补偿，激发并保证创新主体积极性，促进创新活动。

（二）创新绩效提升路径

创新绩效提升路径的设计基于平台生态系统对创新绩效的内外生影响因素而展开，在把握平台生态系统的内涵与特征，分析其创新优势及对创新绩效的影响因素的基础上，平台生态系统创新绩效提升路径有产业重构、数字资产、人才升级、资本集聚和协同效应等，同时，在资源整合及渠道控制的作用下，有利于平台型企业充分运用生态系统优势，积极提升创新绩效，进而利用创新绩效所带来的平台生态系统的正回馈效应，提升平台规模与影响力，打造主体多元化、服务专业化、线上线下一体化的综合性平台生态系统，本研究将平台生态系统提升创新绩效的路径归纳为以下三点。

1. 产业重构整合创新资源

平台核心企业往往通过率先发展，建立初级平台，吸引参与者加入。在初具规模和流量之后，平台将会发挥网络效应，将资金、人才优势充分利用并迅速成长，进行全国化扩张。在此过程中，平台日益增长的影响力会吸引海量的用户、内容提供商和广告商加入。此外，通过兼并扩张等战略将更多的传统企业纳入平台中，以此促进传统企业进行产业重构。若要避免产业重构给平台带来的风险，共享创新资源必不可少，共享机制使得平台生态系统成员充满创新活力，协同创新以提高创新绩效，为平台生态系统的健康发展提供有效保障。

2. 数字赋能激发创新活力

依靠新信息基础设施和新生产要素，平台生态系统突破了传统企业封闭式、集中控制的模式，步入了数据技术时代以服务其他参与企业和个人、提高生产力和激发创新活力为目的的"赋能"新征程。平台生态的力量是巨大的，原因在于平台生态经济是当前社会经济生产力之下有效的商业模式，是生产关系适应生产力的具体表现，也是经济生态发展的必然结果。作为一种新型的商业模式，平台生态系统的发展不仅激发了创新活力，为创新提供了可能，同样也有助于提升创新绩效并反馈到平台生态系统以此形成良性循环。

3. 网络效应集聚创新资本

平台生态是数字经济发展的重要先导力量，但平台生态企业融资在我国受到多方面的限制，如政策影响、行业发展前景、平台发展潜力等。由于存在网络效应（见图6-3），具有竞争优势的平台型企业能吸引更多的金融资本，而普通的中小平台型企业的前期发展瓶颈明显。因此，加速金融资本与平台生态的紧密结合有利于提高创新绩效；同时，平台生态内部形成知识、专业技能、技术等共享机制，其特征是自主创新的主体拥有共同的目标、驱动力以及依靠现代信息技术构建多方位交流沟通、多元协作，为创新活动提供了保障，强化了创新效用。

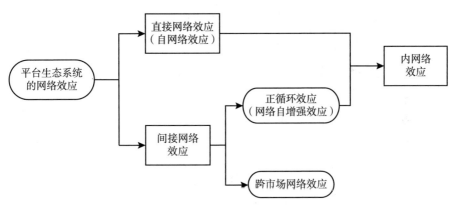

图6-3　平台生态系统的网络效应

第三节
平台生态系统治理及市场势力形成

平台生态系统是一种中间性质的组织，由市场和企业相互渗透并借助契约纽带融合而成，打破了传统企业组织结构的界限和层次，与传统企业在组织形式、协调方式、制度形态上存在着较大的差异，因此，不能简单地将传统企业治理理论运用到平台生态系统中。沃斯（Vos，2006）认为，生态系统治理的目标在于协调生态系统内部不同的利益相关者，需要为处于不同生态位的系统成员设计激励机制与战略愿景，以达到不同主体参与价值共创的目的。平台生态系统参与主体的异质性决定了其治理的复杂性与必要性，因此，平台生态系统的治理主体与治理机制的研究对于平台市场势力的演进具有重要理论价值。

一、平台生态系统的治理机制

（一）契约治理与关系治理的结合

无论是在企业内部还是在外部企业之间，契约治理的结构和关系方面本质上是相互关联且影响的。这种以信任为条件的治理机制决定了合同的缔约与执行，当管理者能够在合同内容和联盟活动之间达成良好的关系时，合同的缔约与执行很可能会是促进运营和管理层面的积极关系的过程。其中，合同谈判是契约治理中一个至关重要的过程。而合同设计和关系的变化可能会延伸到法律条款的变化，打破以往对个人或组织层面的信任，进而关系到整个系统在操作和管理层面的信任机制的演变。治理能力和善意的信任动力可能在不同的层面上运作，同时也会相互影响。

关系治理主要分析客户和供应商之间业务关系。这种关系很大程度上集中于组织所从事的二元组织间关系。治理的关键机制是层次结构、市场和信任（社会机制）（Kohtamaeki et al.，2012）。在关系治理中，这些机制的适当混合为供应商或客户提供了机会，以预测另一方参与交易关系的行为。一方面，组织内部关系的治理与企业组织的治理不同，因为它与外部组织有关；另一方面，又与公共管理治理不同，因为它处二元层次分析的关系。关系治理在分析关系和确定使用的机制方面尤其重要，它可以用来开发预测行为的策略，并帮助组织优化从关系中提取的价值。然而，由于仅仅分析了二元关系，关系治理缺乏必要的环境概念，例如，忽视一个组织的环境可能决定了要选择的合作伙伴，以及如何在关系中进行合作，因为新的信息可以改变参与者的决策启发。

契约治理和关系治理的结合不仅重视契约的作用，而且强调关系在交易治理过程中避免风险和保护利益相关者的作用。契约治理和关系治理相结合将在降低资产专用性和环境不确定性所带来的风险中发挥最佳作用。袁静和毛蕴诗（2011）研究发现，关系治理和契约治理对交易绩效都产生积极影响，并且两者的共同作用也能够提高交易绩效。彭本红和武柏宇（2016）通过实证研究得出互联网平台型企业多采用契约治理和关系治理双强型治理模式，关系治理和契约治理相互促进、互为补充，契约治理水平和关系治理水平的提高有利于开放式服务创新绩效的提升。

（二）平台生态系统运行的保障机制

有效的运行保障机制会对系统成员的行为产生协调、激励和约束作用，以确保系统的有序运行和持续进化，包括协调交易各方利益、防止机会主义行为的正式的制度安排和准则。第一，平台生态系统的进入退出治理机制使得系统内其他成员企业随时面临着潜在竞争模仿者的威胁，为维护自身与整个系统的协同发展，成员企业积极参与生态系统的共同治理中，对平台型企业市场势力的形成起到了促进作用。第二，互惠共生治理机制不仅加强了系统内部互补的成员企业之间的交流合作，以创造出更多的价值，还进一步说明了平台核心企业与系统内部成员是利益共享、相互依存的关系。第三，学习机制使得系统成员企业通过向本系统之外的企业或者竞争模仿者学习，不断提升自身的市场势力。第四，平台核心企业利用激励机制进行利益公平再分配，让那些处于利益分配弱势但对生态系统发展贡献很大的成员企业获得适当的奖励。第五，信任机制使得系统成员企业可以在已有生态关系基础上建立共同行为规范来提升信任水平，也可以通过契约等方式实现结盟来提升关系的紧密程度。以下将对五种运行保障机制：进入退出机制、互惠共生机制、学习机制、激励机制和信任机制进行分析。

1. 进入退出机制

为确保系统行为的公平性和规范性，有必要建立进入退出机制，以此选择合适的合作企业或淘汰落后企业。在平台生态系统形成的初期阶段，在对候选企业的综合实力、信誉以及与其合作产生的互补性和可能性进行分析后，确定是否与候选企业进行合作；在平台生态系统运行期间，一些企业必然会在进入系统后出现不适应甚至会损害到系统整体利益，为此通过制定明确的惩罚机制约束成员企业的行为，并通过建立完善的退出机制来避免成员企业的机会主义行为，当成员企业违反规定时有可能被退出生态系统，从而维护系统整体的健康运行。

2. 互惠共生机制

平台生态系统是由存在共生关系的企业通过参与系统中的合作实现优势互补、互利共存的利益共生体所构成。核心企业与成员企业之间协同发展，建立起有效的互惠互利共生的生态系统发展机制，整个生态系统才能持续健康的运转。资源共享和价值分配是平台生态系统互惠共生机制的重要内容。资源共享是核心企业凭借自身在相关领域内的资源与优势，为整个系统搭建起促进成员企业获取资源、交流互通、共享技术以及经验的公共平台；价值分配是指核心企业在分配利润的过程中，将成员企业的价值取向和目标需求考虑在内，依据成员企业对系统价值创造活动的贡献值进行利润分配。

3. 学习机制

企业的竞争优势因为竞争环境的变化而产生变动，这就要求企业通过不断的学习来维持自身创新能力，进而维持企业的市场地位和保持竞争优势。在大数据、云计算、人工智能等现代信息技术发展的大背景下，建立不断更新、不断发展的学习机制对于企业保持和发展竞争优势至关重要。平台生态系统对核心企业提出了新要求，也对系统成员企业之间的交互与协调提出了新挑战。在信息交流平台和论坛社区评价系统的共同作用下，系统内企业间的沟通交流更加便捷，信息共享更加充分，进而达到促进成员企业创新与学习的目的。

4. 激励机制

为了克服系统内成员企业机会主义的倾向，平台生态系统的运行需要建立一套相关激励机制，对存在机会主义倾向的企业进行引导，避免系统成员企业为了单纯追求自身效用最大化而阻碍系统运行的问题。激励机制的特点是对平台系统中的利益进行再分配，在制定出激励机制的背景下，系统内的成员企业会对自身行为进行规范，进而对企业的机会主义趋势产生约束限制作用，达到降低风险、维持生态系统秩序的目的。

5. 信任机制

信任可以促进平台生态系统中企业间的资源和优势的互补性，进而提高生态系统的市场反应能力和适应能力，是平台生态系统运行的前提条件。首先，信任机制可以在契约不完善的背景下促进契约的形成，降低合作的不确定性；其次，成员企业的地域分散问题会制约整个平台生态系统的发展，信任机制的出现为这些问题的解决提供了新的方式；最后，信任机制通过培养自觉性、减少细化要求、降低多样化成本促进综合成本的降低。综上所述，信任机制的建立有利于平台生态系统持续健康的发展。

二、生态系统治理及市场势力的形成

平台生态系统的健康发展依赖利益相关者价值共创和共同演化，需要系统内多方利益相关者多元协同治理，利益相关者是平台生态系统中的主体，其不同的行为决策必将影响到整个平台生态系统的变化。同时，平台生态系统的变动也影响着单个利益相关者的各种决策，两者互相影响、互相促进。基于本研究第三章提出的利益相关者的分析视角，以下将分析平台生态系统治理对于互联网平台型企业市场势力形成的作用。

（一）"平台—分工合作者"界面

在社会分工日益深入的趋势下，平台生态系统中成员企业都有自身的资源，但资源基础并不相同。虽然平台核心企业往往拥有独特产品服务、关键性资源或核心能力，但其通常也无法独立提供满足消费需求的整套方案，因此，平台核心企业在资源上必须依赖于外部环境，通过构建价值平台，联结能够为满足消费者需求整套方案提供价值的分工合作企业，与合作者共同构建价值创造系统。分工合作者是价值创造过程中不可缺少的部分，它已经不是简单的配套要素或互补要素提供者，而是价值创造和收入来源的主体，所以，平台生态系统中分工合作者是平台核心企业商业模式中重要的构成主体之一。由于分工合作企业与平台核心企业是独立的、非产权统一的企业，它们之间的联结大多通过正式或非正式的契约。

互联网平台生态系统中的价值要素往往不属于或者不直接属于平台核心企业，而是属于平台核心企业的上游或者其他利益相关者，许多价值活动也不直接或者不完全由平台核心企业承担，而是由上游企业或者利益相关者负责，因此，维系良好的合作伙伴关系成为平台生态系统治理的重要内容，因为合作关系不仅直接关乎价值网络运作，而且高效率的合作能创造出更多的价值，这是平台生态系统中平台型企业拥有市场势力的表现。

（二）"平台—消费者"界面

首先，消费者行为直接影响到平台型企业市场势力的形成。系统内部需要制定和修正关于消费者的治理措施或政策，一方面，提高系统内交易匹配和信息传递的效率；另一方面，约束消费者行为，保障平台公信力，以维持平台型企业的市场势力。例如，在平台生态系统的开拓阶段，互联网平台核心企业为了引发网络效应形成用户规模，不仅提供连接关键利益相关者的渠道，还建立了一套适用于平台生态系统发展的基本行为准则。但由于许多不确定因素，行为准则不够全面，核心企业在某种程度上默许了消费者的某些违规行为，以此换取平台生态系统快速发展。一旦平台生态系统到达了成熟阶段，就拥有较为完善的治理制度和稳定的生态系统。此时，消费者与系统内其他利益相关者处于耦合状态，部分消费者不遵守市场规则行为得到有效控制。

其次，随着平台型企业市场势力逐步形成，消费者作为主要的利益相关者在平台生态系统治理中的地位不断强化，但其功能和作用却在不断发生变化。在平台生态系统商业模式中，消费者作为价值源的功能是不断强化的，是价值网络中不可或缺的环节，最终决定了整个价值网络的生存和发展。因此，可以构建有序的平台运行机制，制定消费者激励惩罚制度，以此鼓励消费者积极参与价值创造活动，以此保障平台生态系统顺健康运行和充分发挥互联网平台生态系统治理政策作用。消费者新的市场需求被不断发掘，互联网平台型企业的市场影响力也不断扩大。同时，互联网平台吸引消费者、锁定需求的过程，也是对平台生态系统治理中激励机制的检验。

（三）"平台—竞争模仿者"界面

随着环境的变更、用户话语权的崛起以及平台角色的转换，平台所有者认识到，零和博弈已经无法适应数字经济时代的需要，尤其是随着平台逐步开放，资源与环境的制约随之削弱，平台生态系统中成员企业的竞争关系也渐渐发生改变。新的竞争关系悄然诞生——在竞争中共同发展进步、实现优胜劣汰，在合作中谋求更好的发展。这种新型竞合关系包含两个方面：一是同业之间的竞合；二是跨行业之间的竞合。在平台搭建之后，由于同业平台之间提供的是同质或类似的产品和服务，为了争夺用户的注意力、实现自身的规模经济和范围经济，同类平台之间存在着层次丰富的竞争合作。随着平台生态系统中多方利益相关者参与共同治理与开放式创新，模糊原有企业边界并创造新价值的需求产生，催生出跨界竞合。通过跨越不同的领域、行业乃至文化、意识形态而进行碰撞和合作促进创新。平台生态系统的管理者应重视系统内的竞合关系，制定合理的竞争合作机制以协调各成员企业的关系，加强各成员企业之间的交流，为价值共创和价值共享活动提供良好的创新环境。

三、案例分析：平台生态与市场势力

作为数字化转型 2.0 的一个重要推动者和引领者，钉钉一方面推动企业内部资源优化向产业链协同发展转变，另一方面推动封闭技术系统向开放技术系统转变，这两个目标的实现不仅需要依靠研发创新和商业模式创新，更需要对该平台生态系统进行创新和治理。钉钉在平台生态创新层面以开放、创新、合作、分享为理念，以期通过产业链上下游和企业内部协调合作，提供前沿科技资讯以及创新解决方案。

如图 6 - 4 所示，中国的智能移动办公市场规模正在逐年增加，预计在 2024 年达到 486 亿元的市场规模，钉钉平台利用创新性思维搭建的涵盖基座层、核心层、延伸层、增值层、宏观层在内的生态系统之间的协作，通过在线服务形成网络外部性，提质生产要素，加强企业治理；通过赋能力量促进分工精细化，打造多维度、多层次的生产主力，夯实经济建设基础；通过协同效应降低交易费用，促进生产组织形态，构建经济建设多元载体。钉钉平台通过创新生态系统，从在线、赋能、协同三个路径大幅度强化了市场势力。

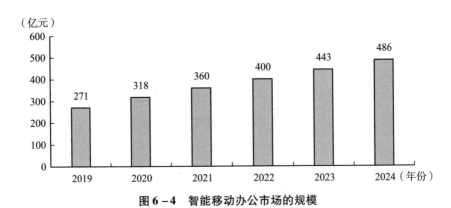

图 6-4　智能移动办公市场的规模

资料来源：前瞻产业研究院，《2020—2025 年中国智能移动办公行业市场前瞻与投资战略规划分析报告》。

钉钉智能生态系统由基座层、核心层、延伸层、增值层以及宏观层五部分构成。第一，基座层贯穿于钉钉生态系统，是生态系统的基础，核心层、延伸层、增值层以及宏观层都建立在基座层的基础上，为其提供数据安全防护和隐私保护，更是钉钉平台正常运转的安全保障。第二，核心层是由钉钉平台的输出功能和服务对象组成，是钉钉平台的核心实力层。服务对象包括教育、医疗、金融等企业组织，输出功能囊括了诸如即时通信、企业通讯录等软件模块以及人脸识别、考勤系统在内的硬件系统。第三，延伸层主要包括第三方平台、硬件厂商及阿里云等服务商，是钉钉平台业务的拓展层。第三方平台包括叮当科技、石墨文档等，硬件厂商包括大眼橙等公司。第四，增值层主要包括通信、咨询、物流、培训、广告等，增值层是与延伸层息息相关的，为延伸层提供增值服务。第五，宏观层包括政治、经济、法律、文化、技术等，是钉钉平台生态系统的外部宏观环境，对钉钉平台决策、发展走向起着决定性的作用。综上所述，五部分的协调发展是钉钉生态系统创新的重要表现（见图 6-5），其对外拓展合作、优化完善服务体系，对内满足用户差异化需求、优化服务质量。作为新一代信息技术工具，钉钉通过形成网络外部性、精细化分工以及降低成本等方式，将研发创新、商业模式创新以及生态系统创新传递到经济社会，通过提高全要素生产率、创新组织管理形式等方式扩大自身市场势力。

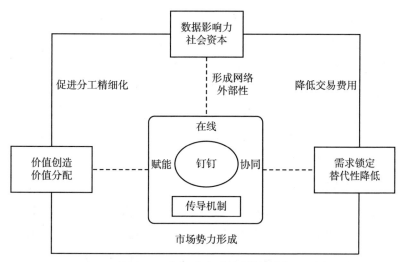

图 6-5　钉钉生态系统创新示例

1. 网络外部性

钉钉平台的即时通信、在线连接服务可以形成网络外部性，企业治理能力以及生产要素质量和分配效率提高，促进钉钉平台市场势力的形成。随着钉钉平台的在线用户规模不断扩大，需求效应和锁定效应开始越来越明昂，另外，钉钉也不断革新工作方式和管理理念，不断优化在线用户的用户体验，使得用户得到的效用不断增加，形成"消费者口碑"，进一步带动用户规模的增长，形成相互促进的良性循环。同时，钉钉平台在利用大数据、云计算的基础上，连接专业人才、技术、资金等各类生产要素，对各类生产要素集中分配、高效利用；连接产业链上下游企业，促进企业间研发创新、商业模式创新以及生态系统创新的交流与合作。这些措施会进一步强化钉钉平台现有的市场势力。

2. 分工精细化

钉钉平台利用阿里巴巴强大的数据信息支撑,为教育、制造、金融等多种行业提供了不断完善的交流途径,可以打造多维度、多层次的生产体系,促进分工精细化,为钉钉平台市场势力的扩大打下了坚实的基础。钉钉平台不仅在微观层面提高企业工作效率、提高多种生产要素的使用效率,还能在宏观层面响应国家政策,在供给侧结构性改革和万众创新创业上发挥着不可小觑的作用,成为引领数字化转型的一股动力。

钉钉平台在供给端和需求端结合新动能、新产品,营造行业良性竞争,促进产业的集中与升级。在供给端,钉钉平台利用大数据、AI 人工智能、人脸识别等现代信息技术促进分工更加专业化、细分化,在促进企业人才、资金、技术等生产要素高效利用的同时,提高企业的投入产出效率和市场竞争力;在需求端,效益的最大化通过分工的专业化和细分化实现,这大大满足了市场多元化的消费和投资需求。

3. 交易费用降低

钉钉平台利用自身内部生态系统以及外部合作伙伴的协同效应,充分降低供给端和需求端用户之间的交易成本,在微观层面创造出了数字经济时代下生产组织的新形态和企业内部沟通交流协作的新方式,在宏观层面为我国经济建设提供了多元化的载体。钉钉平台通过提高个人工作效率、部门内部工作效率、跨部门工作效率、跨企业组织效率等方式,简化个人、部门、企业之间的交流方式,降低它们之间的交易费用,同时,企业的工作方式从线下工作方式转变为线上工作方式或者线上线下相结合的工作方式,既满足了用户多样化的需求,还提升了企业内部员工的工作积极性。交易费用的降低能促进钉钉平台迅速占领市场,实现对供给端和需求端用户的需求效应和锁定效应,进而巩固钉钉平台在初期形成的市场势力。

▶ 第四节
本章小结

本章从理论层面梳理了平台生态系统的形成脉络,对平台生态系统形成的演化过程进行了系统的阐释，揭示出通过平台网络效应的发挥以及跨界融合，互联网平台生态系统中利益相关者之间共生竞合，生态系统中的枢纽即平台型企业的内外部要素配置处于动态优化中，并以此形成了生态优势。各利益相关者拥有的优势资源、能量和信息各异，共同组成一个多因素、多角度、多层次的复杂商业生态。而互联网平台型企业正是通过生态系统创新，获取架构优势，并在生态中实现资源互补并发挥协同效应，共同创造经济租金。同时，以平台的渠道控制占据战略性价值环节，从而在价值分配中赢得有利的经济租金分配比例，即拥有价值创造与价值分配的主导权。

本章内容框架如图 6 - 6 所示，首先系统分析了互联网平台生态系统不同方面的创新优势，以及内部和外部影响互联网平台创新绩效的因素，进而从产业重构、数字资产、人才升级、资本集聚和协同效应等方面，系统阐释了平台生态系统创新绩效提升路径。在资源整合及渠道控制的作用下，互联网平台型企业充分运用生态系统优势，通过创新绩效提升形成平台市场势力增进的正反馈效应，极大扩大了互联网平台的规模与影响力。本章进一步从利益相关者的角度分析了平台生态系统的治理特点，深入研究了契约治理与关系治理两种治理机制对平台型企业市场势力提升的作用，进而基于上述理论，以钉钉平台生态系统为对象进行了详细的案例研究。

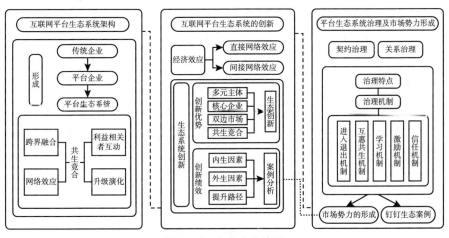

图 6 - 6　本章内容框架

"平台—分工合作者"界面的
赋能与价值共创

正如第三章所阐释的，在资源互补基础上的"平台—分工合作者"界面，互联网平台型企业拥有市场势力，意味着有能力造成分工合作者对自身的交易"依赖性"，从而在交易条件的确立中拥有讨价还价的权利。在此界面中，互联网平台型企业的市场势力表现为：主导着互补性资产所有者之间的分工、有能力对其分工合作者实施决策影响力，并且在经济租金的分配中占据高比例。

在平台经济崛起的背景下，互联网平台凭借所处生态系统中的枢纽地位、独特的信息数字技术及强大的资源整合能力，向平台上经营的企业进行赋能，引起了学界的关注。平台分工合作者与互联网平台之间的关系并不对等，互联网平台对分工合作者的话语权较强，并有能力实施影响力；平台赋能正是互联网平台型企业凭借市场势力，在"平台—分工合作者"界面实施影响的突出表现。[①] 目前，平台赋能逐渐成为国内外学者关注的前沿问题。互联网平台对经营企业尤其是中小企业进行赋能，提供给企业技术支持并将其作为发展工具，促进企业连通性、积极性地参与知识经济，在全球范围内创造和输送产品和服务（Githinji，2014）。平台通过强大的资源整合能力赋能于中小企业，使其提高了效率、降低了从业门槛、减少了交易成本以及激发了企业的市场活力。本章以跨境出口电商为实证

[①] 平台赋能是本章在"平台—分工合作者"界面讨论的主题，而关于此界面互联网平台市场势力影响的其他主题，如平台滥用市场势力而实施"二选一"独家交易、排他性交易等，涉及竞争策略及规制的问题将在本研究第九章以及第十一章专门进行分析。

考察对象，深入阐释了平台赋能的内涵和机制，探究了平台与分工合作者的价值共创所发挥的作用。一方面，为平台上的分工合作方通过有效与平台开展价值共创，充分利用平台赋能作为创新发展的驱动提供了有益的启发；另一方面，也为理解互联网平台型企业在"平台—分工合作者"界面市场势力的影响，拓展了一个崭新的分析视角。

第一节
互联网平台赋能的内涵与机制

一、互联网平台赋能的内涵

作为一个新兴的研究命题，学界对于平台赋能的讨论目前还主要集中在现象描述，平台赋能的机理研究还有待展开，研究中存在的问题主要包括：第一，已有关于赋能理论的研究，多集中于企业与员工或企业与顾客的层面，如研究企业如何赋予顾客更多自主选择权（Yukse et al.，2016），并通过案例分析来揭示赋能的现象（罗仲伟等，2017；周文辉等，2017），尚缺乏符合平台生态体系特点的、针对性强的平台赋能计量研究；第二，对平台赋能倾向于简单理解为一方给予另一方能力的单向作用过程，未能以关系网络的全局视角把握平台与平台上经营企业之间的互动联系。

根据资源基础理论和企业能力理论，结合数字化赋能的特点（Erdem et al.，2016），笔者对于平台赋能的界定是：平台在所处生态系统中依托于其重要地位、独特的信息数字技术及强大的资源整合能力，通过交易匹配以及提供一系列价值链上的增值服务，平台上经营企业的运营模式得以优化，有助于企业获取基于过程重组、应对环境变动的高阶能力，最终达到企业在平台生态系统中实现能力增进的目的。以上界定蕴含了对于平台赋能的两个深刻理解。

第一，以生态系统中的枢纽地位及独特的资源为基础。由于平台型企业在其所属的双边市场中承担着核心功能（Evans et al.，2005），根据关系网络理论，平台在网络中居于中心地位，这无疑使其拥有快速获得信息与知识的能力和最多的共享知识信息，以及对其他利益相关者的影响力（Tsai W. ，2001）。平台拥有着"操作性资源"，而平台上经营的企业拥有更多的是"对象性资源"（万兴和杨晶，2017），双边关系中资源依赖较少的一方将会被资源依赖较多的一方所影响（Hillman et al. ，2009）。

第二，在利益共同体中赋予其他成员以能力为导向。企业的组织能力可以分为低阶能力和高阶能力，低阶能力是支持组织日常事务、资源和流程的"谋生能力"，而高阶能力是可以促进低阶过程重新设计运行，并不断适应环境变动的"动态能力"（Winter，2003）。互联网平台通过交易匹配，以及提供一系列价值链上的增值服务，优化了平台上经营企业的运营模式（Erdem et al. ，2016），提高了企业的组织能力，促进企业对高阶能力的获取。

二、跨境出口电商发展及平台竞争模式

跨境出口电子商务是依托电子商务平台，将商品或者服务销往本国关境以外的国家或地区的国际商务活动，包括商品在线交易、数据的线上传输、资金跨境电子支付及跨境运输物流等内容。在我国大力倡导发展数字贸易，推进对外开放高质量发展的背景下，跨境电商平台正逐渐成为我国新型外贸格局中的基础设施，助力于企业开拓国际市场，跨境电商平台相继实施了赋能电商企业的计划，如亚马逊启动全球开店的"制造＋"项目以及阿里巴巴的"赋能电子商务"项目等。因此，本章以出口跨境电商平台为考察对象，选取这一行业研究平台赋能具有代表意义。

如图 7 - 1 所示，2011 ~ 2018 年，我国跨境出口电子商务交易规模持续增长，2017 ~ 2018 年的年均增长率分别为 14. 50% 和 12. 70% ，但交易规模逐年突破，屡创历史新高。根据第一财经商业数据中心发布的数据显示，预计到 2021 年，全球网络零售市场规模将突破 4. 8 万亿美元，占零售市场总规模之比接近 18% ，而我国的跨境电子商务出口处于世界前列，并逐渐成为中国对外贸易增长和国际贸易发展的新动能。① 当前，我国跨境

---

　　① 《2019 中国跨境电商出口趋势与机遇白皮书》。

电子商务出口在外贸出口中的比重已经增长到7.7%，而且仍然保持增长的态势，以下将对我国跨境出口电商发展特点进行总结。

图7-1　2011～2018年跨境出口电商交易规模与增长率

资料来源：《2019中国跨境电商出口趋势与机遇白皮书》。

（一）跨境出口电商发展特点

1. 新趋势：跨境出口B2C电商快速发展

我国跨境出口电商的产业链上游主要包括产品制造商以及品牌自主经销商；中游包括第三方跨境电商平台，以及由企业自建的电商平台；下游包括海外企业客户，以及海外终端消费者。此外，跨境出口电商产业链还包括跨境物流服务商、跨境支付服务商等。根据下游买家类别不同，可以分为跨境出口B2B和跨境出口B2C电子商务。其中，跨境出口B2B的主要类型有信息服务和交易服务两类，跨境出口B2C分为平台型和自营型两类。跨境出口电商主要类型如表7-1所示。

表7-1　　　　　　　　　　跨境出口电商主要类型

模式	类型	模式特点	代表企业
B2B	信息服务	会员增值服务、流量付费、竞价排名、推广促销、交易匹配服务	中国制造网
			阿里巴巴国际站
	交易服务	佣金制度、展示付费、平台数据、佣金比例、在线支付	敦煌网

续表

模式	类型	模式特点	代表企业
B2C	平台型	开放环境、数据共享、平台对接、物流仓储、市场推广	Aliexpress
			Wish
	自营型	在线购买、线上支付、品牌营销、自营物流、售后服务	环球易购
			兰亭集势

资料来源：电子商务研究中心，《2019年出口电商行业深度报告》。

出口 B2C 是电商企业通过第三方电子商务平台或者自建平台网站，与国外终端消费者直接联系并产生交易的方式。在跨境电子商务中，到 2020 年，全球跨境 B2C 电子商务交易规模将超过 1 万亿美元，同比增长约为 25%，达到 2.304 万亿美元。而中国 B2C 电子商务销售额和消费者数量将继续位居世界前列。图 7 - 2 显示，B2C 占跨境电商的比例在逐年上升，而 B2B 占跨境电商比例正在走低。据电子商务研究中心《2019 年出口电商行业深度报告》显示，跨境出口 B2C 电商规模未来将以每年 34% 的复合增速保持快速增长，明显高于整体跨境出口电商的增速。我国在跨境电商出口 B2C 领域交易活跃，Amazon、Ebay、速卖通、环球易购、有棵树等跨境出口电商平台业务量呈现持续上涨趋势。①

图 7 - 2　跨境出口 B2B 及 B2C 所占比例

注：2020 年为预测数据。
资料来源：阿里研究院，《2018 年中小企业跨境 B2B 发展报告》。

---

① 电子商务研究中心：《2019 年出口电商行业深度报告》。

同时，全球跨境电商 B2C 市场的增长将成为国际贸易规模增长的主要来源之一。据预测，2020 年，跨境电商在亚太地区新增产值 4500 亿美元，约占全球跨境电商新增总额的 53.6%；西欧地区新增产值 1430 亿美元，约占 18.9%；北美地区新增产值 1090 亿美元，约占 14.4%；而拉丁美洲新增达到 470 亿美元占 6.2%；中东欧新增将达到 320 亿美元，占 4.2%；中东及非洲新增将达 210 亿美元，约占 2.7%。① 以上数据说明，跨境出口 B2C 电商已然拥有了庞大的市场和全球日益增长的消费者群体。

2. 新格局：寡头竞争市场结构

由于交叉网络外部性的存在，跨境电商平台作为典型的双边市场存在明显的规模效应，往往会出现"赢者通吃"的情况，其行业集中度相对较高。从跨境出口 B2B 平台的市场占有率来看，阿里巴巴国际站占据大量的市场份额。2016 年，阿里巴巴国际站市场占有率为 43%；到了 2019 年，阿里巴巴国际站跨境电商市场占有率达到 57.1%。从跨境出口 B2C 平台的市场占有率来看，亚马逊、eBay、Wish 以及速卖通这四大平台利用自身品牌、渠道、物流等优势参与国际竞争，呈现寡头垄断格局。

得益于消费升级和国际数字贸易发展的趋势，我国的跨境电商平台也呈现寡头竞争，2019 年，网易考拉市场占有率最高，超过 27%；其次是天猫国际，市场占有率为 24%；海囤全球的市场占有率为 13.2%；唯品国际的市场占有率为 12.3%。② 网易考拉凭借其自营品牌积累用户，逐渐发展为国内跨境电商市场的引领者。

此外，自营型跨境出口电商的市场集中度仍然比较低，参与者主要为规模适中的电商企业。图 7-3 显示，2018 年，主要跨境出口的自营电商企业都实现了收入和利润的增长。营业收入增速 50% 以上的上市公司为跨境通，营业收入排名靠前的跨境通、安克创新、傲基电商以及有棵树的市场占有率都不高，行业分散程度较高，与跨境电商平台市场占有率高形成了鲜明对比。

---

① 亿邦动力研究院，《2018 跨境电子商务创新研究报告》。
② 智研咨询，《2019—2025 年中国电子商务行业市场前景分析及发展趋势预测报告》。

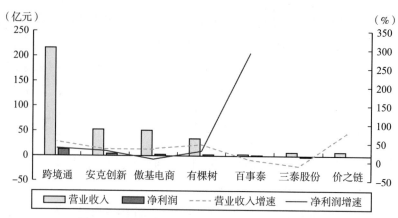

图 7 - 3　2018 年主要跨境出口 B2C 电商的发展

资料来源：《2018—2024 年中国跨境电商行业出口情况及未来发展趋势分析》。

3. 新方式：移动端作用上升

移动电子商务在电子通信技术发展与智能手机普及的背景下，在跨境电子商务中的作用上升，成为新方式（见图 7 - 4）。传统的电脑端与移动端相比更适用于具有明确目的和意向的购买行为，更容易产生商品价格的比较行为。与电脑端不同的是，移动端消费者更多的是利用碎片化、零散化的时间对商品进行浏览，在这种情况下，移动端消费者更容易产生"冲动消费"的购买行为，是全球网上贸易小额化的重要原因。

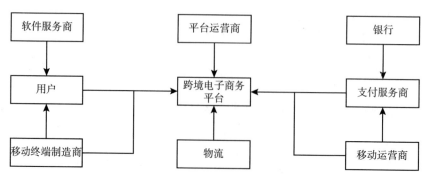

图 7 - 4　跨境电子商务中移动端新方式

亚马逊全球活跃用户数量超过 3 亿人，其在全美国移动端流量占比已经升至75%①，说明移动端成为商业流量主力，这个比例在未来几年内还将继续扩大。同时，根据艾瑞咨询发布的《中国互联网流量季度分析报告》显示，电脑端互联网覆盖人数持续减少，2019年下半年已跌破5亿人；与此相对，移动互联网用户持续增加，同期移动互联网独立设备数超过14亿人，移动端已经取代电脑端成为消费者网购的主要渠道。②

同时，移动网购也成为我国跨境电商业务发展的重要推动力量，这意味着企业正面临新的挑战。跨境电商App同质化严重，如何锁定移动端用户是平台优先考虑的问题，移动端跨境电商App的使用占比将远超PC端，并且移动端的跨境电商市场会因为国民上网习惯和生活习惯的变化而越来越广阔，移动端跨境电商的竞争也会越来越激烈。根据App Annie的分析报告，预计到2021年，全球移动应用市场规模将达到6.3万亿美元，将是2016年市场规模的4.8倍，而利用智能手机App购物是该市场增长的最大来源。③因此，未来跨境电商的发展与全球移动电子商务的发展息息相关。

4. 新通路：品质电商促进高增长

随着国际市场消费者的需求升级且向追求产品品质转变，传统以价格低廉为特点的跨境出口难以在国际市场保持可持续发展的竞争优势。因此，我国出口电商企业开始关注产品品牌化，尤其是新冠肺炎疫情以来和"宅经济"相关的品牌商品出口。目前，整个跨境电子商务行业海外用户数量和购买活跃度呈平稳发展趋势，跨境出口电商特别需要关注出口商品和相应服务，在售前、售中和售后严格的品质把控，而品质电商也为我国跨境电子商务行业快速增长提供了机遇。

如图7-5所示，2018年在对用户选择品质电商主要原因的一项调查显示，商品质量可靠、平台知名度以及商品种类丰富是位列前三的主要原因。而品质电商采用零中间环节的方式，以中介的角色将用户和制造商连接在一起，在价格上创造了优势。而在质量方面，品质电商与传统电商相比，从严格控制商品质量做起，为用户甄选出优质的、

---

① 贾锐杰. 亚马逊移动端流量占比高达75%，页面优化怎么做？[EB/OL]. 亿恩网，2017.
② 《中国互联网流量季度分析报告》。
③ 2021年全球App市场规模将达到6.3万亿美元 [EB/OL]. 艾瑞网，2017-06-28.

高性价比的商品。

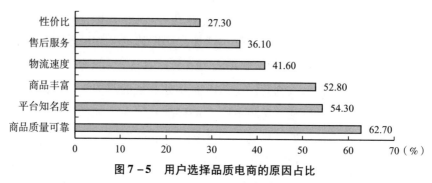

图 7 – 5　用户选择品质电商的原因占比

资料来源：速途研究院，《2018 年品质电商市场研究报告》。

行业竞争升级要求跨境电商实现品牌化、提高产品质量、加强产品服务来满足国外消费者更高品质的需求。目前，品牌电商主要包括供应链模式和平台模式两种：采用供应链模式的电商企业不从事生产制造，通过供应链选品团队，精选国内优质商品并依托自营网站或第三方跨境电商平台进行销售，进而通过收集和分析平台商品销量走势和消费者行为数据，实现供应链选品和制造端产品优化；采用平台模式的电商企业通过对接国内优质的品牌制造企业，在海外建立本地购物平台，形成品质商品出口的新通道。这两种模式的品牌运营都致力于赢得稳定的订单和国际声誉，通过品牌附加值提升扩大盈利空间，形成创新与市场势力的良性互动。

（二）跨境出口电商平台的竞争模式

目前，跨境出口电商平台的竞争模式可以分为大宗商品批发贸易平台竞争模式、中小规模批发零售平台竞争模式、自营零售平台与开放平台POP 共建模式和新兴市场蓝海战略模式四大类。

1. 大宗商品批发贸易平台竞争模式

以阿里巴巴国际站为代表的大宗商品批发贸易平台竞争模式，其优势是实现了需求与供给侧的信息互通，降低了跨境电子商务中间环节的成本，并提高了跨境电商业务效率。这种竞争模式的营业收入主要来自大型贸易企业或者产品制造商的平台入驻费,这种模式也是中国跨境电商出口的最主要竞争模式。

图7-6显示了大宗商品批发贸易平台模式的流程,其中包含了付款、物流、申报、检查、退还税款等贸易链环节,事实上,在线完成的是营销和交付环节,而其他交易环节仍然与传统贸易流程类似。随着现代信息技术更进一步的融合,大宗商品批发贸易的交易和服务逐渐形成闭环。跨境电子商务逐渐从大型贸易企业转向民营企业。同时,越来越多的出口企业选择入驻跨境电商平台来拓宽出口贸易的渠道,采购量在10万美元以下的用户在阿里巴巴国际站所占比例增大。另外,使用移动端询盘的买家数量呈现上升趋势,这均表明更分散的卖家和买家碎片化订单成为现阶段跨境贸易发展的新趋势。

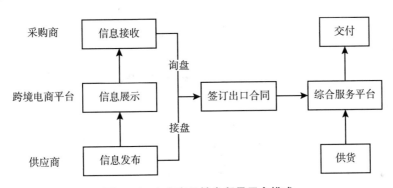

图7-6　大宗商品批发贸易平台模式

2. 中小规模批发零售平台竞争模式

中小规模批发零售平台竞争模式以速卖通为代表,其主要业务基于平台的B2B和B2C业务而展开。该模式的优势是将信息、支付、物流配送等进行整合,以满足中小企业从事跨境电商业务的碎片化和个性化需求,其收益主要来自平台交易时产生的佣金。在大数据、云计算以及AI人工智能等现代信息技术在跨境电商行业得到广泛应用的背景下,这种服务于中小企业的平台竞争模式,具有灵活响应市场需求以及交易流程更为精简的特色。中小规模批发零售平台模式正得到迅速发展,平台帮助中小企业将终端批发零售商和消费者进行匹配,集成了在线订购、支付、物流和通信等在线外贸功能，满足了小批量、多批次的销售需求。

如图 7-7 显示，全球速卖通平台将全球买家和中国卖家直接联系起来，通过产品流、物流、资金流以及信息流实现了高效的供需匹配。目前，速卖通在 IOS 和 Android 系统下跨境电商移动端软件下载量排名第 1 位，商品品类主要为服装和 3C 电子，同时，对卖家组织形式和资本进入门槛较低，且交易流程手续简便。通过营销资源、流量扶持、品牌特权、资源赋能、内部交流、专属服务等方式对平台卖家开展了一系列助力计划，为卖家谋求了一定的国际市场地位。

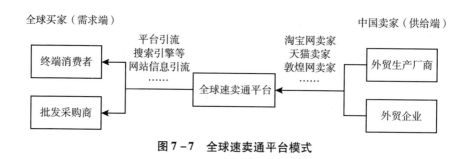

图 7-7　全球速卖通平台模式

3. 自营零售平台与开放平台 POP 共建模式

自营零售平台与开放平台 POP 共建模式以环球易购为典型代表，即主要业务发展重点为商家入驻平台销售与平台自营 B2C 模式的结合，集成了平台自营模式的专业化和商家入驻模式的多元化，从而来共同满足境外终端消费者的需求。例如，环球易购实施了供应链优化，解决了多年存在的库存挤压问题，因此，进一步拓展了其业绩上升的空间，可以预期其未来市场份额和市场价值将进一步增加，体现了自营零售平台与开放平台 POP 共建模式的优势。图 7-8 显示了这种模式的流程。一方面，自营零售平台参与电商供应链全部环节，对产品供应具备较强控制力，能够在商品采购、产品种类选择与仓储物流等方面提供专业化服务，以高品质的平台商品及服务质量使消费者对平台产生高度认同；另一方面，共建开放平台 POP 模式，商品销售产生的利润是其收入的主要来源，自营零售平台与开放平台 POP 共建模式兼顾了产品设计、制造、仓储、营销等服务环节的品质，从而较大范围内拓展了业务渠道，并提升了品牌影响力。

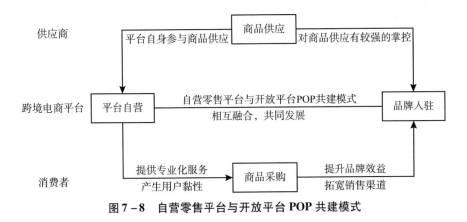

图 7 – 8   自营零售平台与开放平台 POP 共建模式

4. 新兴市场蓝海战略模式

新兴市场蓝海战略模式以执御为典型代表,以满足新兴市场差异化需求为导向,主要业务模式为平台型或者自营型 B2C。随着我国"一带一路"倡议的推进以及跨境电商全球化发展,中东等新兴市场已发展成为跨境电商出口的重要目标市场,虽然,新兴市场仍存在着信息技术落后、交通便利度不高和消费理念差异等制约发展的不确定因素,但综合差异化和本土化战略进行新兴市场的开发仍可取得突破式的成效。

图 7 – 9 显示,采取新兴市场蓝海战略模式,需要基于对新兴市场基础设施、消费习惯及消费理念的深入理解,根据新兴市场基础设施打造独特的物流渠道。根据东道国消费习惯和消费理念,对产品从设计、制造、仓储物流再到营销和售后进行改造,以满足新兴市场对产品质量及服务差异化的需求。基于对中东市场的深入调查,执御平台在中东市场建立了数字电子商务生态,打造包含各个价值环节在内的一站式跨境电商服务平台,同时提高业务效率并建立品牌效应,在保持产品多样性的同时提升品质。目前,执御平台在沙特已经覆盖城市超过 50 个,开展了"当日达"和"次日达"等业务,利用专业化的物流体系满足当地市场需求。例如,近年来,执御平台已销售包括华为、小米、大疆等高科技公司和海尔、德力等制造业公司,以及富安娜、森马、韩都衣舍等服饰家居公司的产品,帮助数千家国内品牌成功进入中东市场。

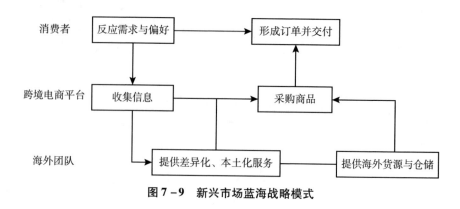

图7-9 新兴市场蓝海战略模式

三、跨境出口电商平台赋能的机制

互联网平台赋能主要是通过能力支持机制、收益共享机制以及自组织驱动来实现的，结合特定的行业背景，以跨境电商行业为例，平台赋能的作用机制具体阐释如下。

（一）能力支持机制

在创新的架构之下，产业组织的三层关系变革推动了架构优势的出现，为互联网平台型企业获取超额利润提供可能。一是具有技术优势的互联网平台型企业和分工合作者的关系发生了改变，双方从单纯的供需契约关系，转向依靠专用互补性资产来形成非对称的依赖关系；二是投入产出的上下游利益关系发生改变，体现在具有利益交叉关系的分工合作者不再面对单向需求，而是在互联网平台的赋能机制下趋向于共生，依靠资源和能力的互补，形成平台型生态；三是改变了商品和服务提供方与消费者的关系，基于数据价值转化和模式创新，缩短了商品和服务提供方与消费群体的距离，从而使平台上的企业对接个性化需求成为可能。

由于互补性资产具有能力特征，按照能力观的逻辑，互补性资产的整合促进了平台与分工合作者共享知识的机会，从而帮助企业摆脱后发地位的历史性束缚。以跨境电商平台为例，互联网平台为生态系统内的分工合作方的经营和未来发展提供了以下三方面能力支持。第一，为入驻平台的企业提供了众多的培训和知识分享项目，使业务人员得到专业化的培训，企业员工的实际运用能力和操作能力得到全面提升。第二，平台上的企业依托于平台大数据、云计算以及人工智能等现代信息技术应用，可以及时获取市场需求和价格变化等各类信息。以跨境电商为例，可以准确了解商品或者服务在电子商务平台上架销售的动态信息，进而针对反馈信息及时调整经营策略与生产策略，更好地进行供需匹配。第三，互联网平台还在各价值链环节提供增值服务，包括通关、物流、外汇、金融等服务。电商企业可将不熟悉或本身不具有优势的环节外包，依托互联网平台的专业化服务完成，集中资源投入产品开发与客户维护中。

（二）收益共享机制

互联网平台与其分工合作者存在着竞合的关系，而架构创新的自演化机制将专用性要素和能力进行重组，在实现双边合作的同时，能够有效提高各自的竞争能力，最终实现平台生态的价值创造。架构优势下的知识创造机制表明，利用互补性资产进行协同创新，能够促进平台与分工合作者之间知识共享和交流的机会，从而降低知识治理的成本，提高创新绩效并共享收益。即使对于不具有先动优势的互补性供应商，也可以在开源、联盟的新型架构之上与具有核心技术的厂商进行能力互补，借助主导技术的市场基础实现范围经济的创新，共同实现租金的创造和分配。平台与分工合作者明确了彼此之间的权利与责任，通过共同创造价值并以契约等平台治理进行价值分配，以增值服务机制、佣金分配机制等收益共享机制，赋能于平台上的分工合作者，从而实现平台与企业之间的双赢。

除了收益以外，声誉包括个体声誉和平台集体声誉，来自互联网平台与平台上企业的共创和共享，在平台赋能与价值共创的共同作用下形成整体的声誉建构。因此，当平台集体声誉出现危机时，将导致企业个体声誉的下降；反之，平台集体声誉以及平台其他企业的声誉也会受到特定企业个体声誉变动的影响，平台消费者对所购商品的评价本质上包含了对平台和企业的双重评价。互联网平台有严格的审核规则，入驻平台需要具备相应资质，在此基础上，分工合作者能够借助赋能平台的良好口碑打开市场、拓宽业务渠道。另外，平台上的企业所获市场好评率将对平台声誉产生积极的影响。因此，互联网平台采取各种措施约束自身平台行为的同时，还需要通过各种监督和治理机制的实施规范平台上企业的行为，最终建立起良好的平台交易秩序。

（三）自组织驱动

随着互联网平台发展进入成长期，消费者的从众效应逐渐扩散，此时具有网络结构的平台生态能够产生正反馈的自增强机制。得益于互联网平台架构优势，创新方的产品能够在消费者中形成从众效应，使平台消费者面对较高的转移成本。在平台规则机制的指导下，平台的分工合作者在自组织驱动机制下运行，依托平台赋能的优势和资源，持续进行价值共创。互联网平台对企业入驻规则、产品发布规则、佣金规则、信用认证规则等业务规则进行动态调整和更新，使这些业务规则本质上逐渐成为企业组织能力的载体。

通过平台赋能，平台分工合作者获得了自主权，体现在自经营、自发展和自组织等方面，进行业务处理的自主性、组织结构的灵活性、信息掌握的全面性和市场反应的灵敏性加强。平台的分工合作者可以在平台治理体系下，通过对内外部资源进行有效协调，达到要素资源的优化与配置，以提升在互联网平台生态中的综合实力。通过自组织驱动，系统地整合组织结构、管理模式和经营策略，增强组织结构的适应能力，在平台规则的框架内进行有效的竞争与协同，从而在为用户创造价值的同时，获取自身的价值。

➤ 第二节
平台赋能、价值共创与企业绩效的理论分析

目前，鲜有研究直接讨论平台赋能与企业绩效间的关系，虽然新近研究表明，电子商务平台的应用有利于提升我国企业出口绩效（岳云嵩和李兵，2018），但到目前为止，平台赋能对企业绩效影响的作用机制尚不明确，是否存在重要的中介变量值得探究。本节研究的重要切入点在于，平台与其上经营的企业在相互紧密协调中共同完成价值创造，即价值共创可

实现单个企业依靠自身无法实现的绩效（汪旭晖和张其林，2017）。通过把握这种互动联系，本章将分析平台赋能、价值共创和企业绩效的内在联系机理作为研究主线，揭示价值共创在其中发挥的中介效应，以期打开平台赋能与企业绩效之间作用过程的"黑箱"。

一、平台赋能与价值共创

平台赋能的结果表现为有利于推动平台上经营的企业获取高阶能力，但这一结果是如何发生的？平台与经营企业之间结成利益共同体，通过资源整合、服务交换及共享制度来共同创造价值，这是不可缺失的一个环节，对于平台和经营企业的发展极其重要。将服务生态系统中各参与者价值共创的分析（Vargo & Lusch，2016），拓展至分析平台与经营企业的价值共创过程，可以发现双方的角色分工各有不同：其一，平台是制度的制定者与执行者，负责提供情境价值，平台上众多经营企业负责提供商品和服务的使用价值，后者使用价值的实现离不开前者情境价值的创造；其二，平台通过治理协调来处理"控制与自治""标准化与多样化"等关系，确保价值共创过程中的分工与集成（Tiwana A.，2013），经营企业作为参与者嵌入平台并提供互补资源（Ramaswamy & Ozcan，2016）。

在卡拉洛·D. P. 和卡拉洛·P. B. O.（Claro D. P. & Claro P. B. O.，2010）的一项经典研究中，价值共创被划分为"共同制订计划""共同解决问题""灵活做出调整"三个维度，平台赋能与价值共创的联系可以分别从这三个维度来考察：第一，在数字经济背景下，互联网平台掌握的数据资源成为重要的战略性资产，平台可以通过大数据服务技术，将包含市场变化和产品需求信息的数据资源及时传递给企业，有利于企业与平台一起根据动态的市场环境变化设定目标、制订计划，故平台赋能有利于共同制订计划；第二，价值共创体现在所有参与方的共同行动中，而共同行动的建立要基于赋予参与者能力并能影响互动结果（Fisher & Smith，2011），通过平台赋能过程价值共创的各参与方实现了建立在契约关系上的深度融合，进而给予企业更强的动力来配合平台共同解决问题，故平台赋能有利于共同解决问题；第三，在平台赋能的情境下，资源整合便利的提升依托于开放的平台竞争策略、共享的信息以及集约化的服务功能，有利于平台与企业针对复杂多变的市场环境进行相应调整，故平台赋能有利于做出灵活调整。综上所述，本章提出以下假设。

H7.1：平台赋能对价值共创有显著的正向影响；

H7.1a：平台赋能对共同制订计划有显著的正向影响；

H7.1b：平台赋能对共同解决问题有显著的正向影响；

H7.1c：平台赋能对做出灵活调整有显著的正向影响。

二、平台赋能与企业绩效

从动态能力理论视角来看（Teece et al.，1997），平台赋能将使企业获得新资源、拥有新知识，并以创新的流程适应市场、顾客和技术等方面不断的变化，因此，有利于企业绩效提升。以跨境电商平台生态系统为例，平台赋能的渠道可归纳为交易匹配、运营模式优化以及创新驱动这三条路径：首先，帮助企业高效匹配全球商机，与海量终端消费者紧密连接；其次，通过提供支付、营销、物流、仓储、金融等集约化增值服务，使得企业的运营模式得到优化，企业在网络营销、顾客管理等方面的品质得到提升，进而为企业带来源源不断的竞争优势；最后，以开放的策略、共享的资源驱动企业创新，使企业根据自身需要组合使用平台提供的共享资源，推动产品和服务升级（Thomas et al.，2014）。综上所述，平台赋能有利于电商企业把握市场机遇、节约交易成本以及提升创新效率，最终将对在平台上经营企业的绩效产生有利的影响。故本章提出以下假设。

H7.2：平台赋能对企业绩效有显著的正向影响。

三、价值共创与企业绩效

价值共创促进了参与主体的相互信任与承诺进而提升整体满意度（Holweg & F. K. Pil，2008），企业绩效因整体协同效应的发挥而得到提升，价值共创的三个维度对于企业绩效的作用分别表现如下：第一，以大数据及信息技术资源的整合为基础，共同制订计划将使企业战略决策不断调整优化；第二，平台与经营企业通过资源互补来共同解决问题，促进争议问题得到满意的解决，同时也削弱了单方面的机会主义倾向，分散了潜在风险（刘汉民和张晓庆，2017）；第三，应对外部环境的变化有针对性以及灵活性地做出调整，有助于经营企业抓住市场机遇并提升动态能力。以上这些都将有利于企业绩效的增进。因此，本章提出以下假设。

H7.3：价值共创对企业绩效有显著的正向影响。

H7.3a：共同制订计划对企业绩效有显著的正向影响。

H7.3b：共同解决问题对企业绩效有显著的正向影响。

H7.3c：灵活做出调整对企业绩效有显著的正向影响。

四、价值共创的中介作用

平台与平台上经营的企业通过价值共创（共同制订计划、共同解决问题以及灵活做出调整）更好地挖掘市场潜在机会、满足市场需求，进而平台赋能得以向企业绩效进行积极转化。以跨境电商平台生态系统为例，不仅需要电商平台提供数据共享、结算、物流、仓储和金融等集约化的服务赋能于电商企业，还需要平台和企业双方利用价值共创来实现以精准化、透明化和在线化为特征的现代外贸服务，最终达到促进企业利用平台赋能来实现绩效提升的目的。故本章提出以下假设。

H7.4：价值共创在平台赋能和企业绩效间起中介作用。

H7.4a：共同制订计划在平台赋能和企业绩效间起中介作用。

H7.4b：共同解决问题在平台赋能和企业绩效间起中介作用。

H7.4c：灵活做出调整在平台赋能和企业绩效间起中介作用。

综上所述，本章构建如图 7-10 所示的概念模型，将通过问卷调查实证验证模型是否成立。

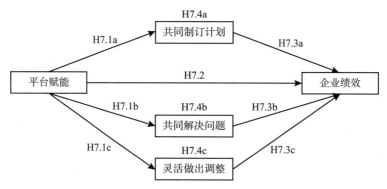

图 7 – 10   平台赋能、价值共创与企业绩效关系的概念模型

第三节
平台赋能、价值共创与企业绩效的实证研究

一、研究设计

（一）样本与数据收集

本研究采用的抽样方法是便利抽样与滚雪球抽样相结合，调研取得了"中国电子商务研究中心"的支持，依托联系各地区跨境电商行业协会和跨境电商培训中心，使用了"跨境电子商务智库""跨境电商大讲堂"等企业库，最后利用互联网调研平台"问卷星"（www. wjx. cn）进行电子问卷的发放以及问卷的数据回收。首先，在研究开始之前使用了 150 份调查问卷进行预调研，通过咨询业内有关专家意见及建议，并结合专家建议修改完善形成最终问卷。本研究正式调研持续时间约为 1 个月，共发放了6101 份问卷，回收 3148 份问卷，通过人工将作答时间少于一分钟、答案存在明显前后矛盾、填答具有显著规律性的无效问卷进行了剔除，最终剩余有效问卷数量为 690 份，本研究有效问卷率为 21.92%。

据 IP 地址统计，受访者来自国内各个省份，其中，来自山东及广东的受访者数量占比最多，两者数量之和达到 20% 以上；其次为浙江、山西、河北以及北京。受访者中有 10.7% 为企业高层管理者，26.4% 为中层管理者，31.7%为基础管理者，其他为普通员工；受访者所在企业只在一个跨境电商平台上从事出口业务的占比为64.97%，同时在两个跨境电商平台上从事出口业务的占比为23.11%，同时在三个及三个以上跨境电商平台上从事出口业务的占比为11.92%；开展跨境电子商务时间在1~3年的占比为42%，3~5年的占比为27.7%，5年以上的占比为14.3%；企业员工规模500人以下的占比为83.9%，100人以下的占比为52.5%。

（二）变量测量

本章采用量表的题项基本借鉴已有相关研究成果，适当结合跨境电商资深专家的意见进行完善修正，使之更符合现实情境。另外本章使用李克特7点量表测量主要研究变量，其中，对于"平台赋能"和"价值共创"这两个变量的测量，以1表示"完全不同意"，7表示"完全同意"；对于"企业绩效"这个变量的测量，1表示"显著降低"，2表示"降低"，3表示"稍微降低"，4表示"和以前一样"，5表示"稍微增加"，6表示"增加"，7表示"显著增加"。

（1）平台赋能。在杨坚争等（2014）构建的跨境电子商务评价指标体系中，跨境电商的能力从五个方面来进行测度，包括网络营销、国际电子支付、电子通关、国际电子商务物流及电子商务法律。参考这一能力评价体系，本章对平台赋能的测量依托于跨境电商平台是否有助于企业在这些方面实现能力的增进。修改后的量表包含14个题项，示例题项如"平台使我们更了解国外客户情况""平台为我们提供了国际支付的支撑条件"等（郑碧霞等，2014）。测量问项如表7-2所示。

表7-2 　　　　　　　　　　平台赋能各变量测量问项

变量	问项
平台赋能	平台使我们更了解国外客户情况
	平台使我们更了解国外经济环境
	平台使我们更了解国际市场商品情况
	平台使我们更了解国际市场营销情况
	平台为我们提供了国际支付的支撑条件

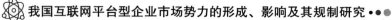

续表

变量	问项
平台赋能	平台有利于我们的国际电子支付安全
	平台给我们提供了更多电子支付工具的选择
	平台有利于我们进行电子报关
	平台有利于我们的货物查验
	平台有利于我们的税费征收
	平台有利于提高跨境物流的技术
	平台有利于优化跨境物流供应链
	平台使我们更了解相关法律问题
	平台使我们更了解相关法律规范

（2）价值共创。本章价值共创的测量参照卡拉洛·D. P. 和卡拉洛·P. B. O.（Claro D. P. & Claro P. B. O.，2010）的量表进行，该量表包含了"共同制订计划""共同解决问题""灵活做出调整"三个维度，共有 11 个题项，示例题项如"我们会和平台一起计划下一季的商品数量""我们会和平台分享产品的长期计划"等。测量问项如表 7 – 3 所示。

表 7 – 3　　　　　　　　　价值共创各变量测量问项

变量	维度	
价值共创	共同制订计划	我们公司和平台一起计划下一个季节的数量需求
		我们公司和平台一起计划下一个季节的新产品和品种需求
		平台为我们提供了我们公司产品的销售预测
		我们会与平台分享产品的长期计划
	共同解决问题	平台和我们共同协商处理出现的问题
		平台和我们公司互相支持
		在很大程度上，我们与平台共同承担完成交易的责任
		平台和我们公司都致力于改善整个关系
	灵活做出调整	我们公司灵活应对与平台关系的变化
		平台会为了维持与我们公司的关系而做出调整
		当本公司经营过程中出现新情况时，平台会与我们达成新协议

（3）企业绩效。本章以李等（Li et al., 2006）设计的衡量企业绩效的量表为基础，根据实际情况以及专家建议稍所调整，共包含7个题项，示例题项如"市场份额""投资回报率""销售额的增长"等。测量问项如表7-4所示。

表7-4   绩效各变量测量问项

变量	问项
电商企业绩效	市场份额
	投资回报率
	市场份额的增长
	销售额的增长
	投资回报率的增长
	销售利润率
	整体的竞争地位

（4）控制变量。考虑到还存在其他可能会影响企业绩效的因素，本研究引入了4个控制变量：运营时间、员工规模、产品品类、平台类别。数据均来自受访者在问卷中填写的基本信息。

二、实证结果及分析

（一）信度和效度检验

首先对问卷中的所有条目进行未旋转的探索性因子分析，得到KMO值为0.945，Bartlett检验的显著性为0，未旋转前共析出5个因子，第一个因子解释了总变异量的39.26%，小于40%，说明本研究的同源偏差并不严重，调研数据质量较好。本章通过AMOS25.0和SPSS20.0软件对主要变量的信度、聚合效度和判别效度进行了检验。如表7-5所示，各变量的α系数和CR值均明显大于0.80，表明变量具有良好的信度。各测度题项的因子载荷均高于0.7，且均在0.001水平上显著；各变量的平均提取方差

（AVE）均大于 0.5，且各变量的 AVE 平方根大于该变量与其他变量的相关系数。由验证性因子（CFA）分析结果可知，测量模型拟合指数分别为：$CMIN/DF = 2.588$，小于 3；$RMR = 0.06$，小于 0.08；$GFI = 0.914$，$IFI = 0.953$，$CFI = 0.952$，$TLI = 0.947$，均大于 0.9；$RMSEA = 0.048$，表明假设理论模型与实际数据之间契合度较高，模型结果具有较强的说服力。

表 7-5　　　　　　　　量表信度、效度检验结果（$N = 690$）

变量	α 系数	组合信度 CR	因子载荷	AVE
平台赋能	0.925	0.926	0.720 ~ 0.785	0.555
共同制订计划	0.882	0.882	0.774 ~ 0.845	0.652
共同解决问题	0.864	0.865	0.760 ~ 0.823	0.615
灵活做出调整	0.835	0.837	0.760 ~ 0.817	0.632
企业绩效	0.902	0.902	0.723 ~ 0.788	0.569
模型拟合指数	CMIN/DF = 2.588，RMR = 0.06，GFI = 0.914，IFI = 0.953，CFI = 0.952，TLI = 0.947，RMSEA = 0.048			

（二）描述性统计分析

本章利用 SPSS20.0 软件对各研究变量进行相关性分析。表 7-6 展示了变量的均值、标准差及相关系数矩阵。结果表明，各研究变量两两之间存在显著的相关关系，但为进一步探究各变量之间具体的关系假设，需运用回归分析进行更深入的检验。

表 7-6　　　　　　各变量的均值、标准差及相关系数（$N = 690$）

变量	均值	标准差	1	2	3	4	5
平台赋能	4.835	1.068	1				
共同制订计划	4.732	1.234	0.449 ***	1			
共同解决问题	4.815	1.200	0.429 ***	0.520 ***	1		
灵活做出调整	4.791	1.226	0.354 ***	0.437 ***	0.476 ***	1	
企业绩效	5.021	0.976	0.494 ***	0.553 ***	0.537 ***	0.451 ***	1

注：*** 代表在 1% 的水平上显著。

（三）回归结果及分析

本研究以温忠麟和叶宝娟（2014）提出的多重中介效应分析的改进方法为基础进行假设检验，其中，Bootstrap 方法用于验证中介作用的显著性，若置信区间包含 0 则说明间接效应不显著。当引入中介变量，若自变量平台赋能与因变量企业绩效之间关系显著，则表示直接效应显著。

如表 7-7 所示，模型 1 到模型 3 分别表明平台赋能对共同制订计划（回归系数 $a_1 = 0.448$，$F = 36.125$，$p < 0.01$）、共同解决问题（回归系数 $a_2 = 0.428$，$F = 31.589$，$p < 0.01$）、灵活做出调整（回归系数 $a_3 = 0.352$，$F = 20.473$，$p < 0.01$）有显著的正向影响，且三个模型的方差膨胀因子（VIF 值）均不超过 1.236，D. W. 值接近 2，证明假设模型中不存在多重共线性，残差与自变量相互独立。由此，H7.1a、H7.1b、H7.1c 得到支持。

表 7-7　　　　　　　　　多重中介作用回归分析（$N = 690$）

变量	价值共创			企业绩效		
	共同制订计划	共同解决问题	灵活做出调整			
	模型 1	模型 2	模型 3	模型 4	模型 5	模型 6
运营时间	0.048	0.054	0.030	0.052	0.016	0.022
员工规模	-0.088 **	-0.052	-0.070 *	0.013	0.071 **	0.059 *
平台归属性	-0.003	-0.024	0.013	-0.023	-0.015	-0.019
产品种类	0.031	0.025	0.026	0.029	0.019	0.011
平台赋能	0.448 ***	0.428 ***	0.352 ***	0.491 ***		0.218 ***
共同制订计划					0.333 ***	0.272 ***
共同解决问题					0.281 ***	0.232 ***
灵活做出调整					0.175 ***	0.147 ***
间接效应	$a_1 = 0.448$	$a_2 = 0.428$	$a_3 = 0.352$	$c = 0.491$		$c' = 0.218$
	$b_1 = 0.272$	$b_2 = 0.232$	$b_3 = 0.147$			
	$a_1 b_1 = 0.122$	$a_2 b_2 = 0.099$	$a_3 b_3 = 0.052$			

变量	价值共创			企业绩效		
	共同制订计划	共同解决问题	灵活做出调整			
	模型 1	模型 2	模型 3	模型 4	模型 5	模型 6
Bootstrap95%	[0.076, 0.157]	[0.059, 0.133]	[0.024, 0.085]			
中介强度	24.85%	20.16%	10.59%			
R^2	0.209	0.188	0.130	0.249	0.420	0.455
调整后 R^2	0.203	0.182	0.124	0.243	0.414	0.448
F	36.125***	31.589***	20.473***	45.367***	70.487***	70.937***
VIF	≤1.236	≤1.236	≤1.236	≤1.236	≤1.534	≤1.603
D.W.	1.997	2.016	2.038	1.961	1.953	1.926
N	690	690	690	690	690	690

注：***、**和*分别代表在1%、5%和10%的水平上显著。

在模型4中，平台赋能对企业绩效有显著的正向影响（回归系数 c = 0.491，p < 0.01）。模型的方差膨胀因子（VIF值）不超过1.236，表明假设模型中不存在多重共线性；F值为45.367（p < 0.01），Durbin - Watson 值接近2，证明了残差与自变量相互独立。因此，平台赋能对企业绩效存在显著的总效应，故 H7.2 得到支持。

由模型5可知，共同制订计划、共同解决问题、灵活做出调整对企业绩效的回归系数分别为0.333、0.281、0.175，且均在1%水平上显著；F = 70.487，在1%水平上显著，且方差膨胀因子（VIF值）不超过1.534，D.W. 值接近2，均通过检验。因此，共同制订计划、共同解决问题、灵活做出调整在平台赋能和企业绩效之间存在显著的间接效应，故 H7.3a、H7.3b、H7.3c 均得到支持。

模型6表明将中介变量（共同制订计划、共同解决问题和灵活做出调整）加入模型后，平台赋能对企业绩效的回归系数 c' 为0.218，在1%水平上显著，且 F 值为70.937；VIF 值不超过1.603；D.W. 值接近2，均通过检验。由此可得，平台赋能对企业绩效的直接效应仍然显著，且 ab 与 c' 的符号相同均为正，说明了共同制订计划、共同解决问题、灵活做出调整均发挥部分中介作用，中介效应占总效应比例（$\sum ab/c$）为 55.60%，其中，共同制订计划的间接效应强度（a_1b_1/c）为 24.85%，共同解决问题的间接效应强度（a_2b_2/c）为 20.16%，灵活做出调整的间接效应强度（a_3b_3/c）为 10.59%。由此，H7.4a、H7.4b、H7.4c 得到支持。图 7 – 11 显示了价值共创的多重中介模型的参数结果。

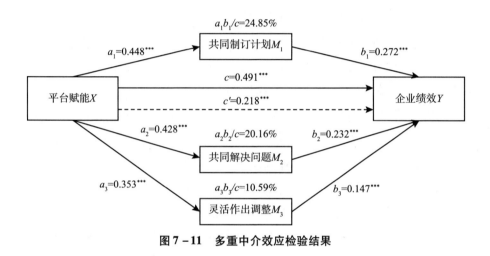

图 7 – 11　多重中介效应检验结果

此外，本研究根据普瑞彻和海尔斯（Preacher & Hayes，2004）的方法进行了中介效应检验，样本容量为 5000，在 95% 的置信区间下，0 不在中介效应的结果之中（其中，共同制订计划的取值范围为 ［0.076，0.157］，共同解决问题的取值范围为 ［0.059，0.133］，灵活作出调整的取值范围为 ［0.024，0.085］)，这表明价值共创存在显著的中介效应。

三、结论及启发

紧扣在"平台—分工合作者"界面，互联网平台型企业市场势力实施影响的逻辑主线"平台赋能—价值共创—企业绩效"，以跨境电商为研究对象，通过实证研究得到的主要研究结论如下。第一，平台赋能对出口电商企业绩效有显著的正向影响。这表明处于生态系统中核心地位的平台能够通过"赋能",使企业通过低阶过程重组形成高阶能力,进而提高企业的市场适应能力,即通过交易匹配使企业把握市场机遇,优化企业的运营模式,驱动产品和服务创新,从而有利于企业绩效提升。第二,平台赋能对价值共创有显著的正向影响。以大数据技术和信息服务为基础,平台赋能有利于企业和平台"共同制订计划";促进了参与各方实现各个层次的融合以达到"共同解决问题"的目的;提升了资源整合的便利,有利于企业应对环境的变化而"灵活做出调整"。第三,价值共创对企业绩效有显著的正向影响,且价值共创在平台赋能和出口电商企业绩效之间起到部分中介作用,价值共创间接影响了平台赋能与企业绩效之间的关系。基于参与者之间协作互动的分析视角,应用于互联网平台与平台上经营企业之间,深刻反映出价值共创使平台赋能不仅是由平台单向地赋予企业能力,还可以创造性地增加系统中总体的"能"(Stanton & Wright, 2006),实现平台与平台上经营企业之间的互补与双赢,进而实现平台生态系统整体价值的增进。本节研究为这些企业利用平台赋能作为创新发展的驱动提供了有益的启发。为了更好地对跨境电商企业进行有效服务,跨境电商平台应该更精准地对接电商企业的需求,平台应将自身拥有的操作性资源与平台上经营企业的对象性资源进行整合,提高资源的使用效率;对于平台上企业遇到的问题,平台自身也应与企业加强联系,积极解决,并适时优化平台服务;面对市场需求的变化,应建立动态的更新体系,使跨境电商平台能够根据市场变化及时更新服务内容,全面提升平台对于市场的变化的反应能力。

➡️ 第四节
本章小结

在"平台—分工合作者"界面,互联网平台与其互补型分工合作者之间结成了利益共生体,互联网平台不仅发挥了价值创造与价值分配的主导作用,同时也肩负了平台生态体系中契约合作机制建立和监督的作用。互联网平台与分工合作者之间应致力于建立良好的信任机制,一致推进有效的价值共创。双方应在全面的资源互补和完善的制度架构设计中,以共同制订计划来调整优化战略决策，以共同解决问题来促进问题满意解决的效率，以灵活做出调整来更好地把握市场机遇，这些价值共创行为将综合促进平台赋能作用的效果。

　　互联网平台凭借所处生态系统中的枢纽地位、独特的信息数字技术及强大的资源整合能力，对分工合作者有较强的话语权并有能力对其实施影响；在"平台—分工合作者"界面，互联网平台型企业市场势力的影响可从"平台赋能—价值共创"的逻辑主线展开。

　　本章内容框架如图7－12所示，从分析我国当前跨境出口电商行业的发展和平台竞争模式入手，作为考察平台赋能特征事实的背景。分析了跨境出口电商发展所呈现的跨境出口B2C模式主导、平台寡头割据，以及移动端运用的迅速发展等特征；深刻阐释了该行业平台竞争现状及未来发展趋势。基于赋能理论和价值共创理论整合的视角，本章深入研究了平台赋能的内涵和机制，探究了平台与分工合作者的价值共创所发挥的作用。基

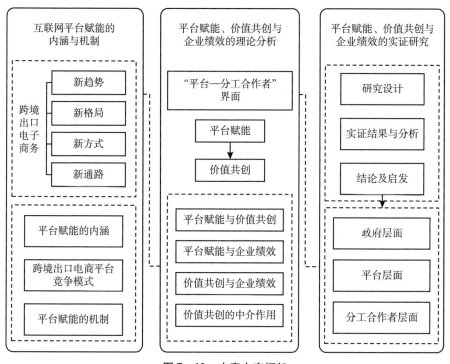

图7－12　本章内容框架

于对 690 份出口跨境电商开展的问卷调查的研究结果显示，平台赋能显著提高了出口跨境电商的绩效，价值共创的三个子维度即共同制订计划、共同解决问题和灵活做出调整，在平台赋能对出口跨境电商绩效的正向影响中发挥了部分中介作用。本章研究以独特的平台赋能视角，揭示了互联网平台型企业市场势力发挥的影响，为理解互联网平台型企业在"平台—分工合作者"界面市场势力的影响拓展了一个崭新的分析视角；同时也为平台上的分工合作方通过与平台开展有效价值共创，充分利用平台赋能作为创新发展的驱动提供了有益的启发。

第八章

"平台—消费者"界面的
赋权与消费者忠诚度

伴随以互联网为代表的信息技术的快速发展，在新兴的平台经济中，消费者逐渐从以往的被动跟随者转换到主动参与者，逐步构建全新的消费模式。互联网平台是数字中介，可以有效地将供给端生产者与需求端消费者联系起来，进而实现不同用户之间的价值共创。以跨境电商进口平台为例，平台成了消费者购买进口商品时常用的购物渠道，而产业迅猛发展的背后是竞争态势的日益激烈。平台具备的市场属性和独特的数字技术，使得消费者能够发挥更积极的作用。互联网平台型企业赋予消费者不断增加的权利，使消费者产生更多参与及更多信任并促进了需求的锁定，这正是互联网平台型企业在"平台—消费者"界面发挥市场势力的重要表现。①同时，互联网平台型企业在激烈的动态竞争过程中，通过对消费者赋权和增加其融入而巩固自身优势市场地位。

平台对消费者赋权是一个崭新的研究命题，因为传统研究中，关于赋权的讨论更多是在心理学、社区发展、教育、社会研究和组织等多个领域。目前，平台赋权的机理研究主要存在以下问题。已有关于赋权理论的研究大多集中于领导与员工的层面或是政治赋权的概念，比如研究领导如何下放权力使员工有更多的使命感（Trong，2019）；国内对平台赋权的概念并没有太多涉及；鲜有研究直接讨论平台赋权与消费者忠诚度的关系，

---

① 赋权及消费者忠诚度是本章在"平台—消费者"界面讨论的主题，而关于此界面互联网平台市场势力影响的其他主题，如平台滥用市场势力而对消费者实施差别待遇、不合理搭售及附加其他不合理交易条件等，涉及反垄断规制的问题将在本研究第九章以及第十一章专门进行分析。

虽然，早有研究表明技术支持能赋予消费者权利，使得消费者的态度与行为会发生相应变化。但到目前为止，平台赋权对消费者忠诚度影响的作用机制尚不明确，是否存在重要的中介变量值得探究。本章以跨境进口电商为实证考察对象，深入阐释了平台对消费者赋权的内涵，以及消费者忠诚度与平台型企业市场势力形成的机制，探究了平台消费者融入所发挥的作用，从而推进了对于互联网平台型企业在"平台—消费者"界面市场势力影响的理解。

第一节
平台对消费者赋权及消费者忠诚度

一、平台对消费者赋权的内涵

互联网平台的发展促进了流通新业态和新模式不断涌现，为繁荣内需、形成强大国内市场拓展了新空间。具有双边市场特质的互联网平台，直接连接供应商与消费者两端，通过独特的平台赋权（platform empowerment）机制，赋予消费者在网络消费更大的控制力（Alves et al.，2018）。值得注意的是，互联网平台的赋权机制对促进消费需求可以发挥独特的作用。

2021 年 7 月，国务院办公厅发布的《关于加快发展外贸新业态新模式的意见》指出，要完善跨境电商发展支持政策，促进跨境电商平台提高竞争力。据麦肯锡发布的《2020 中国跨境电商市场研究白皮书》显示，天猫国际、网易考拉、京东全球购、唯品会、小红书等平台都不同程度采取了在线评价、用户生成内容、网络口碑、虚拟社交网络群体等多样化的举措。平台赋权在形成更大范围及更深程度的消费者参与，使消费者克服心理距离与文化距离，这对其他行业推动互联网平台加大消费者赋权力度具有借鉴和启发意义。

从理论发展来看，平台赋权衍生自消费者赋权理论（Adkins & Ozanne，2005），对消费者进行赋权属于企业竞争策略的一种选择，通过赋予消费者更大的权利使消费者获得效用增值，从而提升了企业的市场竞争地位（Yuksel et al.，2016）。平台赋权既不失一般企业对消费者赋权的共性，也体现了平台经济情境下赋权的独特性；作为伴随平台经济兴起的新生研究对象，目前，学界对于平台赋权研究尚未形成较成熟的体系，尤其是量化研究比较鲜见。

二、消费者忠诚度与市场势力形成

平台赋权可以从以下三层面来理解。其一，从个人角度而言，平台凭借着其突破性的技术成为人们新的消费工具，突破了原有市场的时间和空间的局限，使得消费者能够利用碎片化时间参与虚拟空间的交易，同时，互联网平台的空间变迁通过降低生产者的准入成本和扩大市场多元化的可能性，为消费者提供了充足的信息和更多的选择，消费者的权利被大大增强，最终形成了互联网时代下的新型买方市场。消费者在选择和使用产品时获得的自由越多就可以越好地将产品或服务的购买和使用与偏好相匹配，作出最经济的选择。其二，从人际层面而言，互联网平台作为一个数字中介，凭借其多边市场的特殊属性可以有效地将供给端生产者与需求端消费者联系起来，从而实现创造价值的互动，除此之外，平台的即时性传递功能也为消费者彼此之间的话语传递创造了良好的技术条件，使得消费者的自我意识提升。其三，从社区层面而言，平台创造了虚拟社群，社群的组织和建立为消费者有效联合提供了组织性基础。消费者可以通过社群这一渠道对商家进行监督，与生产者建立密切联系，参与生产；消费者可以与其他消费者展开互动交流，利用集体的话语权影响商家甚至是平台的决策（周孟珂，2017）。

从"平台—消费者"界面来看，平台赋权的目标是形成消费者忠诚度。锁定即指从一个系统转换到另一个系统的成本大到转移不经济，从而使得经济系统达到某个状态之后就很难退出，系统逐渐适应并且强化这种状态，因此形成一种选择优势，把系统锁定到这个均衡状态。也有学者提出消费者忠诚度是指商家在实行措施之后，造成消费者对现有产品或服务的转换成本增加，从而实现对消费者持续的保留状态。

消费者话语权提升将对传统价值链产生全面影响，在数字经济背景下，数据价值链将叠加在传统价值链中共同实现价值创造，互联网平台通过对消费者数据的搜集、挖掘并转化为数据商业智能，对传统价值链中研发、生产制造、营销渠道及客户关系管理的每个环节产生影响，而此过程也是以顾客价值为导向的消费者话语权提升的过程。

在消费情境中，消费者在初始的交易过程中会经历信息搜索、产品知识积累等行为，耗费一定的时间和情感，可以解释为消费者在初始阶段支付了一定的成本，从而导致消费者重新获取信息的意愿较低并且减少其消费行为转换。这种现象受即时成本最小化和未来转换成本减持所驱使，消费者更倾向于信息获取成本更低的交易方式。综合而言，消费者"忠诚"现象源于消费者初始阶段投入了时间、精力及体验其他购物环境的机会成本培养了个人技能，因而减少了行为转换的可能性。

从作用方法角度分析，平台必须通过某种机制来实现顾客锁定；消费者被锁定于原平台的商品或者服务上是因为消费者更换供应商的转移成本高于转移收益，这里的转移成本指的是消费者从目前的商家转移到新的商家所需的所有成本的总和，包括经济和非经济因素产生的成本。锁定类型包括合同承诺、搜索成本、忠诚度计划、供应商专业化、采购的持久性和信息和数据库等，供应商设计了这些锁定方法来增加转换成本，反过来又降低了客户的转换意图。

当消费者从某平台的产品或者服务转换到其竞争对手的产品或者服务时，具有经济、时间、情感以及精力上的巨大成本。显然，这些转移成本包括对新产品或者服务的学习成本、关系和利益损失成本以及对新平台的评估成本，它使得当前选择对于未来选择具有决定性的作用。因此，在"平台—消费者"界面，市场势力形成的主要原因可以解释为通过消费者融入增加导致沉淀成本增加，最终实现了消费者忠诚度提升并促进了互联网平台企业市场势力的增进。

三、跨境进口电商平台赋权

平台赋权程度越高，消费者拥有的选择权、知情权和影响力就越多，由于平台给予消费者更多主动权，可以提出可实施和具有建设性的建议，在与平台及企业共同创造价值的同时，对平台的归属感和认同感也会随之增加，最终形成对平台的依赖。例如，速卖通、亚马逊和 eBay 等跨境电商网站将产品或服务以及企业的信息完全展示在消费者面前，从而促进交易的快速达成。互联网平台型企业数字中介的角色转变不仅会影响制造商向消费者的产品销售方式，还会影响他们与消费者的互动方式。在线市场上的消费者由被动消息接收者逐渐成为内容生成者，在线市场允许消费者留下反馈并传播与品牌相关的信息，这些信息逐渐发展成为营销传播组合中的新构成（Gielens et al., 2019）。

以跨境进口电商平台为例，随着用户对电商平台参与的加深和信任的形成，消费者倾向于形成与该平台持续交易，即增加对跨境电商网站的点击量以及重访跨境电商网站的意向，并进一步促进购买行为。当跨境电商平台赋权程度较高时，消费者对平台了解较多，即有着充分的知情权以及顾客和品牌之间存在较高的彼此信任感。例如，互相选择的自由空间扩大，即有着充分的选择权，消费者才能够形成足够的心理基础，进而形成满足消费者忠诚的态度要素（李巧敏，2018）。

（一）跨境进口电商平台消费者特点分析

在数字经济迅速发展的大背景下，面向消费者提供产品或者服务的平台以及企业开始重视在网络环境下消费者行为的变化以及趋势，而对于跨境进口电商平台的消费者而言，其消费行为具有以下四个方面特征。

1. 消费方式全渠道化

在线上线下交易协同发展的背景下，消费者在购买过程中会选择先在线上平台挑选产品或者服务，但并不会直接选择在线上平台进行交易付款，而是通过线下实体店进行产品或者服务的体验，最后完成线上购买。根据腾讯研究院发布的《中国零售商超全渠道发展报告》，由于年轻消费者消费观念的转变，网络环境下接近80%的消费者会选择线上渠道与线下渠道相融合的方式购买需要的产品或者服务。与此数据形成鲜明对比的是，仅有一成的消费者选择放弃线上渠道只通过线下渠道完成交易行为。

如图8-1中，消费者在通过本地平台购买商品的过程中不仅考虑到线上交易的便捷性和安全性，而且逐渐将上门服务、商品体验等因素考虑在内。在这种消费者倾向于全渠道购物的趋势下，平台上的品牌商以及直销商应该将线上实体店或者体验店看作其交易链条的一部分，而不是把线下展厅看作对线上销售存在威胁的竞争对手。

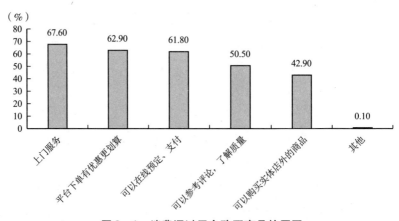

图 8-1　消费通过平台购买商品的原因

资料来源：腾讯研究院，《中国零售商超全渠道发展报告》。

2. 交易方式场景化

在技术和产品的迭代和演进背景下，消费场景也日新月异，出现虚体、实体以及虚实结合等场景互动模式。另外，在移动互联网飞速发展的背景下，消费者对产品的交易方式从简单的传统交易方式向碎片化、即时化的交易方式转变，实现了从电脑端向移动端转变的交易方式。同时，移动互联新模式的出现也催生了新的场景化交易方式。一是碎片化交易方式。随着互联网的发展与智能设备的普及，消费者的交易行为逐步从线下转向线上，交易的便利化程度与商品的价格透明度进一步提升，消费者的交易方式由传统转变为碎片化的交易方式。消费者可以在任何地点、任何时间通过移动端选择自己需要的产品或者服务。二是情感式交易方式。互联网平台在交易过程中通过场景的构建来刺激消费者的购买情绪，实现交易的完成，也就是说，在产品销售过程中消费者受到了"情感共振"，促进了消费者产生共鸣情绪，进一步形成对产品的购买。

3. 消费者互动社交化

根据《中国数字消费者研究报告》显示，消费者社交媒体的使用增加

了其购物的时间,有超过一半的消费者有意愿在社交媒体上进行产品或者
服务的购买,但真正在社交媒体上有过购物行为的消费者却占很少的一部
分,主要原因是消费者对于社交媒体上的产品质量、配送效率等问题存在
担忧。

根据图 8 - 2 的数据显示,30 岁以下的消费者是我国社交电商用户的
主体,达到了 63.4% 的比重,这说明年轻一代的消费者开始接受社交电商
这一新兴的网络购物模式。虽然,以小红书为代表的 B2C 社交电商实现了
社交媒体的功能以及交易支付环节的安全性,但与主流的专业化的电商平
台还存在较大的差异,若社交电商实现对平台专业化功能的改善,以社交
媒体为中心的社交电商将为整个电商行业带来新的增长契机。

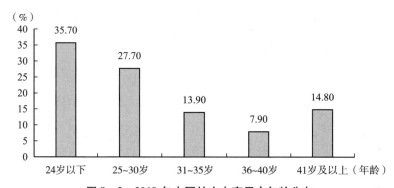

图 8 - 2 2019 年中国社交电商用户年龄分布

资料来源:艾媒咨询,《2019 中国社交电商行业研究报告》。

4. 消费需求个性化

在我国经济不断发展的背景下,居民的生活水平与消费质量也在逐步
提升,进而使得消费者在满足日常生活需求之后,开始逐步追求差异化与
个性化的消费体验。如图 8 - 3 所示,我国居民的人均可支配收入从 2015
年到 2019 年一直处于稳定增长的态势,年均增长率超过 6%,可支配收入
的增长促进了消费者追求高品质、个性化的商品。与此同时,平台经济的
扩张在为消费者提供海量商品的同时也提升了对于消费者个性化需求的精
确匹配,这也在一定程度上加速了个性化消费时代的到来。海尔企业所使
用的 COSMOPlat 平台能够使得消费者在更深层次上参与产品的设计与生

产，通过对用户差异化的需求数据进行分析，进而生产充分满足用户需求的商品。

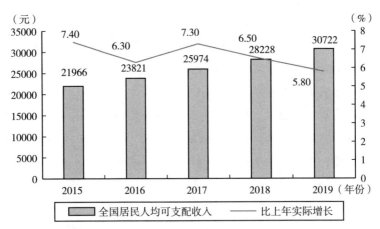

图 8 - 3 2015 ~ 2019 年全国居民人均可支配收入

资料来源：国家统计局网站。

（二）消费者赋权与消费者忠诚度形成

1. 构建赋权于消费者的现实环境

第一，要结合消费者的搜索逻辑和购物习惯在网站设计上作出调整。例如，完善产品分类标准，合理分布网站信息，使客户能够快速获取自己想要的信息；尽量简化跨境电商网站的操作步骤，并辅以清晰易懂的网站导航和帮助中心。第二，对平台的服务人员进行系统的培训，不断地提高客户服务水平和服务质量，学习更多高效的沟通方式，让客户在线上购物也能够感受到服务与咨询回复的及时感；引导消费者有效使用跨境电商网站的各个服务版块，使其能够全方位地感知到平台的服务功能。第三，做好商家入驻的监管工作，扩大消费者的选择，为消费者提供更多的进口好货，同时做好产品质量和跨境物流工作，确保消费者实现积极的购物体验。第四，完善平台上的虚拟社区建设，利用社区中的各种功能激励消费者参与社区内部的交流互动，比如建立成员互评激励政策，帮助消费者在互动过程中获得更多的经验和技能，促进价值共创，增强其在平台购物过程中的自信感和控制感。第五，跨境电商平台可以构建会员制度、积分奖励措施等对消费者在平台中的购物、互动等行为予以肯定和认可，让他们感受到自己行为的价值所在，增强消费者的自我效能感。

2. 提升消费者的参与意愿和参与能力

跨境电商进口零售平台应通过它的及时传递性功能、虚拟社区的建立与完善来促进消费者参与意愿和参与能力的提升。不断更新与完善用户意见反馈系统，通过提高在线沟通的舒适程度来鼓励消费者积极向平台或商家反馈意见，对于消费者的反馈意见需要及时地作出回应和处理，切实地帮助消费者解决在购物过程中遇到的任何问题，与消费者建立积极的情感联系；通过提供相关的激励措施来提升参与动机，如资深消费者奖励措施；结合自身的品牌特色，利用好平台上的虚拟空间，及时提供更加全面、更加符合消费者需求的与本品牌相关的信息，包括产品更新信息、产品使用指南等，及时满足消费者的信息需求，进而充分利用好虚拟社区的建设，比如设置有特色、有吸引力的主题社区，针对消费者的兴趣点激发消费者参与的主动性，使得平台能够获得更多消费者的青睐。

3. 培养和增进消费者对平台的信任

平台可以通过以下措施培养和增进消费者对平台的信任：对于消费者隐私的保护工作，比如使用登录、支付双密码等，做好网站的安全工作，降低数据泄露的风险性，弱化消费者的感知风险；对于交易各个流程的保障措施，操作体验上保证交易系统的稳定性，产品质量上确保货源渠道的真实性，售后服务中进一步完善退款退货机制，制定更完善的商家监管政策，完善物流基础设施的构建等；在宣传渠道上也做好相关工作，不虚假宣传，真实地向消费者传播信息，正确地引导消费者。做好优化网站信息质量的工作，包括把控好平台商家对于产品文字描述的客观性、正确性、有效性，提升图文内容的吸引性，以更符合消费者偏好的方式向消费者宣传信息，比如小红书的推荐测评、洋码头的境外买手直播，丰富消费者对信息质量的感知途径。

⟶ 第二节
平台赋权、消费者融入与消费者忠诚度的理论分析

一、平台赋权与消费者忠诚度

赋予消费者主动的控制权将使消费者更有动力分享和交流信息、参与虚拟社交网络互动，以及更愿意投入精力和时间使用平台，从而会对消费者持续使用行为产生正向影响（Li & Karahanna，2015）。本节从赋权理论和消费者行为理论融合的角度，将平台赋权界定为：互联网平台凭借其独特的数字信息技术和资源整合能力，与消费者达成了新型契约关系；依托数字化手段使消费者参与设计、生产、交易及售后服务的某些价值环节中，通过平台与消费者的价值共创提升产品和服务品质，实现了交易成本节约，从而更好地满足市场需求。

平台赋权有利于消费者忠诚度的提升，主要理由有以下三个方面。其一，平台赋权创造了更多消费者参与的机会，提供了消费者完成价值共创所需要的条件，在此过程中平台获取了更多数据和信息，有利于满足消费者需求并提升消费者忠诚度。其二，平台赋能增加了消费者投入平台的精力和时间，提升了消费者的转移成本，这也意味着消费者如果要寻求替代性平台，则不得不投入新的搜寻及学习成本，并且承担相应风险。其三，平台赋权使消费者与平台、供应商以及其他消费者之间形成了紧密联系，在网络组织中充分进行知识和信息交换，消费者通过分享他们的想法、意见、建议以及经验，都会使他们融入受欢迎、被倾听和关心的社交关系（Sebastian et al.，2019），这提升了消费者的自我效能感和积极的主观体验。此外，平台赋能使消费者体验到他们的决策具有改变结果的意义，从而产生出归属感，使消费者更有可能与平台建立长期联系。综上所述，本节提出以下假设。

H8.1：互联网平台赋权对消费者忠诚度有显著的正向影响。

二、平台赋权与消费者融入

消费者融入（customer engagement）的概念强调企业在与消费者互动及共同创造价值中，创造出了全新的客户体验。消费者融入不仅包括消费者形成口碑、参与评论和用户生成内容等行为，也包括消费者对组织文化的认可，以及对公司品牌产生的情感纽带及依恋（Hollebeek et al.，2016）。结合该研究，本节从消费者参与（customer participation）和消费者信任（customer trust）两个角度来刻画消费者融入，它们分别代表了消费者行为和心理两个方面。

消费者参与需要消费者在服务中作出贡献，付出脑力、时间与情感等多种投入。当互联网平台赋予消费者更多权利，消费者对于投入平台建设的主动性也会随之增强，并产生更多的参与行为。消费者参与主要包括三种形式。其一，分享信息。平台赋权使消费者获得更积极的体验，使之更愿主动交流和分享信息（杨晶等，2017）。其二，人际互动。心理所有权被认为是消费者参与的重要动机，平台赋权促进了积极的情感体验，使消费者更有动力参与人际互动（Kumar & Nayak，2019），通过在虚拟社群的人际互动，提高了企业知名度。其三，责任行为。平台赋权使消费者感受到获得更大的选择权、知情权和影响力，增强了消费者的归属感和责任感，更愿意参与在线评价、用户生成内容及形成网络口碑，以及帮助新消费者解决相关问题，从而促进了平台不断提升服务品质（范钧等，2015）。

消费者信任可被理解为消费者认为产品和服务提供方具备了友善、能力和正直等特质（Vogel & Paul，2015）。已有研究支持了消费者赋权对能力信任具有显著的正向影响（Zhang et al.，2018），即消费者更倾向于相信赋予他们更多自主权的企业，有能力提供高质的产品和服务。平台赋权使消费者在购物过程中，接收到更多的信息和知识，产生了积极的情感体验，有利于增强消费者对平台的友善信任和正直信任，即消费者相信平台不会做出有损自身权益的机会主义行为。基于以上分析，在此提出以下假设。

H8.2：互联网平台赋权对于消费者参与（分享信息 H8.2a、人际互动 H8.2b、责任行为 H8.2c）有显著的正向影响。

H8.3：互联网平台赋权对于消费者信任（能力信任 H8.3a、友善信任 H8.3b、正直信任 H8.3c）有显著的正向影响。

三、消费者融入与消费者忠诚度

包含消费者参与及消费者信任在内的消费者融入对消费者忠诚度将产生影响，主要表现在以下三个方面。

第一，消费者参与及消费者信任能够促进网络口碑的传播（Harmeling & Carlson，2016），有助于消费者忠诚度提升。平台消费者将体验效果较好的产品和服务，通过用户生成内容、在线产品评价、网络社交群体等途径介绍给其他消费者，当积极的网络口碑形成一定的规模，就会使其他消费者产生购买意愿，且有利于巩固原有消费者的忠诚度。

第二，消费者参与及消费者信任实现了平台与消费者的价值共创，强化了平台的竞争优势。依托数字化手段推动消费者参与产品和服务的研发设计、生产、交易及售后服务等价值环节，通过平台与消费者的共创价值，实现产品和服务创新、节约交易成本并提升消费者忠诚度。

第三，消费者参与及消费者信任为平台搜集和积累与消费者偏好相关的数据创造了条件，有利于克服信息不对称，从而更好地满足消费者需求（林艳和于沙沙，2019）。在数字经济背景下，数据是平台关键资源和核心竞争力的来源，基于大数据技术及算法，通过分析消费者对单个产品或者服务的消费习惯及偏好，使得互联网平台可以改进产品及服务功能，从而促进消费者忠诚度的提升。

四、消费者融入的中介作用

在本节构建的互联网平台赋权对消费者忠诚度的研究框架中，包含消费者参与及消费者信任在内的消费者融入作为传递渠道，发挥了重要的作用。具体理由阐释如下。

其一，平台赋权创造了更透明的信息和规则体系，促进了消费者参与及消费者信任，进而提升了消费者忠诚度。当消费者认为平台建立了透明的信息和规则体系，并且能够提供有竞争力的产品和服务，则意味着消费者已建立了对平台的信任（Kofi et al.，2018），即相信平台能确保质量、个人信息安全以及高效的配送，等等。这使消费者对与平台的交易产生出积极的期望，并愿意增加投入该平台的精力及时间，从而有利于消费者忠诚度提升。

其二，平台赋权通过降低交易成本、规避一定程度的风险，促进了消费者参与及消费者信任，进而提升了消费者忠诚度。不确定性即风险始终伴随着网络交易而产生，互联网平台赋权通过促进消费者与平台、供应商以及其他消费者之间更密切的联系，在一定程度上克服了信息不对称，从而降低了消费者对交易风险的预期。换言之，由于被赋予购物过程中的相应权利及信息渠道，消费者更有理由认为交易会按专业、公平和诚信的原则来开展。如果出现问题时，消费者也相信平台会快速反应并解决问题，这些对于提升消费者忠诚度非常重要。

其三，平台赋权通过消费者参与及消费者信任，促进了关系资本增长及稳定的消费者群体形成。当消费者认为平台会保障消费者切身利益，并将充分考虑消费者正当诉求而提供相应服务，消费者将形成对平台的友善信任（Han et al.，2019）。此外，平台赋权使消费者更有理由相信平台不会因为短期利益而发生机会主义行为，由此产生对平台的正直信任，有助于平台积累需求侧的关系资本，以及获得稳定的消费者群体。综上所述，本节提出以下假设。

H8.4：消费者参与（信息分享 H8.4a、人际互动 H8.4b、责任行为 H8.4c）在互联网平台赋权对消费者忠诚度的影响中发挥了中介作用。

H8.5：消费者信任（能力信任 H8.5a、友善信任 H8.5b、正直信任 H8.5c）在互联网平台赋权对消费者忠诚度的影响中发挥了中介作用。

因此，本研究构建如图 8-4 所示的概念模型，将通过问卷调查实证验证模型是否成立。本研究的测量指标混合了两种结构，其中，平台赋权和需求锁定为一阶反应型变量，而消费者参与和消费者信任被处理为二阶形成型构念，均是通过 3 个一阶维度来决定其意义。其中，信息分享、人际互动和责任行为构成了消费者参与的三个方面；能力信任、友善信任和友善信任构成了消费者信任的三个方面，上述 6 个一阶维度均为反应型。

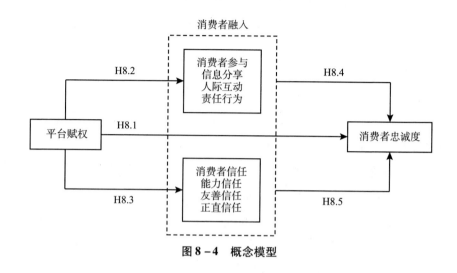

图 8-4　概念模型

➡️ 第三节
平台赋权、消费者融入与消费者忠诚度的实证研究

一、研究设计

（一）问卷设计

本研究采用问卷法来完成数据的收集工作，整个调查问卷主要由三个部分组成。第一部分是跨境电商进口平台消费经历，包括消费者在购买进口商品时经常选择的跨境电商平台，最近购买的进口商品类型等；第二部分是主体部分，包括平台赋权、消费者参与、消费者信任和消费者忠诚度4个变量的测量，共计30个题项，这些变量的测量均借鉴现有研究的成熟量表，并根据实际研究情境结合专家的意见讨论修改形成；第三部分是个人基础信息，包括职业、性别、年龄、可支配收入、学历以及网购经验等方面。本研究问卷采用李克特式7级量表设计，其中，1代表"非常不同意"，7代表"非常同意"。

（二）变量测量

本研究中自变量为平台赋权，因变量为消费者忠诚度，中介变量为消费者参与、消费者信任，控制变量为年龄、性别、收入、海淘经验以及受教育程度等。鉴于平台赋权的研究还不够深入，本研究根据张等（Zhang et al.，2018）的传统消费者赋权量表进行适当调整，包含 5 个题项，如"平台使我能够在与零售商的交易过程中掌握控制权""在平台的购物过程中我有权自由选择产品和服务"等；需求锁定的测量借鉴了施等（Shi et al.，2018）的量表并进行了适当的调整，最终形成了 5 个测量题项，如"我欣赏该平台，因为它能带给我轻松和舒适的购物体验""转向另一个平台购物会浪费我在这个平台投入的时间和精力"等。针对本章的研究背景，关于消费者参与的测量参照了卡尔索（Carlso，2018）的量表，包含 9 个题项，如"我花了很多时间来共享我的购物偏好""我经常和其他消费者分享我的想法""我总是在平台购物时提出改进产品或服务的建议"等；消费者信任的测量则参照欧等（Ou et al.，2014）的量表，包含 11 个题项，如"平台在开展跨境线上交易方面发挥了很好的作用""如果我需要帮助，平台会尽力帮助我""我认为该平台处理问题是真诚的"等。

正如上文所述，本节自变量和应变量所采取的量表是在成熟量表的基础上进行了适当调整，其原则是适应互联网平台的情境及测量的可操作性，处理过程如下。第一，选取代表性跨境进口电商平台商家，对其管理和具体业务部门工作人员采取会议访谈。初步了解这些平台对消费者赋权举措的预期效果，据此对上述变量的量表语义进行细化修改。第二，邀请跨境电商领域的业内专家，对修改后题项的语义及结构提出意见，进一步调整和优化问卷。第二，进行预测试和预调研，充分考虑消费者对问卷的接受及感知，对存在的问题进行进一步修正，形成最终完善的调查问卷。

（三）样本及数据收集

据跨境电商研究院发布的《2020 中国跨境电商市场发展报告》显示，2020 年，中国跨境网购用户在一二线城市的占 70.1%，年龄分布在 24 岁以下占 47.4%，25～30 岁占 35.2%。这说明跨境进口电商平台的消费者群体以城市青年为主，中老年由于数字鸿沟或心理距离等原因，尚未形成跨境进口平台购物的消费习惯。本次调研对象主要选择为在杭州市 8 个区居住，且曾在跨境进口电商平台拥有购物经验的城市青年，重点走访了高教园区、科技园和产业园区。本次调查采取分层抽样和简单随机抽样相结合的方法，共计发放问卷 820 份，回收问卷后将不具有跨境网购经历以及填写时间少于一分钟的问卷剔除，同时将答题具有明显规律性或明显存在前后矛盾的问卷剔除，最终获得合格有效问卷 516 份，有效回收率为62.93%。样本描述性统计如表 8 - 1，从统计信息来看，样本结构选取较为合理，符合现实情况。

表 8 - 1　　　　　　　　样本的描述性统计（$N = 940$）

特征	类别	频数	占比（%）	特征	类别	频数	占比（%）
性别	男性	199	38.6	年龄（岁）	≤25	197	38.2
					26～30	127	24.6
	女性	317	61.4		31～40	142	27.5
					>40	50	9.7
每月可支配收入（元）	≤3000	39	7.6	受教育程度	高中及以下	94	18.2
	3001～5000	87	16.9		大专	91	17.6
	5001～8000	135	26.2		本科	248	48.1
	>8000	255	49.4		硕士及以上	83	16.1
海淘经验（年）	≤1	198	38.4	海外生活经历（年）	无	358	69.4
	1～3	232	45.0		0～1	132	25.6
	3～6	64	12.4		1～2	20	3.9
	>6	22	4.3		>2	6	1.2

二、实证结果与分析

（一）变量描述性统计

本研究变量的描述性统计如表 8 - 2 所示。在问卷设计及数据收集的过程中已通过扩大问卷收集来源、改进量表题项、匿名调查等方式对共同方法偏差进行控制，但仍可能无法消除因样本来源背景一致、量表格式固定等导致的样本中相关变量信息存在共同方法偏差的问题。为此，本研究采用 Harman 单因子检验法进行检验，具体做法是对全部变量进行探索性因子分析，检验未旋转的因子分析结果，若是只析出一个因子或某个因子解释力特别大，则可判定为存在严重的共同方法偏差。本研究通过探索性因子分析得到 8 个因子析出，且解释方差最大的因子所能解释的方差变异为27.225%，小于40%，表明数据不存在严重的共同方法偏差问题。

表8 – 2 各变量的描述性统计分析结果（$N = 516$）

变量	最小值	最大值	平均值	标准差
平台赋权	1.60	7.00	4.540	1.162
消费者参与—信息分享	1.00	6.33	4.406	1.057
消费者参与—人际互动	1.00	6.67	4.317	1.181
消费者参与—责任行为	1.00	7.00	4.660	1.281
消费者参与	1.78	6.44	4.461	0.942
消费者信任—能力信任	1.50	7.00	4.826	1.244
消费者信任—友善信任	1.33	7.00	4.525	1.189
消费者信任—正直信任	1.25	7.00	4.630	1.104
消费者信任	2.00	6.82	4.673	0.942
消费者忠诚度	1.20	6.80	4.678	1.133

（二）信度与效度检验

结构模型检验有意义的基础就是量表具有可靠的信度和效度。测量模型的评价包括检验每个变量的信度、聚合效度和区分效度。信度评价一般要求每个构念 Cronbach's alpha 以及组合信度的值大于0.70。从表8 – 3 来看，Cronbach's alpha 值整体为0.907，所有潜变量的 Cronbach's alpha 的值都超过0.70，且各潜变量的组合信度（CR）均大于0.7，说明本研究的测量模型具有可靠的信度。

表 8 – 3　　　　　　　　变量的 CR 和 AVE 值（$N = 516$）

潜变量	测量项	因子载荷	CR	Cronbach's alpha	组合信度	AVE
消费者参与（CP）	信息分享	0.683		0.876	0.772	0.531
	人际互动	0.707	9.819			
	责任行为	0.792	9.814			
消费者信任（CT）	能力信任	0.746		0.886	0.769	0.526
	友善信任	0.776	9.539			
	正直信任	0.751	9.869			
平台赋权（PE）	PE1	0.755		0.890	0.891	0.619
	PE2	0.803	18.258			
	PE3	0.801	18.192			
	PE4	0.797	18.111			
	PE5	0.778	17.638			
消费者忠诚度（CL）	CL1	0.781		0.916	0.917	0.689
	CL2	0.875	21.925			
	CL3	0.864	21.593			
	CL4	0.846	21.033			
	CL5	0.778	18.937			

对于聚合效应的分析，本研究采用以下两个标准：第一，所有潜变量的因子载荷都要显著并且超过 0.7；第二，每个潜变量的平均提取方差（AVE）要超过 0.5。如表 8 – 3 所示，测量模型所有潜变量的因子载荷在 0.707 ~ 0.857 之间，均超过 0.7，且各个潜变量的平均萃取方差（AVE）在 0.526 ~ 0.689 之间，均超过 0.5，以上结果表明测量模型具有较好的可靠性和内部一致信度。

测量模型的区分效度检验结果如表 8 – 4 所示。每个潜变量的 AVE 值平方根（表中对角线上的加粗数字）都超过各潜变量之间的相关系数，由此说明测量模型的区分效度是较为适宜的。同时，数值偏大的因子负荷几乎都在希望的构面上，满足交叉负荷准则，表明潜变量的区别效度符合结构方程的建模要求。基于以上分析，本研究的测量模型具有良好的信度和效度，可以进行结构模型的估计和检验。

表 8 - 4   各变量之间的相关系数和区别效度检测（$N = 516$）

	平台赋权（PE）	消费者诚度（CL）	消费者参与（CP）	消费者信任（CT）
平台赋权（PE）	**0.729**			
消费者忠诚度（CL）	0.388	**0.725**		
消费者参与（CP）	0.377	0.434	**0.787**	
消费者信任（CT）	0.371	0.367	0.328	**0.830**

注：对角线加粗的数值为 AVE 值的均方根值。

（三）结构模型检验

本节采用 AMOS 24.0 软件进行结构方程分析，具体的拟合度指标如表 8 - 5 所示。CMIN/DF 为 1.991 < 3.000，表示模型适配度良好；分析其他适配度指标，可以发现各指标表现较好，总体上模型拟合情况较佳，说明假设理论模型与实际数据之间契合较高，模型结果较有说服力。

表 8 - 5   结构模型拟合优度分析

适配度检验指标	适配标准	模型结果	结论
CMIN/DF	1 ~ 3	1.991	良好
RMSEA	< 0.080	0.044	良好
SRMR	< 0.080	0.071	良好
GFI	> 0.900	0.909	良好
CFI	> 0.900	0.958	良好
IFI	> 0.900	0.958	良好
PNFI	> 0.500	0.832	良好

由于本章的中介变量消费者参与、消费者信任被处理为二阶形成型构念，因此，采用了两阶段法来进行模型的估计：在第一阶段，两个潜变量的一阶维度的因子得分采用重复指标法获得；在第二阶段，假设检验通

过，将一阶维度的因子得分视为二阶构念的反映性的指标来进行。表 8 – 6 为一阶维度与二阶潜变量之间的路径系数。根据检验结果，消费者参与的 3 个一阶维度的路径系数均显著且数值相近，说明信息分享、人际互动、责任行为这 3 个维度在形成消费者参与上有着同样重要的作用；消费者信任的 3 个一阶维度的路径系数均显著且数值差异不大，其中，正直信任在形成消费者信任上发挥的作用最大，其次是能力信任和友善信任。

表 8 – 6   一阶维度和二阶构念之间的路径系数

二阶潜变量	一阶维度	路径系数
消费者参与（CP）	信息分享	0. 397 ***
	人际互动	0. 403 ***
	责任行为	0. 400 ***
消费者信任（CT）	能力信任	0. 418 ***
	友善信任	0. 327 ***
	正直信任	0. 446 ***

注：*** 表示在 1% 的水平上显著。

最终的结构模型检验结果如表 8 – 7 所示，在对控制变量加以控制后，所有假设检验结果均得到支持。具体而言，平台赋权（β = 0. 24，p < 0.001）对消费者忠诚度有显著的正向影响，H8.1 得到支持，即平台赋权程度越高，越有利于满足消费者的需求，实现消费者忠诚度提升；平台赋权（β = 0. 388，p < 0.001）对消费者参与有显著的正向影响，平台赋权（β = 0. 333，p < 0.001）对消费者信任有显著的正向影响，H8.2 和 H8.3 均得到支持，通过比较路径系数，发现平台赋权对两者的影响无显著差异，这说明平台赋予消费者更多的权利会对消费者的行为和心理产生积极影响，消费者在平台购物时更愿意分享信息、人际互动和责任行为，并且对平台产生更多的信任，表现在能力信任、友善信任和正直信任上。此外，消费者参与对消费者忠诚度的标准路径影响系数为 0. 205，达到显著性水平，说明消费者参与对忠诚度有显著的正向影响；消费者信任对消费者忠诚度的标准路径影响系数为 0. 221，也达到显著性水平，说明消费者

信任对忠诚度产生了显著的正向影响。综上所述，所有假设均得到了检验结果的支持。

表 8 - 7   模型的基本路径检验

路径	路径系数（β）	标准误	临界比（t）	p 值	是否支持假设
H8.1　平台赋权→消费者忠诚度	0.240	0.056	4.387	0.000	支持
H8.2　平台赋权→消费者参与	0.388	0.045	6.535	0.000	支持
H8.3　平台赋权→消费者信任	0.333	0.057	5.773	0.000	支持
消费者参与→忠诚度	0.205	0.078	3.624	0.000	支持
消费者信任→忠诚度	0.221	0.058	4.001	0.000	支持

为了对消费者参与和消费者信任在平台赋权对消费者忠诚度的影响过程中的中介效应进行估计和检验，本研究参照布里彻尔和海依斯（Preacher & Hayes，2004）、海依斯（Hayes，2013）提出的 Bootstrap 方法进行中介效应检验，样本量选择 2000，在 95% 置信区间下的中介检验结果不包含 0，则对应的间接、直接或总效应显著存在。结果如表 8 - 8 所示，Bootstrapping 法 2000 次迭代的 95% 置信区间结果均不包含 0，且均通过显著性检验。其中，在总效应中平台赋权对消费者忠诚度的总效应值为 0.394，2000 次迭代的 95% 置信区间为 [0.292，0.488] 且不包含 0，这表明存在总效应。在间接效应中，平台赋权通过消费者参与对消费者忠诚度的间接效应值为 0.08，置信区间为 [0.021，0.163] 且不包含 0，这表明存在间接效应，即平台赋权通过消费者参与的 3 个维度（信息分享、人际互动、责任行为）对消费者忠诚度产生显著的影响；平台赋权通过消费者信任对消费者忠诚度的间接效应值为 0.074，置信区间为 [0.034，0.137]，这表明间接效应存在，即平台赋权通过消费者信任的 3 个维度（能力信任、友善信任、正直信任）对消费者忠诚度产生显著的影响。在直接效应中，平台赋权对消费者忠诚度的总效应值为 0.240，置信区间为 [0.126，0.366] 且不包含 0，这表明存在直接效应。

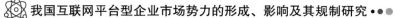

表 8 - 8 中介效应检验结果

效应类型	效应值	SE 值	置信区间	
			下限	上限
总效应　平台赋权→消费者忠诚度	0.394	0.050	0.292	0.488
间接效应　总中介检验	0.154	0.04	0.084	0.245
H8.4　平台赋权→消费者参与→消费者忠诚度	0.081	0.037	0.021	0.163
H8.5　平台赋权→消费者信任→消费者忠诚度	0.074	0.025	0.034	0.137
直接效应　平台赋权→消费者忠诚度	0.240	0.056	0.126	0.366

　　综上所述，消费者参与和消费者信任起到了部分中介作用，H8.4和H8.5均得到了支持，且间接效应要大于直接效应。在消费者参与部分，即信息分享、人际互动、责任行为在平台赋权对消费者忠诚度的影响路径上起到显著的部分中介作用；在消费者信任部分，即能力信任、友善信任、正直信任在平台赋权对消费者忠诚度的影响路径上起到显著的部分中介作用。进一步比较两个中介变量在平台赋权对消费者忠诚度影响路径上的中介效应大小，可以发现，消费者参与起到的中介效应（效应值为0.081）要较高于消费者信任（效应值为0.074）起到的中介效应，即消费者参与的3个一阶维度（信息分享、人际互动、责任行为）起到的中介效应要较高于消费者信任的3个一阶维度（能力信任、友善信任、正直信任），这说明消费者行为和心理的变化都在平台赋权的过程中起到了重要的作用，但消费者行为的变化造成的影响更大。

三、结论及启发

　　本节在"平台—消费者"界面的视角下，基于赋权理论和消费者行为理论，通过传统消费者赋权理论和消费者行为理论拓展并整合到一个分析框架中，提出了平台型企业市场势力影响的主线，即平台赋权通过增进消费者融入而实现消费者忠诚度提升。基于对516份跨境进口电商平台消费者的问卷调查，实证检验了平台赋权对于消费者忠诚度的影响，以及包括消费者融入和消费者参与在内的消费者参与从中所起的中介作用。得到的主要研究结论如下。第一，平台赋权对于跨境电商进口零售平台的消费者忠诚度具有显著的正向影响。这表明作为新型的消费工具，平台能够通过赋权，使消费者获得更多的选择权和参与权同时提高消费者在平台中的地位，在交易过程中提升控制程度，从而有利于实现平台在市场中的优势地位。第二，平台赋权对于消费者参与、消费者信任的3个维度都具有显著的正向影响。基于平台的市场属性和技术能力，平台使消费者拥有更多信息、更大的选择集、更多的个人控制，个人更有权利决定和选择他们想要做的事情，更愿意参与当中，包括分享信息、开展人际互动和责任行为，提升消费者对于平台的能力、友善和正直层面的信任。第三，消费者参与和信任的3个维度对消费者忠诚度都有显著的正向影响，且在平台赋权和跨境电商进口零售平台的消费者忠诚度之间起到中介作用，间接影响平台赋权和消费者忠诚度之间的关系。

综上所述，互联网平台对消费者赋权并形成消费者忠诚度，是平台型企业的市场势力在"平台—消费者"界面实施影响的重要表现。平台在赋予消费者权力的过程中会激发消费者的积极性，使得消费者与平台之间的互动关系不断紧密，从而使得消费者愿意持续与该平台进行交易，面临较大的转换成本，消费者融入会吸引大量消费者进行平台交易，消费者流量和交易行为有利于平台积累数据资源，推动平台核心市场地位的构建；消费者的大量流入也会促进更多的供给端商家进入，进而实现需求端和供给端的互补优势。

➡ 第四节
本章小结

本章紧扣互联网平台型企业在"平台—消费者"界面实施影响的"平台赋权—消费者融入—消费者忠诚度"的逻辑主线展开分析。通常而言，具备市场势力的互联网平台会致力于拥有相对稳固的忠实消费者群体，使消费者在寻求其他替代性平台时面临较高的转移成本。互联网平台基于对消费者数据和信息搜集，较为全面地掌握了消费者的支付能力、消费偏好和使用习惯等，通过平台对消费者赋权，可以增加消费者参与及消费者信任，从而产生消费者忠诚度。本章内容框架如图 8-5 所示。

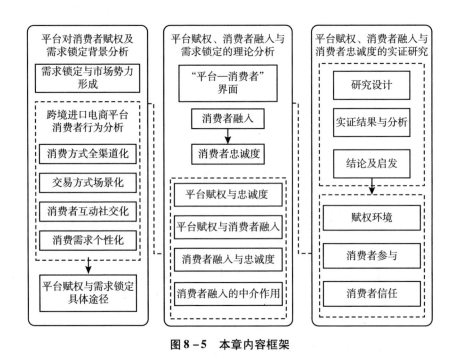

图 8-5　本章内容框架

结合互联网平台经济发展的特点而言，平台对消费者赋权可被理解为平台凭借其独特的技术和资源与消费者构建新型交易结构和契约关系，比如为消费者创造虚拟社群等信息平台，使得消费者增加对平台的参与和信任，从而进一步稳定了和平台的联系。从"平台—消费者"界面市场势力的形成来看，平台赋权的最终目标是更好地实现消费者忠诚度增进，即使消费者转换到其他替代性平台的成本增加到不经济，因此，互联网平台将巩固其市场优势地位。

在上述理论研究基础上，本章开展了实证研究。以跨境进口电商行业为特点考察对象，首先对跨境进口电商平台消费特点进行了分析，构建了平台赋权、消费者融入和消费者忠诚度的分析框架，基于 516 份跨境电商进口零售平台上的消费者问卷调查表明，平台赋权对于消费者忠诚度具有显著正向效应，其中，消费者融入（包括消费者参与和消费者信任）发挥了中介效应。基于对平台与利益相关者互动的把握，本章构建了"平台—消费者"层面富有新意的分析框架，为互联网平台型企业在此界面凭借市场势力发挥影响力提供了独特的视角。

第九章

"平台—竞争模仿者"界面的
竞争策略研究

　　不同类型竞争策略的实施对提升互联网平台型企业市场势力将产生重要影响。在"平台—竞争模仿者"界面中，拥有市场势力的互联网平台型企业相对于竞争模仿者形成了不可替代，这使得企业在与竞争模仿者的博弈中无须过多考虑对方的反应，拥有排他性的话语权和决定权。尤其是表现为提高竞争模仿者进入相关市场的资金、技术、数据、渠道和用户规模等壁垒，使竞争模仿者进入市场的可能性降低，或延缓其进入市场，或使其不能充分渗透到市场各层面。根据已有研究，互联网平台型企业的竞争机制可归纳为以下三种。一是扩大网络规模，发挥直接网络效应。巴克和布姆（Baake & Boom，2001）等分析了平台型企业直接网络经济效应的形成，陈宏民（2007）研究了平台型企业以兼并策略扩大网络规模的问题。二是以捆绑、一体化和搭售实现需求互补，发挥间接网络效应。洛彻特和梯洛尔（Rochet & Tirole，2003）、张凯和李向阳（2010）研究表明，产品和服务的捆绑销售能达到更好的价格平衡；纪汉霖和管锡展（2008）通过博弈模型分析了平台企业一体化策略的内在激励。三是以定价策略激发交叉网络效应。阿姆斯特朗和怀特（Armstrong & Wright，2004）及哈哲（Hagiu，2005）研究发现，平台的差异化程度与价格成正比，纪汉霖（2006）指出，平台型企业的"不对称定价"不属于"掠夺性定价"。本章在"平台—竞争模仿者"界面视角下，系统分析互联网平台型企业的竞争特点，并结合翔实的案例分析对于互联网平台型企业的价格竞争策略及

非价格竞争策略①，就类型与特点、动态演进以及影响等方面展开深入
分析。

➡第一节
互联网平台型企业的竞争及特点

一、互联网平台型企业的动态竞争

平台之间的竞争随着市场环境而动态变化，平台需要同时考察不同用
户群多样化的需求而相机选择竞争策略，比如必须考虑不同平台用户之间
的联系而制定平台定价策略。当相对独立的用户群体受各自需求牵引，首
先会在不同平台之间进行选择（Rochet & Tirole，2003）。如果平台之间竞
争激烈程度上升，将产生两种不同的结果：一是争夺平台已有用户群，削
弱平台的市场份额；二是调整原有多边用户的价格结构（Roson，2004）。
当垄断竞争发展成为双寡头垄断时，市场的降价效应强于平台对价格结构
的控制（Rochet & Tirole，2003）。双边市场中平台卖家降低价格引致买家
福利上升，同时，卖家的直接网络外部性也将增加。在此条件下，平台会
争夺竞争模仿者的用户。因此，平台降价是双寡头垄断市场竞争通常可见
的情况。以下将从平台系统之间的竞争和平台系统内部的竞争两个方面分
别进行阐释。

（一）平台系统之间的竞争

在演化经济学的考察中，不同生态体系相互竞争在很大程度上表现为
由于自然环境的改变，导致种群对自然资源的竞争。对于商业生态系统，
竞争主要表现为通过技术手段及管理策略，实现对用户资源与市场份额的
控制。阿姆斯特朗等（2006）提出，平台生态系统中处于的中心位置将带

---

① 价格与非价格竞争策略是本章在"平台—竞争模仿者"界面讨论的主题，而关于此界面
平台滥用市场势力而实施的横向或纵向垄断协议、不合理的限定交易等，涉及反垄断规制的问题
将在本研究第十一章进行分析。

来竞争优势，由此得出平台系统内部资源是影响到大多数平台成功的重要因素。在这种观点上衍生出管理控制与技术控制两种不同的观点。

管理控制的观点认为，平台生态系统中的核心企业是平台规则制定和运行的主体，核心企业在推动平台开放式创新、协调成员竞合等方面发挥着重要作用，并且主导了生态系统中各成员的价值共创。从经济学视角分析，平台生态系统的管理控制确保了平台各方价格结构的稳定，调节某方利润率高于整体利润率的情况，避免其对平台整体竞争力产生负面影响（Economides，2006）。

技术控制的观点认为，平台生态系统中的核心企业主要凭借平台提供的各种技术手段，对平台分工合作者等互补方进行有效管理与控制，并通过构建平台技术标准架构以实现平台竞争力整体的提升。基于寻找和发现全新的消费者，新进入市场的平台成为旧有模式"废黜者"的角色不可忽视（Suarez & Kirtley，2012），事实上，互联网平台商业模式创新都伴随着响应新的消费需求而产生。而苹果、Facebook 等互联网平台的崛起等，就是市场中后发者成功的典型案例。

（二）平台系统内部竞争

由于平台核心企业在平台系统架构中具有较强的影响力，并且可以获得有利于自身的价值分配，故平台生态系统内部存在对平台领导权的争夺（Cusumano & Gawer，2014）。在平台生态系统内部，核心企业的地位并非固定不变，对于其他企业而言，具备相应资源就能够成长并演化为生态系统的核心企业，对整个平台发展方向产生影响。因为平台生态系统中的领导企业有可能会陷入创新困境之中，最终结果是逐步被整个生态系统所淘汰。那些想成为平台领导者的企业一旦获得独特的客户资源，抑或创造出对终端用户有吸引力的价值创造模式，就可以吸引其他企业并结成联盟，与平台中的领导企业进行竞争。

经济环境的变迁可能会导致生态系统中核心企业竞争地位的改变。首先，政策环境的变动可能抑制领导企业对生态系统的控制力，并且在一定程度上引起其他企业对原有核心企业的挑战（Gawer & Phillips，2013）。比如，20 世纪 60 年代，IBM 公司由于反垄断法的巨大压力而将其系统架构进行了开放共享，并逐步失去了对于 PC 领域原有的主导地位，微软与英特尔作为竞争者获得了很大的发展，最终 IBM 公司凭借在其专业化的数据处理优势，仅在细分市场中占据主导地位。其次，技术环境的变迁也可能给处于非领导地位的企业带来机遇，使其能够通过技术改进与持续创新，实现向核心领导企业角色的转变（Gawer & Phillips，2013）。

二、平台型企业竞争的特点

（一）多属现象

"多属"一词是随着互联网发展而产生，普遍用于平台的某一侧同时搭载其他多个平台的情形。从经济学角度分析，当平台的固定费用较低，多属现象容易出现。在现实竞争中，多属现象将对平台一侧用户的交易选择产生影响，最终影响平台之间的竞争强度，因此，多属程度越高，表明平台竞争强度越激烈，而多属情况越少，表明平台越具有优势市场地位（Rochet & Tirole，2003）。多属现象的存在使得对平台的独立考察变得较为困难，因其复杂性主要在于平台作为双边或多边市场，连接的某一侧用户行为将对另一侧用户的选择产生影响，但是为了更简化地分析问题，通常采用特定假设即双边或多边市场中仅某一侧用户出现多属现象，从而使数据易于处理。

（二）内生性

在平台的研究中，双边用户做出是否参与平台交易的抉择，通常由平台的竞争强度与竞争结构的内生性共同决定。赫曼林和凯特（Hermalin & Kat，2004）通过研究发现，假设网络外部性的因素被弱化，平台提供同质的功能对异质性的用户产生截然不同的效果；由于平台的网络外部性、会员费、注册成本等方面呈现异质性，在平台的使用过程中也存在多种均衡。洛森（Roson，2004）通过研究发现在一个兼具内生性与多属现象的竞争模型中，在固定平台交易价格的基础上，买家与在平台上进行交易的卖家之间进行协调性的博弈，证明了在市场双方的选择均是独立的情况下，也存在着平台内生力量使利益相关者均有收益。

（三）非对称性

在经济学的研究视角中，平台竞争通常具有非对称性，而为了便于分析，一些研究模型假设互相竞争的平台之间具有对称性。而本章认为，在符合"翻转原则"的情况下，存在一些因素导致平台在对一侧用户进行减价的同时，对于另一侧用户继续收取较高的价格。与此同时，平台的竞争对手则会相应地提高一侧价格，而对另一侧实施降价。即在价格结构方面，两个竞争的平台所采取的价格变动完全相反。哈哲（2005）通过研究发现，平台对一侧价格的下调将促进竞争平台的收益提升。这种现象的存在意味着平台对双边用户进行了交叉补贴，也验证了平台对某一侧用户收取的费用低于所需的成本。

三、新零售中阿苏系与腾京系的竞争

新零售是服务商利用 5G 互联网、大数据、物联网、云计算等先进技术，以用户体验为核心，通过互联网平台对商品生产、流通与销售等环节赋能，将线上与线下的零售深度融合而形成的新业态。阿里巴巴与腾讯两大阵营在新零售领域展开了全面竞争，涉及百货商场、便利店、无人超市等领域。阿里巴巴在零售行业布局较早，并依托自身的电商经验获得了先发优势；而腾讯则借助永辉超市的零售经验，在资源与技术上发挥协同效应。本部分将从盒马鲜生与超级物种的对比，以及"阿苏系"与"腾京系"的竞争两方面展开分析。

（一）盒马鲜生与超级物种的对比

盒马鲜生是阿里巴巴对线下超市进行创新和重构的新型零售业态，采用"零售 + 生鲜 + 餐饮"的模式运作。2017 年 7 月，盒马鲜生营业时间超半年的门店实现盈利，并且消费者的使用黏性非常强。作为新零售的代表之一，盒马鲜生以独特的经营理念引领了新零售行业的发展趋势。2017 年，永辉超市正式推出"零售 + 餐饮 + 互联网"型的新零售业态，并将其

命名为超级物种,这代表着实体零售企业对新零售的布局与探索。截至
2019 年末,超级物种已在全国布局 88 家门店,主要分布在沿海发达城市,
以福建省为核心区域向国内其他重点城市扩张。表 9 – 1 为盒马鲜生与超级
物种经营模式的对比。

表 9 – 1 　　　　　　　　盒马鲜生与超级物种的经营模式对比

名称	垂直业态	特色种类	核心优势	技术运用	发展方向
盒马鲜生	互联网企业的新零售尝试	生鲜与现场烹饪	阿里的零售生态资源;流量、资金等方面领先;以店为仓、物流高效	电子标签智能传送带	打造开放的新平台
超级物种	新兴实体零售	生鲜与主题工坊	永辉超市采购、供应优势;主题工坊延展购物新体验;全品类自营,质量有保证	电子标签电子叫号器	线上线下联动新零售全渠道布局

资料来源:民生证券研究院,《腾讯入股永辉超市,新零售或进入"双寡头"时代》。

　　一是关键资源的对比。盒马鲜生其所需的关键性资源均由阿里系提
供,通过构建自己的供应链体系以保证配送的时效性;淘宝 App 也为盒马
鲜生提供了平台接口,为其提供巨额的流量资源;盒马鲜生与智能物联网
平台特斯联达成合作,共同打造智能化的业务流程。而超级物种作为永
辉超市的子公司,其拥有永辉的平台支撑与品牌优势;作为永辉旗下的
新兴实体零售,能够使用永辉高效完善的供应系统;超级物种采用的合
伙人制度将员工变成企业合伙人与公司主体经营者,具备明显的人力资
源优势。

　　二是关键流程的对比。盒马鲜生"餐饮 + 超市 + O2O"的关键流程以
消费者线下购物体验为核心,通过盒马 App 进行下单,使用支付宝进行结
算,并于半小时内送达。同时,以线下门店和盒马鲜生 App 为核心,构建
会员网络获取消费者数据,实现大数据 C2B 管理。而超级物种面向年轻消
费群体,所有门店均采用自助收银系统、电子标签、辅之以线上 App 和微
信扫码购等智能化操作,利用大数据深挖顾客需求,根据客户差异化需求
提供商品定制服务,以实现"C2B + OEM"的管理方式。

（二）"阿苏系"与"腾京系"的竞争

在新零售领域，以阿里巴巴、苏宁、高鑫零售为代表的"阿苏系"，和以腾讯、京东、永辉为代表的"腾京系"在该领域展开了激烈的竞争。在阿里巴巴主导的新零售业态中，通过渗入不同领域并主要通过参股目标企业来完成新零售专业化项目的布局，而阿里系的零售商将会在数据开发、资源共享方面得到来自阿里巴巴的支持，通过价值共创形成以阿里巴巴为核心的新零售业态。而在腾讯新零售布局版图中，腾讯以现有技术、流量以及资源为基础，赋能于零售企业。腾讯于 2017 年正式提出"第四次零售革命"，标志其开始将线下零售作为发展重点。在腾讯构建的新零售业态模式中，向零售商持续输出大数据、云计算、人工智能等技术；入股永辉超市则标志着腾讯不再作为单纯的流量与技术输出者，而是已开始构建以自身为中心的新零售业态。总结而言，阿里巴巴和腾讯在新零售领域竞争特点并不相同。

其一，阿里巴巴与腾讯的生态系统虽涉及各个消费场景，但两者在新零售领域的布局有所不同。面对近年来电商增速逐步趋缓的背景，阿里巴巴利用新零售加快对线上线下资源的整合。而腾讯则主要在社交方面具有优势，并辅之以视频、体育以及移动支付等其他业务，同时，腾讯也计划将新零售纳入自身的生态系统。

其二，阿里巴巴与腾讯均通过并购、入股、战略合作等方式进行布局。阿里巴巴在零售方面采取两种方式进行布局，不仅在盒马鲜生、银泰百货等项目实施中对新零售业态进行探索，而且利用并购、入股等方式构建新零售领域的生态链条。相比较而言，"腾京系"阵营曾经把京东平台视为在新零售领域参与市场竞争的载体，但是，收购永辉超市的股份代表了腾讯正式进驻新零售的竞争。

其三，"阿苏系"阵营以盒马鲜生为创新探索，而"腾京系"主要以超级物种作为新零售竞争的主力。对于阿里巴巴而言，"零售＋生鲜＋餐饮"模式已经具有较强的用户黏性，并更多地采取与高鑫零售等大型商超进行联营的方式共同进行市场开拓，以提升在新零售领域的占比份额。而腾讯旗下的超级物种继续以一体化发展鼓励内部创新，进而将这种零售业态推广至全国，依托"腾京系"阵营的赋能，创建更具竞争力的生态系统。

➡ **第二节**
互联网平台型企业的价格竞争策略

一、价格竞争策略类型及特点

定价策略是影响市场势力的重要手段，互联网平台型企业通过采取差异化的定价策略，对平台所连接的双边用户分别采用不同的价格，其价格结构将对市场占有率等方面产生较大影响。定价策略是双边市场研究的核心问题，洛彻特和梯洛尔（Rochet & Tirole, 2003）构建模型假定平台按交易次数收费，证明了平台型企业定价与双边用户总需求弹性呈现明显的负相关；阿姆斯特朗（2006）建立了垄断竞争市场的平台定价模型，证明最优定价是为双边市场中一边客户提供服务的成本减去该边客户为另一边带来的交叉收益；纪汉霖（2006）揭示了垄断和竞争环境下服务质量优劣对平台定价产生的重要影响；叶琼伟等（2016）研究了双边市场社交网络广告的定价策略，结果表明，随着用户数量的增加，广告定价先升后降，并且社交网络广告定价合理化将促进平台规模经济效应。互联网平台型企业的定价策略可分为以下三种形式：一是非对称的定价策略，即对于一方用户采取免费，另一方用户采取逆向收费以取得收入；二是免费定价策略，该策略旨在通过免费吸引更多消费者加入平台并参与交易，实现用户规模的扩大，并积累用户数据资源；三是歧视性定价策略，即互联网平台型企业根据用户的价格需求弹性等方面的差异而制定不同的价格。

（一）非对称定价策略

在平台经济中，互联网平台型企业往往利用双边市场的特点实施非对称定价策略，使双边市场一边的价格涨幅远高于另一边，从而实现平台利润最大化。通过在市场弹性大的一方收取较低的价格，即利用高弹性、低价格吸引一方参与平台交易；同时，在缺乏价格弹性的市场上制定更高的价格，因此，在需求弹性固定不变的情况下，非对称定价策略可以实现盈利增长。互联网平台型企业的定价可能无法准确地反映产品的边际成本，即平台可能对双边用户制定高于或低于其所提供产品或服务的边际成本的价格，通过制定这种非对称的价格，平台型企业可以更好地吸引用户到平台进行交易。

由于交叉网络外部性的存在，平台价格结构的调整对平台双边用户的需求及平台交易量会产生影响。双边市场网络外部性的强度不同，使得对平台两边用户定价表现出不对称的特点（Caillaud & Jullien，2003）。平台可以通过定价低于其边际成本的方式来积累一边用户，然后通过交叉网络外部性的影响吸引另一边用户的加入，进而在市场中获取更大利润。互联网平台通常选择对较大弹性的群体实施较低价格，以吸引更多的平台用户数量；互联网平台通过交叉网络外部性吸引另一边用户，并对这一群体实施更高的定价以降低平台的总成本。此外，需求的互补性是双边市场不同于单边市场的一个关键特征，而非对称定价策略基于平台上的互补需求而出发（Caillaud & Jullien，2003）。互联网平台连接用户往往存在相互依赖性与互补性，平台的价值体现在为双边用户建立匹配关系，使得平台两边的用户都能联结具有互补需求的另一方，但一方用户对另一方的交易依赖性或需求弹性不同，这也会促使互联网平台采取非对称定价策略。

（二）免费定价策略

免费定价策略是建立在规模经济基础之上的，网络产品和数字产品往往具有较高的固定成本、较低的边际成本。平台型企业通过实施免费定价策略，可以广泛地吸引消费者在平台进行交易，在交易的过程中平台将获得流量资源与交易数据，而通过免费定价策略吸引优质商家入驻平台，充分发挥交叉网络外部性与需求互补性。例如，拼多多购物平台对于商家实施"0佣金入驻"，降低商家的运营成本并降低商品定价，从而锁定市场需求。2020年5月，拼多多一季度财报显示平台年度活跃买家数达到6.28亿家，成为规模仅次于阿里巴巴的电子商务平台。

平台免费定价策略常有以下三种形式（见表9-2）：一是完全免费的定价策略，即企业对消费者购买、使用产品以及售后服务等都实施免费的定价；二是部分免费定价策略，即企业在向消费者提供网络产品时，部分产品或服务是免费提供，但要获得全部的产品或服务则需要用户进行支付；三是捆绑式免费的定价策略，也就是用户在购买某一产品或服务时，可以免费享受平台提供的其他产品和服务。

表 9 - 2 免费定价策略的种类划分

免费定价策略	形式	目的
完全免费定价	无差别的免费产品服务	获取点击率并积累数据
部分免费定价	部分功能免费，限期免费定价	免费商品吸引用户，收费产品获取利润
捆绑式免费定价	额外赠送产品或服务	提升用户价值，扩大市场占有率

第一类是完全免费定价。一般来说，完全免费的产品或服务具有同质化特征。例如，腾讯、网易等门户网站提供的新闻内容以及电子邮箱服务。而通过免费的产品或服务，互联网平台可以获取点击率及知名度，进而利用用户规模吸引广告商来进行广告投放，并获取广告费的收入。数字经济背景中，数据成为新生产要素，也是互联网平台核心竞争力的来源，通过完全免费定价来获取用户资源并积累数据，进而通过大数据分析来持续挖掘平台商业价值。

第二类是部分免费定价。部分免费定价具体可分为两种形式。一是部分功能免费，即企业在提供产品或服务时，只有部分或基础是免费的，想使用全部功能或服务则需要付费。比如，QQ 聊天平台采取"基础产品免费、增值产品或服务收费"模式，即注册会员以及即时聊天服务免费，但用户若需进一步享受个性化服务则需要支付费用。二是限期免费定价，也就是限定用户在有限的期限或使用次数内免费使用网络产品或服务，而超过时限或使用次数就必须付费才能继续使用，从而增进用户对产品和服务的认识。与完全免费定价不同，限制性免费定价以最终收费并盈利为目的。

第三类是捆绑式免费定价。捆绑式免费定价是指购买网络产品或服务时额外赠送产品或服务，其中，额外赠送的部分即采取免费定价。捆绑式免费定价是互联网公司争夺用户以及扩大市场份额的重要方式。比如，微软公司将 IE 浏览器与 Windows 操作系统进行捆绑，使购买 Windows 操作系统的消费者可以免费使用 IE 浏览器，捆绑式免费定价方式大大提高了

Windows 操作系统的使用价值，而庞大的 Windows 操作系统用户为 IE 浏览器提高市场占有率提供了保证。

（三）歧视定价策略

价格歧视指的是面对不同的消费群体，对提供相同产品或服务而索取不同的价格，从而将消费者剩余尽可能地转化为生产者剩余。在互联网经济中，平台型企业的歧视定价行为具有较强的隐蔽性，通常在注册阶段收集用户数据，了解用户需求特性并获取其消费意愿；持续追踪消费者购买记录和关注商品的记录等，为实施歧视定价策略创造条件；同时，通过提升产品附加服务来弱化产品间的可比性，从而巩固定价的主动权。

基于歧视定价策略中价格差别的程度划分，首先是一级价格歧视，即向每个消费者收取单位产品其愿意支付的最高价格，此时的消费者剩余全部归企业所有；其次是二级价格歧视，即根据不同采购数量制定不同的销售价格，从而获得部分而非全部消费者剩余；最后是三级价格歧视，根据消费者愿意支付的价格信息将其进行分组，对各组制定不同的价格。随着数字经济的不断发展，价格歧视又被划分为个别定价、版本划分定价和群体定价三种形式（纪汉霖，2006）。

第一类是个别定价，即向每位用户以不同的价格出售同一产品或服务。数字经济中发达的数据挖掘和算法技术涌现，为互联网平台型企业了解消费者差异化需求提供了便利的条件，根据每位消费者的需求偏好，提供有个性化、定制化的产品和服务，从而最大限度地满足每位消费者的需求。例如，美国著名的网络数据库供应商 Lexis－Nexis 对每个消费者的定价各不相同，其定价取决于消费者的所属类型、对于数据库的使用方式、使用规模及使用时间等因素。

第二类是版本划分定价，即互联网平台上的供应商通常提供一个产品系列，同时对于不同版本在产品功能、产品质量等方面进行区分，从而实施差异化定价策略。一方面，平台中的用户可以根据支付能力选择不同版本的产品和服务；另一方面，对于平台供应商而言，将根据版本划分来调整产品或服务档次，通过差异化的产品和服务实施歧视定价策略。

第三类是群体定价，即互联网平台型企业根据不同消费群体的需求，相应制定不同的定价体系。网络产品提供商具有推动网络效应产生的动力，互联网数字产品具有网络外部性，即随着使用群体的规模递增，消费者效用也逐步提升。消费者对网络效应的接受使得群体定价策略更易获得成功。例如，在钉钉办公平台，如果企业客户同时使用相同的平台服务，更加便捷的共享和交流信息，团队工作效率得到整体增进，则有利于互联网平台群体定价模式的推行。

二、价格竞争策略的动态演进

平台所实施的价格竞争策略并非是静态的，而是根据平台内外部发展环境变化动态调整。图9-1对比了平台发展初期与稳定期不同的定价策略。其一，在市场发展的初期阶段，用户规模是平台间竞争的焦点。即平台只有在具备一定的用户规模的基础上，才能巩固市场地位并保持竞争优势。因此，在竞争初期各平台倾向采取免费或补贴等方式吸引用户。其二，在市场稳定阶段，平台的目标是充分发挥双边网络效应并增强用户黏性。具有一定市场份额的平台在价格制定方面拥有了更大的话语权，通过提高对平台上商家的定价能实现整体盈利。另外，面对"拥挤效应"及潜在进入者的威胁时，平台也适时改变价格竞争策略，确保用户和平台双边网络效应的正反馈效用。

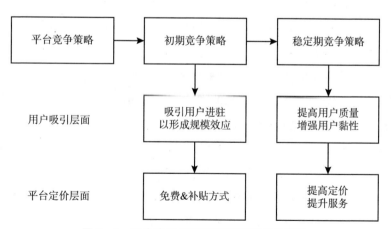

图9-1 平台发展初期与稳定期的定价策略

在平台竞争的初创期，双边平台的网络外部效应明显，互联网平台需要充分利用消费者的从众效应即消费模式的路径依赖，在买方市场通过网络外部性迅速积累用户群，同样的情况也适用于对平台上供应商的积累。在初始的竞争阶段中，对于平台上的消费者需要同时考虑交叉网络外部性和直接网络外部性，而对平台上的供应商只需考虑交叉网络外部性。在平台初创期由于双边网络外部性的正反馈作用，为了实现利润最大化，平台最重要的目标是尽可能吸引用户在平台上进行交易，因此，权衡双边市场两边即平台上的供应商与消费者，就会发现实施偏向消费者的策略能够给平台带来更大收益（罗焕然，2016）。与之相类似，据阿姆斯特朗（2006）的模型，双边市场中平台倾向于对消费者收取低价或者采用免费的定价策略，同时向平台上的供应商收取高价。现实中，平台消费者数量可能明显压倒供应商数量，抢占消费者的策略给平台带来的增量效益也会更大，因此，互联网平台对供应商要比对消费者收费更多。

经过市场初期的竞争与发展，互联网平台已积累了用户规模与管理经验，其发展由初期过渡到稳定期阶段。在稳定期阶段，通过继续吸引新用户加入提高平台交易量，形成更大的网络效应，抢占更大的市场份额。另外，面对市场中更加复杂的竞争环境，为了防止原有用户群流失，互联网平台必须适时调整竞争策略，动态适应环境变化并保持核心竞争优势。稳定期互联网平台的竞争策略主要应对以下两方面的挑战。

第一，拥挤效应的挑战。在平台进入稳定期之后，平台所连接的双边用户在规模上来说已足够庞大，平台的市场势力也将进一步增强，在这个阶段，网络外部性依然能产生正反馈效应，但也可能产生一些负面的影响。在互联网平台稳定期阶段，平台上越来越多的供应商面对数量众多的消费者彼此展开激烈的竞争，不仅在商品的类别、价格和促销手段方面形成直接竞争，随着供应商数量的增多，商家之间还可能产生恶性竞争并给平台带来负的外部性。此外，拥挤效应导致潜在交易机会的减少以及整体效用降低，因此，平台有责任加强制度建设及监管，维护有序的良性竞争环境。产品供给方的相互竞争虽然使消费者能够以更低的价格购买商品，但与此同时，数量众多的同质化产品竞争中容易出现"柠檬市场"，同时提高了消费者搜索和选择的时间成本。在平台形成初期，平台上同类商品可能只有少数供应商提供,而在稳定期涌现出能提供许多种类相仿、功能类似产品的供应商,因此,消费者需要在数量众多的同类产品之间进行筛选、对比和区分,在无形之中降低了用户的使用体验。另外,供给方之间的恶性竞争也会对消费者造成负面影响。这在一定程度上解释了为什么平台在制定价格策略时,对供给方一侧收取更高价格促使其提升产品和服务附加值,避免"低端锁定"。

第二,潜在竞争者的威胁。新进入者在用户规模及经验积累等方面与稳定期的平台相比不具备优势,但潜在竞争者仍然能够在以下三个方面给处在稳定期的平台带来竞争压力。首先,在位的互联网平台无法充分挖掘并完全满足消费者多层次和多元化的需求,因此,潜在竞争者通过创新设计商业模式、提供差别化的产品和服务将占领细分市场。其次,在转移成本较低的情况下,为实现自身效用最大化,消费者往往同时选择使用多个互联网平台,即平台经济中普遍存在的用户多归属。正如前文所述,互联网平台间竞争的焦点在于争夺双边用户资源,而用户往往对比自身收益与成本决定是否转换平台,在位平台需要尽可能在服务、售后等层面提升用户消费体验,同时也应适时调整平台的经营链条,控制成本和风险。最后,潜在竞争者所具备采取最新技术的后发优势,在位平台的行为举动都会被潜在竞争者关注,后来的进入者根据在位厂商的行动来决定经营行为并调整经营策略,利用后发优势减少时间与机会成本的支出。综上所述,潜在竞争者的威胁也是互联网平台型企业价格策略的重要影响因素。

三、案例分析:拼多多平台的定价策略

依托自身独特的商业模式与微信平台的客户流量支持,拼多多购物平台通过社交电商的模式发展迅速。如图 9 - 2 所示,拼多多购物平台在2020 年第 1 季度活跃的买家数达 6.28 亿人,仅次于阿里巴巴购物平台的7.28 亿人,已成为国内电子商务行业的重要竞争者。拼多多购物平台商业模式成功的重要原因之一在于其价格竞争策略。拼多多平台在控制成本、制定价格等方面双管齐下,将低价营销策略贯彻到底;微信平台的流量支持和其"拼单模式"的社交属性使拼多多获客成本降低;此外,平台依靠免商家入驻费与"百亿补贴"活动,使其在双边市场中具有更强的价格竞争优势。

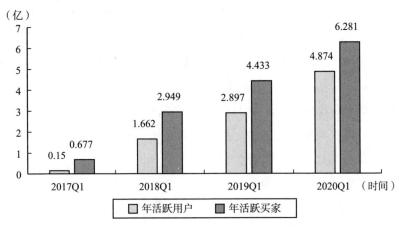

图 9 - 2 拼多多购物平台的用户活跃数

资料来源：国金证券研究所，《2020 批发和零售贸易行业研究》。

（一）低成本优势与定价策略

微信平台给予拼多多客户流量支持，为其实施低价格竞争策略打下基础。2016 年，腾讯集团首次入股拼多多购物平台，为拼多多提供了包括微信支付页面入口、微信分享等在内的功能支持。淘宝天猫购物平台的月活跃用户在 7 亿人左右，而微信月活跃用户超过 10 亿人，与淘宝用户相比存在 3 亿 ~ 4 亿潜在的客流资源。拼多多依靠微信平台切入"电商边缘人群"，避开流量争夺的核心战场，抢夺潜在的用户资源。2018 年，拼多多平台通过外部链接跳转进入的流量占比在 50% 以上，超过同时期的京东平台的 30% 占比，以及淘宝天猫平台的 15% 占比。[①] 另外，平台活跃用户和活跃买家的持续稳定增加，反映出微信平台所给予的强大流量支持，使拼多多以较低的成本得到了大量用户群体，从而在市场价格竞争中取得有利的低的获客成本优势。

"拼单模式"所带来的低成本优势体现在商品交易价格上，大规模的订单数带来规模经济优势。拼多多平台为商家提供免入驻费的优惠，同时帮助滞销产品去库存，低入驻成本与高效的去库存能力吸引了大批中小商家。为了充分发挥交叉网络外部性与需求互补性，在拼多多迅速发展的时

---

① 《2020 批发和零售贸易行业研究》。

期，也正是阿里巴巴加大对天猫大品牌商流量扶持的时期，拼多多承接了大量淘宝平台成熟的中小商家资源，并对其给予了相当可观的流量支持和免入驻费的优惠，只需其缴纳保证金和第三方平台的交易手续费，这种模式下中小商家开店成本远小于淘宝、天猫和京东等平台。

（二）创新的"拼单"模式

拼多多购物平台所提供"拼单"模式与其他电子商务平台的购物模式不同，其通过利用价格歧视策略，提供给用户两种商品价格模式——"单独购买"和"发起拼单"，这种模式类似于按版本定价的策略。首先，平台的"拼单价格"远低于"单独购买"模式，这样的价格差对比促使大部分用户选择"拼单"模式进行购买。其次，拼多多的"拼单模式"所带来的社交化属性，使得用户可以在社交网络上自发转发进行拼单购买。微信平台的流量支持叠加创新的"拼单模式"，有效拓展了双边市场用户群体。带有社交属性"拼单模式"的出现，提升了电商平台的获客效率。

（三）"百亿补贴"提升性价比

"百亿补贴"是拼多多购物平台为了打造平台高性价比，联合部分品牌商共同补贴 100 亿元现金的常驻活动，进一步构筑价格竞争优势。如图 9 - 3 所示，拼多多对手机、化妆品等高品牌认知度的产品，通过"百亿补贴"实现最低价，建立起正品及高性价比的平台品牌形象，提升平台的市场势力。另外，相比淘宝购物平台的"聚划算"活动，拼多多在"百亿补贴"活动中为商家实际承担部分让利费用。

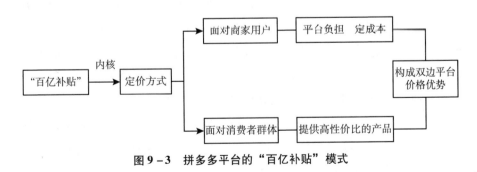

图 9 - 3　拼多多平台的"百亿补贴"模式

综上所述，拼多多价格竞争策略的主要步骤为：其一，得益于微信平台的流量支持，"拼单模式"带来的社交化属性有效降低获客成本，进一步发挥了微信平台流量效益；其二，大规模订单促进上游供应商生产规模的扩大，生产成本降低保证了低价策略的实施；其三，商家零入驻费以及提供滞销产品去库存的优惠，有效降低平台商家的入驻成本和运营成本；其四，"百亿补贴"活动打造正品保障的高性价比品牌形象。以上措施使拼多多采取低价格竞争策略得到了保障。

➡ 第三节
互联网平台型企业的非价格竞争策略

一、差异化竞争策略及其影响

（一）差异化竞争策略

差异化策略是垄断竞争企业常用的非价格竞争策略，主要表现在对产品外在特性与内在质量方面加以区别，进而了解消费者的偏好需求，使消费者更有可能选择该企业的产品，以强化该企业的市场定位。对消费者而言，差异化的产品可以充分满足自身需求，并提升消费者的福利。另外，对竞争市场而言，差异化策略推动了产品创新和过程创新。而差异化策略在互联网平台型企业的市场竞争中同样常见，而且经常与双边市场的定价策略相结合，其涉及两方面的含义：一是平台商业模式和生态架构的差异化，不同互联网平台不仅之间在技术上存在差别，而且其提供的内在价值、双边网络效应参数等亦存在较大差异；二是平台上卖方提供产品及服务的差异化，而产品差异化程度的提升使平台用户的选择性增加，得益于平台的交叉网络外部性特征，能够吸引更多买方用户加入平台，最终形成用户黏性。同时，平台上的卖方也会受到买方用户规模增加的影响，即交易的潜在成功率和实际交易量提高，进而通过正反馈的网络效应吸引更多双边用户加入平台，巩固了互联网平台的优势市场地位。

（二）差异化竞争策略的影响

在产品和服务差异化形成的非价格竞争策略中，平台型企业更多关注的是消费者群体的购买行为。在经济学理性人假设下，消费者在平台交易中选择最符合自身效益的产品和服务，假若平台中的卖方所提供的产品或服务是无差异的，则消费者通常选择价格最低的产品或服务。但若卖方所提供的是差异化产品或服务，这不仅增加了市场供给，而且可以改变消费者偏好，使需求的价格弹性得以降低，最终消费者将会选择质量和种类具有双重优势的产品及服务。因此，产品或服务差异化是互联网平台型企业竞争的结果，反之，差异化策略又会加剧平台竞争，最终对市场结构和社会福利产生影响。

在平台提供差异化产品或服务的两个阶段的博弈模型中（Weyl，2010），差异化竞争策略产生了如下影响：在卖方用户提供差异化产品之后，产品的差异化程度与供给数量增加，买方用户的选择增多，对于买方用户来说平台的价值提高了。在互联网平台中，卖方用户数量与其提供的产品差异化程度的变化，对平台的价格竞争也产生了影响。卖方用户的直接网络外部效应不会影响买方的均衡价格，但对自身的均衡价格有影响，这种影响的程度取决于平台上卖方用户的规模。随着产品差异化程度的增大，平台型企业倾向于提供差异化产品并向卖方索取较高的入驻平台的价格，以增加平台型企业的整体盈利。虽然提供差异化产品所导致的非对称定价策略提高了卖方用户进入平台的成本，但差异化产品和服务更有可能吸引大规模的买方用户，提升交易效率和用户黏性。在这种情况下，卖方仍然会接受平台的非对称定价安排。基于上述分析，产品差异化策略对互联网平台型企业的非对称定价具有正向影响，平台上产品和服务的差异化程度越高，平台越倾向于凭借市场势力，向提供差异化产品和服务的卖方用户收取较高价格。

（三）案例分析：执御平台的差异化竞争策略

浙江执御信息技术有限公司是一家以 B2C 形式经营的跨境电商公司，以 Jollychic 电商平台为运营核心，并收购了中东地区的另外两家电商平台

MarkaVIP 与 Dealy。依托过上述三个电商平台，执御将 5000 多家企业的超过 500 万种商品输送到中东市场。2016～2017 年，执御平台成交总额持续保持每年 300% 以上的增长速度；截至 2017 年底，执御平台注册用户数已累计超过 3500 万人，其市场份额位居中东地区第 1 位。[①]

（1）差异化的目标市场。在执御成立初期，大部分跨境电商以进驻欧美市场为目标，但在欧美市场中竞争已趋于激烈。虽然国际经营环境比较复杂，但中东市场存在着特殊优势：中东地区国家的人均消费能力较强，且在执御重点布局中东市场之前，只有两家本土电商即以电子商品销售为主的 Souq 和销售时尚产品为主的 Namshi。此外，中东地区移动端设备普及率高，例如阿联酋的智能手机普及率高达 80%，这也有助于推进互联网电商平台在中东地区的渗透。自 2015 年开始在维系原有欧美业务的基础上，执御开始重点发展中东市场业务，在当时几乎没有竞争强度的中东市场，取得了"第一进入者优势"。随后，其逐步将重点市场转移到中东地区，执御的营业额从 2014 年的 1 亿元增长到 2017 年的 50 亿元，日订单量超过中东本土老牌电商 Souq。

（2）差异化产品与服务策略。执御以购物平台 Jollychic 进驻中东市场时，最初选择了时尚女装作为主要产品。一方面，中东地区受到政治和文化因素的影响，女性出门购物受到很大限制，通过电子商务渠道购物深受当地女性欢迎；另一方面，服饰类商品是我国具有传统优势的出口产品，有利于降低新市场的进入风险。在实施差异化策略的同时，执御也重点关注于本土化战略，服务于当地客户的需求。由于曾经占据中东地区的主要电商 Souq 时尚服装品牌较少，并且与另外一服装平台 Namshi 种类相似，主要品牌均为 Nike、Adidas、CK 等。这些品牌在中东地区受众有限，一些国家存在特殊的文化因素，需要穿着长袍等服饰，执御引入的中国品牌，根据中东用户的需求并在长袍的设计制造方面引入时尚元素。其采取的差异化竞争策略成效显著（见图 9-4），在线商品款数不断增加，供应商数量和商品类目的丰富度也不断攀升，同时促进了双边市场另一侧即买方的规模。

---

① 《中国网上 B2C 市场季度监测分析 2018Q1 报告》。

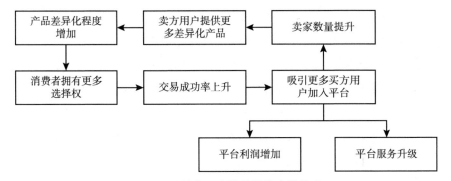

图 9 - 4　执御平台的差异化产品策略

依托差异化定位的 Jollychic、MarkaVIP 与 Dealy 三大电商平台，执御使不同价位的产品充分利用平台的销售渠道。与 Jollychic 的主营业务不同，MarkaVIP 主要以闪购的模式，为客户提供高档奢侈品的短期优惠折扣价；而 Dealy 主营各类平价商品，价格低至一折。因此，执御旗下的三个平台互相填补空缺，综合为不同需求的客户提供高中低端各类产品。

（3）差异化企业运营策略。执御旗下自主研发的在线支付平台执御支付（JollyPay）获得沙特本地支付牌照，成为海湾地区国家唯一持有该牌照的支付工具。该支付牌照的获得可以确保 JollyPay 涉足跨境互联网支付、商户收款和汇兑等业务，同时，JollyPay 已经与沙特数家银行系统完成对接，支持全球多家收单机构联网。支付工具方面的创新有助于执御完善平台运营体系，在市场竞争中获取更大优势。为了提高客户服务的精准度，执御自主研发了一套大数据智能管理系统。如图 9 - 5 所示，通过该系统对世界各地商品的流行趋势进行预测，然后将数据共享给合作厂商。另外，厂商通过平台向顾客展示定制的最新样品，通过数据的采集反映顾客需求，并反映出顾客的自然属性、社会属性及消费属性等，以有利于针对不同顾客群体来提供细致的差异化服务。

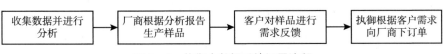

图 9 - 5　执御大数据系统运用流程

（4）执御在物流配送方面也实施了差异化策略。在中东地区的市场，虽然海运等大宗货物运输在该地区较为发达，但跨境电商包裹在最后一公里的投递大受影响。很多中小物流公司无法形成完整的网络覆盖，电商包裹难以及时送达，客户体验感较差，此外，中东地区企业申请物流执照困难，本土电商在物流方面处于困境。凭借交易体量的优势，执御在中东地区成功铺设了物流网络。在沙特阿拉伯，执御自营物流网络已覆盖60多个城市，其在沙特阿拉伯的海外仓已成为中东最大的电商单体仓。

二、兼容性策略及其影响

（一）兼容性竞争策略

国际标准化组织（ISO）对于兼容性的解释为：在一定的条件下，为满足相关要求，同时使用产品、过程或者服务而引起可接受的相互作用影响时的适宜性。对于双边平台来说，由于其独特的网络外部性，如果一个平台上的用户能够与另一个平台上的用户无障碍地进行通信或交易，那么这两个平台是相互兼容的。然而在平台的发展过程中，由于不同的平台之间技术以及提供的产品和服务呈现差异化，因此，兼容性策略的实施需要不同的互联网平台型企业之间相互协同，为之提供技术支持并付出成本。

兼容性策略对后来者与在位平台型企业都存在正反两面的影响。对于后进入市场的平台型企业来说，选择与现有平台进行兼容，可以利用现有平台的网络效应快速获得用户基础，由此达到网络规模的临界值并形成正反馈；对于在位的平台型企业来说，如果选择兼容策略可能会面临市场份额的下降。因此，当在位的平台型企业网络效应相对较强时，通常倾向于选择不兼容策略，因其现有用户规模已经足够支撑其成长，并且不愿意为竞争模仿者提供"搭便车"的机会。后进入市场的平台型企业的决策恰恰相反，当在位的平台型企业网络效应很强时，倾向于选择兼容策略，即使失去差异化优势也可以通过共享强大的网络效应来弥补（Economides，2006）。兼容性策略的实施在一定程度上会减少平台之间竞争的差异化。通常而言，兼容性越低的平台其商业模式的异质性以及提供产品和服务的差异也越大，因此，兼容性策略与差异化竞争策略两者之间具有一定的矛盾，是否选择兼容性竞争策略需要平台型企业对于各个因素进行权衡，而无论平台型企业采取何种竞争策略，对于平台用户而言，只要平台提供的网络价值超过其加入平台的成本，用户选择该平台进行交易的可能性就更高。

（二）兼容性竞争策略的影响

（1）平台兼容与网络效应。平台采取兼容性策略后，可以共享用户资源以扩大网络规模，实现直接网络效应。当平台的一方用户规模增加时，其兼容的平台也能享受到用户资源，双方构建了水平型用户网络，兼容性策略有利于扩大整个市场的网络规模，使平台在市场中占据优势地位。另外，随着某平台用户数量的增加，其配套互补平台的市场需求提升。这不仅使得平台与互补平台的联系有所提升，还将增加平台对消费者需求的响应。两个资产互补的平台必须进行合作兼容，才能互联互通而构建垂直性用户网络。与水平型网络一样，垂直网络同样存在"正反馈"效应，平台用户需求量增加带来生产的规模效应，大量用户产生对互补平台衍生的需求。当互补平台采取兼容策略时，间接网络效应将发挥较大作用，从而吸引更多用户在互补的平台上开展交易。兼容性策略创造了更多的交易机会，能够实现平台上买方用户以较低的成本与另一平台上卖方用户的对接，所以能更好地发挥交叉网络效应。综上所述，兼容性策略使平台的网络效应得到强化，从而提升市场份额并强化市场竞争力。

（2）平台兼容与质量优势。从技术性兼容来看，平台软件对操作系统的兼容能够增强用户的使用感与便利性。如浏览器的兼容问题，作为信息搜索服务平台的浏览器经常会遇到与操作系统不兼容的情况，而当浏览器实现兼容后，这不仅简化了用户使用流程并降低了使用成本，创造了更多的消费者剩余。从平台的互联互通来看，实现兼容能够使用户得到更丰富且更高质量的产品和服务，以及更优质的资源和更便利的操作。如支付宝作为支付方式的通用性和便利化，对淘宝平台的发展具有重要意义。平台实施兼容策略也会对平台的用户释放善意信号，使顾客形成对采取兼容策略的平台服务质量的良好预期（Katz M.，2004）。

（3）平台兼容与转移成本。平台实施兼容策略后，意味着用户可在兼容的多个平台之间自由切换，且享受不同平台提供的产品和服务，即用户在平台之间的转移成本降低。较高的兼容性促进了直接网络效应，提升了现有平台的价值，增加了客户对平台的忠诚度（刘大为，2011）。平台之间采取互补兼容性策略实现一体化，能够为客户提供互补产品与服务，加大双边用户使用该平台的系统价值，这不仅可以提升用户预期且加大用户黏性，还能培养用户对于平台的信任与忠诚感、用户对于该平台的使用习惯和惰性，使得用户的转移成本变大，进而锁定需求。同时，互补兼容扩大了间接网络效应，在提升市场份额的同时构筑了进入壁垒。从用户角度来看，对各平台兼容性行为是乐见其成的，用户无须付出额外成本。

（三）案例分析：支付宝平台的兼容性策略

在激烈的移动支付市场竞争中，不同支付平台通过持续的技术开发和市场博弈，最终形成垄断竞争的格局。支付宝、财付通（微信支付）是目前主流的移动支付平台，其中，支付宝自 2014 年从淘宝网分离，逐步发展成为独立的第三方支付平台；2019 年，支付宝已经成为中国最大的第三方支付平台，其市场份额高达 55.1%（见图 9 - 6）。

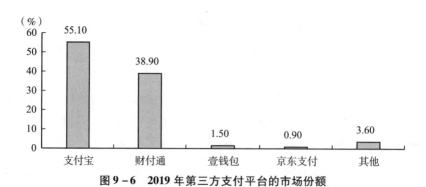

图 9 - 6　2019 年第三方支付平台的市场份额

资料来源：国家金融与发展实验室支付清算研究中心，《中国支付清算发展报告（2019）》。

支付宝通过一系列的战略合作提高了平台的兼容能力。早在 2015 年，支付宝平台与上海虹桥机场在信息共享方面达成合作，消费者可以在手机端查询航班信息、进行值机以及进行航班延误险的赔付等；2019 年，支付宝平台中的芝麻信用与天猫商城达成战略合作，率先推出"信用购"；

2020年2月，支付宝平台在新冠肺炎疫情期间率先推出杭州健康码，并且实现了在杭州地区"一码通"，凭借健康码可以享受在市内医院预约挂号、在线缴费等服务；2020年4月，支付宝宣布联合E签宝向平台商家开放电子合同，通过信息技术帮助服务业进行数字化升级。

如图9-7所示，平台采取兼容性策略使双边平台共享用户资源及构建用户网络，产生直接的网络效应，进而最终与兼容平台实现需求互补效应。通过支付宝平台的兼容策略，用户不仅可以在阿里系平台之间实现自由切换，而且可以用低廉的转移成本享受不同平台的产品和服务。兼容策略提升了平台系统的价值，增强了对用户的吸引力，同时也造成了用户对平台的交易依赖性。此外，支付宝平台的兼容策略也为阿里系生态系统提供了基础性的支付服务，强化了用户使用平台的习惯，起到锁定需求的作用。

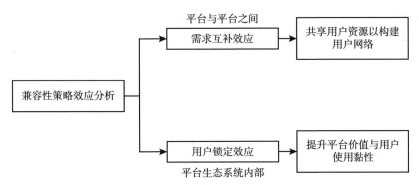

图9-7 支付宝平台兼容性策略的效应

三、捆绑和搭售策略及其影响

（一）捆绑和搭售策略

捆绑与搭售策略是互联网平台型企业在竞争中经常采用的一种非价格竞争策略，平台对于交易的产品或服务进行捆绑及搭售，通过交易条件的改变使顾客在平台购买商品的同时，还须购买其指定的其他商品即被搭售商品。捆绑与搭售改变了用户对加入互联网平台所能获得的基本效用，从而影响用户加入平台的选择，最终实现提升平台的用户规模或者获取额外收益等目标。在双边平台市场中的捆绑与搭售竞争策略还表现出其他特性：在双边市场中，捆绑与搭售的实施主体除了互联网平台以外，还可能来自平台上的卖方；除了实施主体的多元性，捆绑与搭售策略的收益最终都将部分转移至互联网平台型企业；捆绑与搭售竞争策略的有效性也是不同的，搭售可进一步细分为搭售、纯捆绑和混合捆绑等不同形式（Tirole，2003），需要指出的是，捆绑与搭售尽管某些时候并用，但其具体实施过程中在产品搭配比例、产品性质和产品效用等方面，都存在较大差异。

（二）捆绑和搭售对市场主体的影响

（1）对消费者的影响。对于归属单一产品平台的消费者而言，捆绑搭售策略的实施在一定程度上降低了消费者效用。在不捆绑销售的情况下，用户选择的产品价格是由完全竞争市场决定，其价格属于较低的竞争价格。而当平台对旗下的产品进行捆绑和搭售时，该类型的消费者只能选择消费捆绑后的商品。捆绑销售后的产品价格要高于捆绑前的产品价格，其高出的价格是不必要的，因为被捆绑产品对消费者的效用价值要低于其高出的价格成本。相反，对于多归属性的消费者来说，捆绑和搭售策略的实施对消费者效用的影响是不确定的。若原先消费者经常消费的平台对某一产品进行捆绑销售，此时消费者有两种选择：继续在平台上进行消费，这时其消费者效用如上述分析的一样将会降低；或是选择其他拥有该产品但未将该产品与其他产品进行捆绑的平台进行消费，这时该消费者的效用将不受影响。因此，从总体来看，捆绑和搭售对消费者的影响是适时而变的。

（2）对内容提供商的影响。互联网平台实施捆绑搭售策略对平台内容提供商的影响是显著的。首先，从价格的角度来看，在未实施捆绑搭售策略的情形下，平台之间的竞争使内容提供商能够获得一个与完全竞争相似的价格。但是，在捆绑销售现象的情况之下，多归属性的消费者会一定程度地向某一平台聚集，平台因交叉网络的外部性，对内容提供商具有议价能力，内容提供商不得不向平台提供内容，因为平台能够带来的规模效应更大。其次，从提供的内容角度来看，在未实施捆绑搭售策略的情形下，内容提供商须向不同平台同时提供类似的内容；而在捆绑搭售的情况下，内容提供商只向平台提供内容即可，而不必向其他平台也提供相似的内容。

（3）对平台的影响。捆绑和搭售策略的实施有利于垄断平台的发展，但不利于竞争平台的发展。首先，对于垄断平台而言，捆绑搭售策略延伸了其垄断的影响力，使其垄断产品的范围持续扩大，这会加强本平台的竞争力。相应地，就会削弱其他竞争平台的竞争能力。其次，平台用户数量变化通过交叉网络外部性的作用对内容提供商产生影响，而当这种交叉网络效应达到相当程度时，就可能导致消费者的单归属，平台型企业垄断加强。最后，在实施捆绑搭售策略之后，平台向用户一方制定的价格将低于未实施捆绑搭售时的价格。所以，在实施捆绑搭售策略之后，往往会令完全竞争的平台型企业的总体收益产生损失。

（三）案例分析：携程平台的捆绑搭售策略

2019年，中国在线旅游市场交易规模达10866.5亿元，同比增长11.4%，携程的在线旅游社平台（OTA）随着电商发展迅速崛起。尽管近年来在线旅游行业增速趋缓，但其整体增速仍高于我国旅游业总收入增速。如图9-8所示，2019年，携程占据中国OTA平台市场的份额超过了36%，同时，年总交易额也持续着高速的增长。由于OTA平台盈利模式的独特性，携程平台采取了搭售的竞争行为。

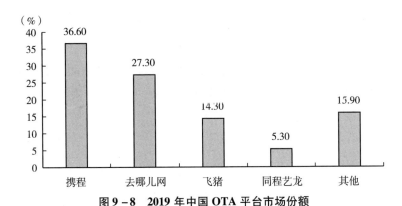

图9-8　2019年中国OTA平台市场份额

资料来源：易观研究院，《中国在线旅游市场年度综合分析2019》。

携程平台的搭售内容主要有三个方面。一是保险服务搭售，这是携程 OTA 平台中最为常见的搭售产品。在用户选购机票或车票时，平台会默认为用户选择意外险或其他保险，并包含在主营服务中一起进行支付。[①] 相关数据显示，携程的佣金收入有近 80% 来源于保险公司。二是抢票服务搭售。携程等 OTA 平台推出的火车票"加速包"是由平台推出的加价服务，即通过技术手段帮助消费者获取车票，通过搭售"加速包"与"会员服务"进一步增加盈利。三是套餐服务搭售。包括购票加酒店预订服务，携程依托呼叫中心、完善的网络运营系统，以及平台的渠道优势和流量优势，成功地完成线下和线上服务的对接，以低价赔付承诺进行竞争。此外，携程推出高质量度假游理念，其自由行产品依托充足的行业资源，为顾客提供酒店、航班、轮船等配套服务。在消费者购票过程中，携程 OTA 平台通过大数据、云计算等技术，对消费者的购物偏好进行分析，向购票用户推送度假产品服务。当用户选择度假产品套餐后，携程可以获得大量佣金和广告收入。

携程不仅利用平台的流量在票务、酒店、景点等资源中抽取佣金，而且通过搭售组合套餐迅速占领市场份额。随着近年来铁路公司与航空公司"提直降代"的变化，携程面临官方直销渠道的压力。平台不再能获得高额佣金，代理票务所能获取利益也不再丰厚。

如图 9-9 所示，携程转变搭售盈利模式，官方渠道不再提供代理而是转变为"流量入口"，由此吸引保险公司、酒店等进行合作，获取佣金收入，通过包装组合将"流量型产品"打造成"利润型产品"，最终在平台上进行搭售。2017 年后，携程平台的交通主营业务收入增长率持续下降，但其依然可以利用流量来获取利益。通过保险服务、抢票服务、套餐服务等产品进行搭售交易，获取了更大的市场份额，同时在互联网 OTA 平台的竞争中获得优势地位。

---

① 2019 年 1 月，新版《中华人民共和国电子商务法》正式施行，明确规定各大电商平台搭售商品时应进行显著提醒，不得作默认同意选项，同时禁止电商平台强行捆绑搭售。

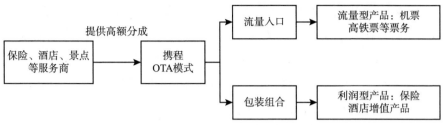

图9-9　"提直降代"后携程搭售的模式

四、兼并收购策略及其影响

（一）兼并收购的竞争策略

互联网平台型企通过兼并收购策略以资产购买或股权交易等方式，实现资产互补、发挥协同效应并扩大其市场规模，最终提升了市场势力。并购策略又被分为横向并购策略与纵向并购策略。在横向并购策略中，平台型企业可以进一步实现企业经营的协同效应。同时，并购策略对企业效率的作用还体现为规模经济效益，使企业扩大生产规模并降低生产成本，最终在市场竞争中获得成本优势。横向并购还旨在获得被并购方的研发资源和新技术，较大程度降低研发成本与风险，从而更有效地进行创新。在互联网平台型企业实施纵向并购策略中，通过对产业链的前端与后端的资源整合，共同打造平台生态系统，提升平台对用户的商业价值。提升对关键领域资源与销售渠道的控制，在扩大自身经营业务的同时，提升行业进入壁垒，最终提升对产品和服务的定价权利。通过实施并购策略对产业链的资源进行整合，打造平台差异化生态系统，最终提升核心竞争水平。例如，阿里巴巴集团在打造自身电子商务的生态系统过程中，通过股权并购申通、圆通、中通快递等快递物流企业，将电子商务的下游渠道纳入自身生态系统的建设中，提升了其在电子商务中的市场份额占比。综上所述，通过实施并购策略，互联网平台型企业不仅获得更大的市场份额，同时也巩固了市场优势地位。

（二）兼并收购策略对平台的影响

首先，通过并购策略的实施，互联网平台提升了市场份额以及平台的市场势力。通过将不同平台的资源进行整合，进一步推动平台进行产品与服务创新。在数字经济中，网络效应的正反馈机制加强了平台型企业的市场影响力。网络效应是平台经济区别于传统经济的最典型特征，并且网络效应的正反馈机制也将带来与传统经济相反的边际效用递减规律，最终在平台经济中将形成"强者越强，弱者越弱"的马太效应。若在位平台型企业已拥有一定的市场规模和用户基础，潜在的竞争对手就很难进入。

其次，并购策略的实施构建起平台生态系统，提升平台价值及核心竞争力。在一些互联网平台生态系统中，互补性特征要求核心的平台协调生态系统内各参与者的资源配置，进而促进系统整体成长。兼并收购策略为互联网企业提供互补性用户以及流量资源。以腾讯公司为例，微信积累的大量用户资源以及流量资源为其后续其他业务的发展提供了流量基础，进而通过实施并购策略获得了生态系统建设所必需的互补性资源，逐步满足了用户的异质性需求，如视频网站、游戏业务以及移动支付等，最终促成了生态系统内部成员的协同发展。

最后，互联网平台经济的资源相容性催生了范围经济与规模经济。在数字经济中，互联网平台生态体系的一个明显特点就是技术、信息、数据等要素在系统内的兼容和共享，即平台上的各企业能够多方面地挖掘和利用数据资源并开发多种类的产品和服务，从而分摊固定成本。另外，伴随市场占有率的提高，平台上企业的单位产品成本也逐步降低，最终使平台具备价格竞争优势。

（三）案例分析：优步平台的并购策略

伴随着平台竞争的演进，以 BAT 为首的互联网平台型企业并购活动活跃，例如，腾讯收购 Snap 股份；百度在 AI 领域发起多起收购。此外，滴滴、京东、小米、今日头条等都发起了并购活动。2014 年始，以滴滴为首的网约车平台陆续进入市场，如图 9 - 10 所示，在 2016 年第 1 季度，网约车市场中滴滴出行以 85.3% 的市场份额位居行业第 1 位，优步、易到与神州专车等网约车平台仅占有 7.8%、3.3% 和 2.9% 的份额。在滴滴出行并购优步前，滴滴出行已经在全国开通 400 多个城市，而优步在国内开通的城市还较少，滴滴出行通过并购策略抵御了优步等竞争者对于市场份额的争夺。

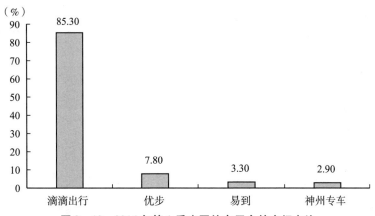

图 9-10　2016 年第 1 季度网约车平台的市场占比

资料来源：艾瑞咨询，《2016 年中国移动端出行服务市场研究报告》。

　　滴滴出行对优步中国的横向并购产生了显著的经济效益。随着用户数量的上升，平台的应用价值随之提升。滴滴出行获得了优步积累的数据和信息，有利于决策优化及提升服务质量。并购策略的实施使滴滴出行规模进一步扩大，吸引了更多的资金，为滴滴出行的发展提供了有力保障。优步拥有的国际化背景，以及跨国企业的管理制度、业务布局、人才和技术结构是滴滴出行所欠缺的，并购优步将促进了滴滴出行国内外业务发展。通过实施并购策略，滴滴出行可以分享优步中国的经营经验，进而减少学习国际化管理等经验的成本支出，加快滴滴出行国际化的进程。此外，并购后的滴滴出行获得了部分优步的业务和股权，这将助力滴滴出行加快全球布局。利用优步的全球优质资源和先进的技术和算法，也将增强滴滴出行在全球的竞争力，使其进一步拓展海外市场。

　　滴滴出行对优步的并购实现了资源的节约，合并前两家企业在不同城市发展战略不同，并购后能对企业资源进行有效整合，进而更加有效地拓展新市场。一方面，共享和整合已积累的出行数据，并在技术升级方面达成合作，进而为终端用户提供更多的数据服务与技术支持；另一方面，在用户数据更加丰富的基础上，平台有针对性地对产品的性能与服务进行提升，最终满足用户的多元化需求，对于消费者而言，滴滴出行并购优步后会继续进行补贴，虽然额度较之前有所降低，但相比于传统打车方式仍然存在价格优势。对于传统的出租车行业，滴滴出行的发展也为其带来了机遇与挑战。出租车司机可以安装滴滴软件进行线下服务向线上服务的转型，进而参与平台的价值共创过程，这种"互联网＋"的模式为传统行业数字化升级带来启发。

▶ 第四节
本章小结

从产业组织理论"结构—绩效—行为"分析范式的转换中，现代各政府相关部门的规制体系越来越注重对个案中竞争策略所代表的行为，以及这些行为背后蕴含的竞争动机进行深入分析。在平台经济的动态竞争领域，互联网平台的竞争行为呈现出独特的特点。本章在"平台—竞争模仿者"层面，考察了平台系统内部及外部的竞争特点以及影响竞争激烈程度的因素。

本章内容框架如图 9－11 所示，首先考察了互联网平台型企业动态竞争中包括多属现象、内生性及非对称性等特点，并以新零售中阿里巴巴和腾讯两大平台的全面竞争为案例考察对象，对其策略类型及特点、实施机制及动态演进做了比较分析。进而，对互联网平台型企业的价格竞争策略进行了分析，包括非对称定价策略、免费定价策略及歧视性定价策略等。同时，以拼多多平台的定价策略为例，分析了拼多多平台的低成本优势、创新的拼单模式以及"百亿补贴"提升性价比等定价策略的特点。之后对非价格竞争策略展开了详细分析，包括差异化竞争策略及其影响，以执御平台的差异化竞争策略为例；兼容性竞争策略及其影响，以支付宝平台的兼容性策略为例；捆绑与搭售策略及其影响，以携程平台的捆绑搭售策略为例；兼并收购策略及其影响，以优步平台的并购策略为例。

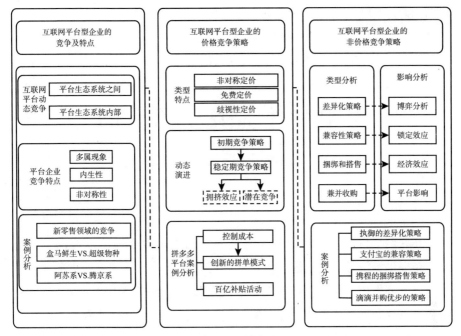

图 9-11　本章内容框架

由于互联网平台型企业在平台型生态系统架构中处于枢纽地位，且在价值分配中可以获得有利于自身的交易条件，故无论在平台生态系统内外，互联网平台型企业均会凭借市场势力采取价格和非价格竞争策略巩固市场地位。此外，通过这些竞争策略的实施又将进一步巩固其市场势力。因此，互联网平台型企业的市场势力与竞争策略实施会形成互相增进的循环，故非常有必要加强对滥用市场势力行为的严格监管，基于数据和算法的控制、掠夺性定价、不合理搭售、"二选一"等不合理的限定交易、自我优待等竞争手段造成的互联网平台垄断等新问题更加敏感，不同层面的问题交织在一起增加了复杂性。

第十章

互联网平台竞争监管的
国际比较研究

互联网平台以其开放的跨界融合生态已成为数字经济发展的重要载体，在提供经济发展新动能、优化资源配置和推动产业升级等方面，日益发挥着重要作用。作为新型生产要素数据收集、处理和传输，以及各类资源和市场权利汇聚的枢纽，互联网平台面临着复杂而严峻的垄断风险，滥用市场势力将造成波及面极广且程度极深的危害。2019年以来，欧美主要国家对互联网平台的监管呈现趋严态势，针对谷歌、脸书、亚马逊、苹果等数字巨头的反垄断调查此起彼伏。

平台经济的迅速发展对我国经济产生巨大影响的同时也引发了全新的治理问题。在传统经济活动中尚未得到完全解决的规制难题，在平台经济中仍然存在甚至不断扩大。新旧问题的相互交织，加剧了互联网平台型企业滥用市场势力问题规制的困难性与复杂性，为各国政府治理能力带来了新的挑战。面对互联网平台竞争监管的严峻挑战，目前，国际上比较普遍的趋势是竞争政策与相关政策交叉影响将日益突出。本章将对平台竞争监管体系进行国际比较研究，分别对欧盟严格的反垄断监管以及美国审慎的反垄断监管进行分析，并提出对平台经济规制的模式设计，趋势在于构建政府与平台、用户协同参与的多元治理体系。

第一节
平台竞争监管的多重主题

一、传统治理问题的挑战

互联网平台通过网络连接了传统市场的供给端和需求端,将不同领域的多种产品和服务汇聚在平台,便于产品交换以及资源配置。然而,这也为侵权盗版的行为和不良信息传播提供了便利。虽然最近几年已经明确了相关治理规则,并提升了治理效果,但仍然存在着一些问题。

与传统线下市场存在的主要问题相类似,互联网交易类平台中的侵权、虚假宣传等问题依然严峻。国家市场监管总局接受投诉增加主要涵盖以下三个因素:第一,海量问题依然存在;第二,用户投诉意识逐渐增强;第三,投诉渠道更加便捷。在规制方面,国家工商总局为了规范网络商品交易及保护消费者合法权益,已于 2014 年颁布实施了《网络交易管理办法》。而且,通过设立电子商务投诉维权中心等机构,逐步加强对网络交易的监督与执法力度。

网络交易类平台存在传统的治理问题。一是侵权假冒问题。近年来,我国网络购物假货投诉量与电子商务产品不合格检出率等数据未出现明显改善。国家知识产权局数据表明,我国电子商务领域专利执法办案数量在2018 年高达 33025 件,同比增长 66.4%。由此可见,侵权假冒依然是我国电子商务平台快速发展所面临的主要问题。二是虚假宣传问题。中国消费者协会数据表明,2019 年,我国网络购物虚假宣传投诉量为 58699 件,与2018 年投诉量持平。同时,各项监测数据显示我国“双 11”期间虚假促销、价格明升暗降等问题已得到明显改善,这可以归因于监管部门在特殊节点加强了专项检查和重点关注。但整体上我国网络交易类平台中侵权假冒、虚假宣传等问题依旧存在。

信息内容类平台存在的传统治理问题包括违法信息、版权侵权、虚假广告、低俗内容等,对于信息内容类平台的治理难度与传统线下媒体相比较更加困难。2014 年，国家互联网信息部门发布了《互联网新闻信息服务管理规定》《互联网信息搜索服务管理规定》等文件，采取多种举措促进信息内容类平台的规范发展。然而，据国家网信办举报中心发布的最新数据，2020 年 2 月，全国各级网络举报部门受理网络违法和不良信息的有效举报 1051.6 万件，同比下降 4.1%。自 2019 年 7 月以来，我国每月受理网络违法信息的举报均保持 1000 万件左右，可见，管制难度仍然较大。虚假广告问题方面，2018 年上半年，全国工商、市场监管部门共查处虚假违法互联网广告案件 8104 件，同比增长 64.2%。即使近年来政府不断加强规制与监管，虽然局面得到一定改善，但上述传统问题的治理仍然需要持续应对。

二、新兴规制问题的挑战

在数字经济时代，机器、数据和人构成了工业互联网生态系统，而数据则是生态圈的基本元素。数据要素参与价值共创是实现数字经济高质量发展的必要环节，推动新旧动能的转化，在推动我国产业链高端化升级的过程中扮演着重要角色。第一，数据要素在我国工业互联网平台成长中起到创新引擎作用。尤其是数据要素作为工业互联网平台的基础资源，将在提高生产效率、降低生产成本、创新工业生态等方面发挥重要作用。第二，数据要素通过产业融合将推动新旧动能的转化，为经济增长提供新动力。在数字经济时代，可以通过提升数据在价值共创与利益分配中的参与度来赋能实体经济，伴随着数据安全、数据管理等技术的提高，将有效促进区域内资源的优化配置，从而加快价值链的智能化转型，推动制造业与服务业的融合以及新旧动能的转化。第三，数据要素通过带动资源互联互通实现产业升级以及价值链延伸。在供给侧结构性改革的过程中，高技术产品生产能力不足与低技术产品产能过剩所带来的矛盾仍然较为尖锐，而数据要素通过参与价值共创，使得资金流、技术流、人才流参与跨区域、跨企业、跨产业的互联互通，实现制造业生产中的资源优化与产业升级，推动智能化生产与个性化定制等新业态的产生。

2020 年 3 月，中共中央、国务院印发的《关于构建更加完善的要素市场化配置体制机制的意见》将数据正式纳入主要生产要素范畴，与传统的土地、技术、劳动力、资本等并列，并明确提出了数据要素市场制度建设的方向和重点改革任务。2020 年 5 月，中共中央、国务院发布了《关于新时代加快完善社会主义市场经济体制的意见》，再次提出"加快培育发展数据要素市场，建立数据资源清单管理机制，完善数据权属界定、开放共享、交易流通等标准和措施，发挥社会数据资源价值"。明确交易规则、建设数据市场已经成为社会主义市场经济体制下要素市场化改革的重要组成部分。而从全球监管实践看，数字平台的特殊性引发了一系列监管的新议题，包括数字平台的非中立行为、对数据的使用等都引起了反垄断执法机构的高度关注。

目前，互联网平台数据安全面临以下挑战。第一，从外部威胁来看，各互联网平台大规模数据泄露事件频发。据 Risk Based Security 公布的数据，全球 2019 年前 6 个月数据泄露数量比上年同期增加了 54%，其中我国也相继发生多起数据泄露事件。针对平台的网络攻击正在变化演进：攻击目的从窃取数据和瘫痪系统，转向干预、操纵分析结果；攻击手段从直观的信息泄露等，转向不易察觉的分析结果偏差，其危害不仅将引发数据安全事件，亦可能导致工业生产安全事故。因此，突破传统安全防护局限已非常迫切。第二，从平台的数据收集和处理来看，数据主体隐私安全受到威胁。诸多平台用户隐私政策失灵和透明度低，2018 年"支付宝账单默认勾选"事件亦说明尊重和保障个人数据权益任重道远。此外，大数据的采集、深度挖掘及超强的分析能力，直接威胁着用户的隐私安全。随着我国《个人信息安全规范》的实施以及《个人信息保护法》被列入 5 年立法规划，公众对数据使用知情权和自决权的要求日益觉醒。第三，从平台数据的流动和共享来看，跨组织数据授权管理和数据流向追踪等领域仍为管理盲点。随着平台生态体系的开放和融合，参与数据处理的角色更加多元化，传统的静态隔离安全保护已不能满足数据流动安全防护的要求，仅靠书面合同或协议，难以实现平台对用户的数据处理活动的实时监控和审计。

而基于数据和算法的控制，互联网平台竞争监管也出现了以下新兴规制问题的挑战。

第一，互联网平台型企业利用数据和算法的控制甚至垄断，出现了对用户进行歧视性定价等差别化对待，侵害用户利益。近年来，涌现出的诸如华为与腾讯微信之间的数据争夺战，以及典型的第三方数据滥用如脸书用户数据泄露事件等，反映出在平台经济中数据竞争的规制将成为焦点议题。然而，在数据权属尚不确定，数据带来的收益和竞争优势不确定的条件下，如何恰当地运用反垄断机制解决数据竞争的争端，亦成为亟待解决的问题。

第二，互联网平台型企业担负着数据共享和数据安全维护的责任。互联网平台型企业的社会责任无论是在内涵还是在外延上，都与传统意义上的企业社会责任有很大的不同。平台型企业是否应该就平台上发生的侵权行为承担责任，以及在怎样的边界上承担责任成为不可回避的议题。平台型企业必须权衡商业利益与公共利益，在追求商业利益的同时也期待其承担更多社会责任。平台经济发展和竞争政策趋势处于动态变化之中，需要持续跟踪数字平台发展的新特征以及平台竞争的新议题，准确判断竞争政策新趋势，为监管实践提供充分的理论依据和有效的政策工具。

第三，提升数字平台规则的公平性和透明度，规制平台利用数据和算法对平台交易者进行差别对待，或者规避和损害竞争，已经成为各国互联网平台反垄断监管的共同议题。在平台经济运行过程中，随着其规模逐渐扩大，互联网平台竞争领域容易出现"赢者通吃"的局面。2019年以来，美国针对数字平台的反垄断监管态度发生较大转变，同时开启了针对谷歌、脸书、亚马逊、苹果四大数字平台的反垄断调查，从传统上以私人诉讼为主的较为宽松的市场监管转向更多带有行政监管意志的反垄断执法调查。如何识别和对平台垄断现象进行规制已经成为平台治理的新问题。

相比于侵权假冒、虚假宣传、违法信息等传统交易问题，数据竞争、社会责任、基于价格合谋、掠夺性定价、捆绑和搭售、"二选一"排他性交易、自我优待等竞争手段造成的互联网平台垄断等新问题更加敏感，不同层面的问题交织在一起增加了其复杂性。比如，2021年4月，我国监管部门综合考虑阿里巴巴集团"二选一"的平台垄断违法行为性质、程度和持续时间等因素，依法对阿里巴巴作出182.28亿元罚款的行政处罚。对于互联网平台型企业反垄断的规制，目前各国已经在实践中积累了经验，而其他许多领域的规制问题目前仍存在认识和政策操作的空间。从规则制定来看，德国反限制竞争法在第九次修订案中已新增了有关数字市场的内

容，我国在公布《中华人民共和国反垄断法（修订草案）》公开征求意见
稿时，也对数字市场做了特殊规定。

➡ 第二节
平台竞争监管体系的国际比较

一、欧盟严格的反垄断监管

近年来，欧盟持续加强互联网平台的反垄断监管。针对互联网平台经济的特征，欧盟委员会在垄断地位的认定、垄断行为的取证、规制工具的运用等诸多方面积极进行探索与创新，在保护消费者权益的同时积极提升中小企业的市场竞争力。2018年7月，欧盟委员会对谷歌公司开出43.4亿美元的罚单，约占谷歌公司2017年总利润的35%，这也是欧盟委员会以反垄断条款开出的最高额的罚单。2019年以来，欧盟不断创新方式方法，对全球互联网平台反垄断监管形成重要的示范作用。根据对已有案例的分析，欧盟对互联网平台进行反垄断监管主要聚焦于以下三方面。

第一，采用适合互联网平台经济运行特点的分析指标。互联网超大型平台具有以网络结构为核心、以数字和信息为要素的新型产业特征，这也对传统反垄断分析工具提出了挑战。由于大多数平台提供的都是免费的服务与产品，因此，欧盟淡化对价格要素的审查，转而对市场壁垒、消费者议价能力等关键要素分析。在认定垄断行为时，主要观察其流量、算法、数据等互联网特征要素对产业发展的影响，并将其纳入分析结构中。在考虑反垄断监管时，欧盟监管机构将用户隐私保护、平台规则透明化、数据资源安全等更多因素纳入反垄断监管范畴。

第二，警惕互联网平台垄断地位的传导。市场传导效应是平台经济领域的重要现象。拥有数据与流量巨大优势的超大型平台，通过搭售、捆绑、排他性交易等行为，很容易将在某单一市场的支配地位传导至其他市场，开展多领域生态布局。随着数据深度挖掘技术逐步成熟，平台传导行为更加多元化、隐蔽化与便利化。欧盟委员会针对超大平台的经济和技术

特征，采取同一主体多案并行的调查方案，通过多次重罚阻止超大型平台垄断力量的传导。

第三，重视数据影响力对于垄断的作用。随着数据量的增长和数据挖掘技术的进步，数据价值不断提升，成为互联网超大型平台的竞争焦点。数据集中对竞争的影响仍具有不确定性，针对数据集中带来的不确定性，欧盟委员会发布一套新的数据影响力评估方法，其中包括数据多样性、数据收集速度、数据规模大小以及数据经济相关性四个关联指标。关于数据集中与数据处理类型的并购案件，欧盟也给予了高度关注。例如，在 Microsoft 并购 LinkedIn 一案中，欧盟调查人员对有关数据原料与市场竞争展开深入的调查，可见，数据封锁是当前反垄断监管的重点。未来，与数据相关的竞争问题仍然是进行反垄断审查的关键。

二、美国转向审慎的反垄断监管

美国对于超大型平台的规制通常采取审慎的态势。与欧盟严格的规制经验不同，美国很少对超大型平台型企业开出巨额罚单，更多的是以和解的方式结束反垄断审查。在反垄断规制中，美国政府以鼓励企业创新、提升市场竞争力为目的，采取审慎规制的原则，以促进平台型企业的发展。

美国对互联网平台的监管亦呈现趋严态势。2019 年以来，美国针对互联网平台的执法调查从传统以私人诉讼为主的较为宽松的市场监管，转向审慎的反垄断执法调查。2019 年 6 月，美国联邦贸易委员会（FTC）、司法部（DOJ）、众议院以及多个州的总检察官陆续宣布，分别针对谷歌、脸书、亚马逊、苹果四家超大型数字平台开启反垄断调查。对于谷歌反垄断调查的焦点在于：谷歌利用其搜索领域的主导地位来巩固其在互联网广告界的主导地位，不公平地创造出相对于出版商以及在网上销售和发布广告、与其存在竞争关系的科技公司的竞争优势，谷歌通过排他性交易赢得或保持其巨大的在线广告销售市场份额；此外，还有指控其利用核心业务的主导地位，不公平地偏袒谷歌自家的产品和服务，损害竞争对手利益。对于脸书反垄断调查的焦点在于：脸书滥用了自身的市场主导地位，实际迫使用户允许其跟踪他们的互联网使用情况，并利用其主导地位说服用户接受允许该公司使用他们个人数据的条款。对于亚马逊反垄断调查的焦点在于：亚马逊崛起所采用的策略挤压了供应商，损害了对手卖家的利益，也不利于消费者福利的提升；针对亚马逊的多次反垄断调查都指向了其利用平台优势地位对第三方卖家实施不公平竞争，即亚马逊从竞争对手那里采集销售、价格、客户关系等信息，利用数据来识别独立卖家最畅销的产品，之后利用全球供应链优势，推出并优化自有品牌的同类商品，采取了自营品牌自我优待、排除限制竞争的手段。对于苹果公司反垄断调查的焦点在于：苹果的生态围绕 iOS 系统展开并确立了 App Store 在 iOS 系统中的唯一合法性，苹果不允许 iPhone 上安装除 App Store 以外的任何应用商店，也不允许用户从网络或其他地方下载应用；而最受争议的则是"苹果税"的问题，即苹果规定用户不能直接向应用程序开发者支付费用，必须通过苹果支付系统购买，苹果从中抽取最高 30% 的佣金，由于苹果自身提供的相关数字服务无须缴纳这部分佣金，客观上造成相关数字服务提供商的不公平竞争问题。根据上述已有案例的分析，美国对互联网平台进行反垄断监管的主要特点主要有以下三个方面。

第一，创新成为反垄断重要的价值取向。肯定平台在企业创新中所起到的作用，鼓励知识产权保护对创新的激励。由于滥用市场势力对于创新具有显著的负向效应，处于垄断地位的企业会因缺乏竞争对手而丧失进行创新的动力，还会限制其他企业进行创新，以保持自身的垄断地位不会受到挑战。因此，鼓励企业进行创新，有利于促进市场竞争，打破部分企业对于市场的垄断。

第二，注重对平台垄断行为的经济分析。在界定市场职责、明确垄断认定流程和确定假设条件的有效性与合理性等方面，经济分析在反垄断规制中发挥着重要的作用。根据垄断竞争行为与经营者的主观意图综合考虑来认定垄断行为。美国司法部与联邦贸易委员会开始在反垄断调查中更多关注于经济学分析的作用，以增强判定结果的准确性。

第三，反垄断规制中广泛运用和解制度。和解制度是指反垄断机构执法过程中，通过与被调查企业协商谈判进而达成和解，若企业承诺停止或改变被指控行为，消除反竞争行为的影响，可以中止反垄断调查。反垄断执法机构通过颁布一系列文件来保障和解制度的施行。例如，美国联邦贸易委员会 2011 年对于谷歌公司在搜索引擎中人为地干预搜索结果、优先地显示自身服务等行为进行反垄断调查时，虽未认定其行为违规，但要求其在专利授权、广告搜索等领域进行修改，以消除反竞争行为的不利影响。

三、欧美对平台反垄断监管的比较

2019 年以来，欧美主要国家针对互联网平台的监管呈现趋严态势。各国反垄断调查的共同目标是提高资源配置效率与提升消费者福利，同时防范超大型互联网平台运用不正当竞争手段排斥竞争进而造成垄断。由于互联网平台发展阶段受到经济环境和社会环境的制约，欧盟与美国在反垄断调查与实践方面也存在着较大的差异（见表 10 – 1）。

表 10 – 1　　　　　　　　欧盟与美国对互联网平台反垄断的比较

项目	欧盟	美国
产业环境	超国家的区域性组织； 没有全球影响力的超大型平台	平台经济发达； 拥有谷歌、脸书等超大型平台
反垄断特点	过程导向的视角，更关注竞争过程是否开放自由；对谷歌等超大型平台频繁诉讼	结果导向的视角，更关注超大型平台行为产生的影响；反垄断案件 2019 年后增多
反垄断目标	中小企业在竞争中机会平等； 保护消费者福利 全球经济贸易竞争的博弈	保护创新与消费者福利； 提高资源配置效率
法律体系	欧盟竞争法，反垄断主要依据《欧洲联盟运行条约》第 101 条和 102 条等确定的规则体系	反托拉斯法，由谢尔曼法、克莱顿法和联邦贸易委员会法及相应修正案构成
执法机构	行政主导，欧盟和各成员国在统一原则下分别实施	司法部反垄断局与联邦贸易委员会联邦和州多层受理
规制惩罚	巨额行政罚款	私人损失的三倍赔偿
和解制度	被执法者明确承认其违法行为并应承担相应法律责任，提出消除影响的承诺，欧委会做出有约束力的决定后结案	同意判决（被执法者与司法部达成和解）、同意令（被执法者与联邦贸易委员会达成和解）

资料来源：中国信息通信研究院，《互联网平台治理研究报告 2019》。

（一）反垄断目标的差异

美国拥有谷歌、微软、脸书等一批具有世界竞争力的超大型互联网平台，这些平台促进了技术进步与经济发展。对于互联网超大型平台的规制，美国政府持审慎态势，这样为互联网企业提供了进一步发展的动力和发展空间，使得企业可以在技术更新换代、商业模式创新等方面保持创新活力。相比较而言，欧盟的互联网产业则以中小互联网企业为主体。因此，欧盟实施的竞争法案首先服务于维护共同市场、协调成员发展的总目标，同时强调对中小企业的创新与保护。其颁布了欧盟运行条约、欧盟小企业法案等诸多法律法规明确中小企业对欧盟经济发展的重要作用。

（二）反垄断权力集中的差异

与美国不同的是，欧盟进行反垄断调查时兼具法官与陪审团两种角色，所以，在进行指控时就拥有更大的权力。此外，欧盟的竞争专员采用轮换制，反垄断调查与竞争专员个人的能力水平相关。在互联网行业中，关于反垄断的许多问题各利益相关方还没有达成一致，若仅依靠个人判断则会左右调查结果。欧盟委员会在 2014 年与谷歌公司关于反垄断即将达成和解，但是，在格丽特·维斯塔格（Margrethe Vestager）竞争专员上任后，重启了关于谷歌公司的审查程序，并最终开出了天价罚单。

（三）反垄断实施机制的差异

在反垄断机制的实施过程中，主要有公共实施和私人实施。公共实施是指反垄断机构以行政主导为方向，依照法律进行反垄断行为调查与处理；而私人实施是指消费者、生产者等以私人身份向司法机关提出控告的实施模式。在美国，联邦贸易委员会或司法部主要以公诉人身份向联邦法院提起刑事诉讼或民事损害赔偿诉讼，因此，法院成为反垄断法的主要实施力量。除此之外，任何遭受到反垄断法行为标记的受害者，均可以向联邦法院提起三倍的民事赔偿诉讼，正如美国大量的反垄断案件都是由私人实施提起。相比之下，欧盟的反垄断实施机制中行政意志贯彻得较为坚决，因此，反垄断的判罚较重。

▪▪▶ 第三节
互联网平台的多元协同治理体系

当前，互联网平台全球化发展面临严峻的政策环境挑战，加强对平台经济的监管，建立以"促进公平透明的竞争秩序、激发创新创造活力"为核心价值导向的规制体系，完善互联网平台领域竞争规则建设。我国应尊重互联网平台经济发展规律，在借鉴欧美对于互联网平台经济监管经验的同时，深化对国内数字市场竞争问题的研究，从而为监管实践提供充分的理论依据和有效的政策工具。鉴于竞争政策与相关政策交叉影响将日益突出，因此，构建由政府协调和监督，互联网平台、平台用户和第三方社会机构等多元主体共同参与的协同治理体系非常必要，既体现了治理实践的客观需要，也反映了数字经济中治理现代化的应有之义。

一、多元协同的治理体系构建

在互联网平台的协同治理中，政府主导顶层设计，并进行各方协调及法律法规监管；互联网平台承担起治理的主体责任，在互联网平台可以发挥监督管理的领域，如数据安全预警及溯源、保障数据主体隐私安全、对数据接收方实施监控和审计、知识产权保护，以及内容审查规则责任等；政府发挥对平台责任的监督作用，并通过引入第三方评估机构等多方组织参与和监督，共同夯实平台履责的正当性基础。

在多元化的协同治理体系中，互联网平台成为重要的治理主体，这是区别于传统模式的重要特征。这一方面源自平台需要担负的社会责任。在数字经济发展中，超大型互联网平台俨然成为具备准公共产品属性的基础设施，而引导平台依托所处商业生态的枢纽位置和影响力，承担相应经济社会责任顺理成章。另一方面，互联网平台也拥有成为治理主体的能力。

如图 10-1 所示，互联网平台既是信息壁垒的打破者，也是信息壁垒的重构者，前者首先表现为打破传统市场供需信息不对称的壁垒：通过连接消费者市场和供应商市场，以更低的成本匹配供需信息，促进交易的达成。其次是打破传统媒体中心化的信息壁垒：互联网平台的兴起极大地改变了传统媒体中心化的信息传播方式。然而，互联网平台也塑造了新的信息壁垒，数据在互联网平台、用户与政府之间呈现不均衡的分配。与政府外部监督相比，平台可以凭借技术、计算和信息优势，更有效地规范平台所在生态的数据使用秩序，充分发挥治理手段、治理时效和治理成本等方面的优势，从而在数据安全治理体系中发挥重要作用。

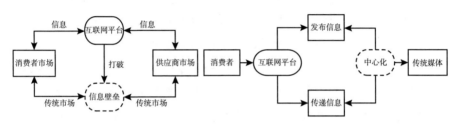

图 10-1　互联网平台的信息壁垒打破和重构

通过引入第三方专业机构或民主评议，对疑似事件做出公允评判；形成法律、契约和道德舆论互补的监管机制，对不同程度的机会主义行为实施行之有效的惩戒措施。

将平台纳入多元协同规制的体系中，平台直接与用户对接，也就会有较强的意识承担用户管理责任；规范的平台秩序有利于营造良好的交易氛围，提高交易的效率。此外，平台可以采取更加多元化的监管手段，通过运用大数据、云计算等技术，构建算法模型以及建立信用评级机制，履行对平台内企业进行合理监管的责任。基于平台型企业和政府监管在成本与效率等方面的优势比较，充分发挥政府、平台、社会、用户等主体的作用，构建多元主体共同参与体系。

构建多元协同规制体系需要注意以下四点。一是明确政府平台双方的责任。在协同规制下，要权衡好平台型企业的主体性以及责任，这样既可以维持其经济创新的活力，也可以保证协同规制的效率。二是政府应建立适宜的平台监管体系。其目的在于增进协同规制效力，监督平台责任的落实。三是政府对协同规制要具体领域进行具体规制。政府对协同规制介入的程度因领域的不同而有所差异。四是积极引导其他相关社会主体发挥各自的优势，形成多元主体共同参与的协同治理体系。推进第三方评估机构和人员资质认证，优化评价环境、进一步激发互联网平台公平竞争的动力。

二、平台法律责任边界的明确

首先，合理界定互联网平台在协同治理中的主体责任及其边界是构建多元主体共同参与的协同治理体系的前提。对于管制较为严格的平台，若给予较重的义务与责任，虽然可以实现平台生态的有序治理，但也会抑制互联网平台型企业的活力。相反，对于管制宽松的平台，若给予较轻的责任与义务，虽然可以为企业的发展提供相对宽松的环境，但随之也会滋生各种问题。因此，必须平实现平台发展与规制之间的平衡，做到有效管控与保持活力的统一。其次，建立适应平台经济特点的监管体系。监管体系构建应面向协同治理的效力，对平台企业的监管应着眼于管理机制的建设，促进平台企业提供有效的制度和运营保证，防范制度性和系统性失控。最后，对不同层次的治理问题，政府与平台之间治理介入的程度并不完全一致。对于存在系统性风险的领域，政府直接介入监管的程度更高，而在平台运营层面，须由互联网平台承担起自身的治理主体责任。

以互联网平台内容审查的规制为例，由平台参与的多元协同的规制体系构建中，首先要明确互联网平台的责任边界（见表 10 - 2）。尽管内容审查责任赋予互联网平台型企业仍然面临诸多挑战，但由互联网平台型企业承担非全面审查义务，不仅是完善经济社会治理的现实需要，还是互联网平台型企业承担社会责任的必然要求。因此，合理的方向应当是对平台承担非全面审查义务的边界做出合理性的限制，既要避免平台责任无限扩展，也要避免平台权力不受约束。具体可以分为以下五个步骤。

表 10 - 2　　　　　　　合理界定互联网平台的责任边界

步骤	合理界定责任
1	平台责任边界设定以"制度性、机制性"为导向
2	政府与平台联合建立违法内容共享数据库
3	政府部门建立相关明细的审核机制

步骤	合理界定责任
4	利益相关者多方参与的商议机制
5	引入第三方机构参与的分级审查

第一，平台责任边界设置的要求应以"制度性、机制性"为导向，强调平台规制的系统有效性。当前有关互联网平台型企业社会责任的研究主要集中于互联网平台型企业作为平台运营的主体，需要对平台双方（尤其是供应商）的行为负责而设立治理机制（晁罡，2017）。例如，政府部门可以明确互联网平台型企业履行内容审查义务应当建立的必要的审查制度，包括必要技术手段、投诉处理机制、救济机制等，对平台责任考察的重点在于这些制度或机制的系统有效性。第二，政府与互联网平台型企业联合建立违法内容共享数据库，作为互联网平台型企业履行审查义务的底线性要求，企业社会责任管理应借助多方利益相关者合作治理机制，以共同保障社会责任的履行。例如，政府可以与互联网平台型企业联合委托第三方机构建立假冒侵权数据库、色情图片和视频库、违法信息数据库、判定规则数据库等，勾勒出常见违法内容的主要特征，便于互联网平台型企业利用人工智能等技术手段自动识别和判定疑似违法内容。第三，针对互联网平台型企业的非全面审查行为，政府应建立必要的审核机制，以保证用户的合法权益，赋予互联网平台型企业内容审查权力的同时建立良性的机制。一方面，政府对于互联网平台型企业应建立整套审查制度，例如，对于互联网平台型企业所使用技术手段的公平性与合理性应进行必要的审查；另一方面，设立必要的投诉举报和权力救济机制，保障用户的合法权利。第四，围绕平台责任建立利益相关者参与的多方商议机制，促成争议性问题达成共识。首先，能够为诸多争议问题以及不断涌现的新问题，提供一个快速响应的解决机制。其次，能够更好地平衡各方的利益诉求，毕竟平台责任界定不是简单的非此即彼，而是要寻找共识和平衡点。最后，共识是平台内容审查权力正当性的必要基础。第五，引入第三方机构参与机制，对涉嫌违法的内容建立分级审查制度，从而对复杂的情况进行判定。对明显违法的内容，可由互联网平台型企业直接审查并处理。对于内

容判定存在争议或需要依据专业知识和结合具体情形的，建议引入受政府监督的第三方机构进行合法性判定，例如，专家委员会、公众陪审团等行业自律性组织。

第四节
本章小结

全球平台经济保持快速增长态势的同时，由平台引发的监管态势也日益严峻，互联网平台型企业竞争特殊性引发了一系列监管的新议题，根据本章的国际比较研究，可以发现在全球监管的实践中日益突显出两大重要趋势。第一，强化平台规则的透明度。互联网平台型企业利用主导地位在平台规则设置中倾向于为自身谋求商业利益，如谷歌 Ads 平台规则设置、亚马逊和苹果的自我优待等。因此，平台规则透明度的监管要求平台标准条款更加透明，尤其需要明确与第三方企业相比，如何对待自身及其控制下的企业提供的商品和服务。平台还需告知企业限制、暂停或终止其账户或产品的理由，建立面向商家的投诉和调节机制等。第二，强化互联网平台数据影响力的评估。数字经济时代，数据已成为重要的新型生产要素，数据的获取和分析能够显著改善资源配置效率并提升生产效率，是否掌握充分的数据资源和足够的分析技术，已成为衡量互联网平台型企业竞争力的重要因素。然而依据数据规模判定互联网平台的市场力量，具有高度的不确定性。

本章内容框架如图 10-2 所示，首先研究了互联网平台型企业市场势力滥用面临的挑战，突出了数据影响力和数据竞争方面的新问题。进而进行了规制的国际经验比较。通过梳理欧盟严格的规制经验，总结其主要特点包括：第一，在考虑反垄断监管时，欧盟监管机构将用户隐私保护、平台规则透明化、数据资源安全等更多因素纳入反垄断监管范畴；第二，警惕互联网平台垄断地位的传导，采取同一主体多案并行的调查方案，通过多次重罚阻止平台垄断力量的传导；第三，重视数据影响力对于垄断的作用，发布新的数据影响力评估方法，其中，包括数据多样性、数据收集速度、数据规模大小和数据经济相关性四个关联指标。对美国审慎的规制经验进行了分析，其主要特点包括：第一，创新成为反垄断重要的价值取向；第二，注重对平台垄断行为的经济分析，在界定市场职责、明确垄断认定流程，以及确定假设条件的有效性与合理性等方面，更多关注于经济分析的作用，以增强判定结果的准确性；第三，反垄断规制中广泛运用和解制度，通过颁布一系列文件来保障和解制度的施行。

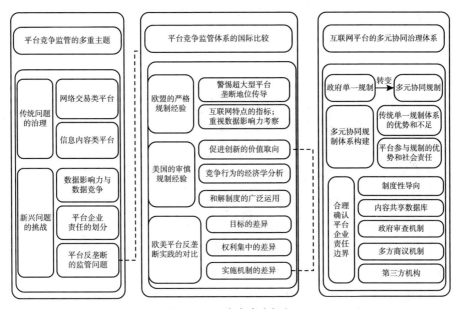

图 10 – 2   本章内容框架

当前，我国应深刻认识互联网平台全球化发展面临严峻的政策环境挑战，加强对平台经济的监管，建立以"促进公平透明的竞争秩序、激发创新创造活力"为核心价值导向的规制体系，完善互联网平台领域竞争规则建设。我国应尊重互联网平台经济发展规律，在借鉴欧美对于互联网平台经济监管经验的同时，深化对国内数字市场竞争问题的研究，从而为监管实践提供充分的理论依据和有效的政策工具。鉴于竞争政策与相关政策交叉影响将日益突出，因此，构建由政府协调和监督，互联网平台、平台用户和第三方社会机构等多元主体共同参与的协同治理体系非常必要，既体现了治理实践的客观需要，也反映了数字经济中治理现代化的应有之义。

第十一章

互联网平台型企业市场
势力滥用的规制

　　对互联网平台型企业滥用市场势力进行规制既是一项全球性的治理难题，也是各个国家公共政策制定者面临的重要任务。尤其是在 2020 年新冠肺炎疫情发生以来，众多互联网平台型企业依托其技术优势和数据资源，推动新模式、新业态创新，提供丰富的在线服务，不仅成为抗击疫情的重要力量，而且成为新形势下稳经济增长和保居民就业的重要动能。然而，互联网平台型企业在与其他利益相关者的互动中，占据着绝对的交易主导性和决策影响力，具有较高的反公平竞争的能力，故对各国政府的监管提出了全新的挑战。

　　如何正确处理互联网领域的竞争难题，打造良性循环的市场竞争环境，进而保护市场参与主体的创新行为是规制的首要议题。竞争政策与隐私保护政策、平台透明化规则、数据流通规则、知识产权规则、内容审查规则乃至国家安全审查规则的交叉日趋显著，数字平台将受到多重规则制约，相关领域规则的明确将从不同层面间接限制平台行为。在借鉴欧美发达经济体规制经验的同时，我国应不断提升数字市场竞争政策的认识，以符合国情的互联网产业发展规律为依据，创新规制体系与规制理念，进而构建我国互联网平台型企业滥用市场势力的规制体系，这不仅将强化市场秩序的监管，还有助于优化执法和司法资源配置，提高规制效率。

➡ 第一节
互联网平台型企业市场势力滥用的规制思路

　　平台经济发展和竞争政策在未来将始终处于动态发展中，我国监管部门不断创新方式方法以强化互联网平台的责任，建立以"促进公平透明的竞争秩序、激发创新创造活力"为核心价值导向的规制体系，以竞争规制推动产业升级和可持续发展，维护公平竞争的市场秩序。2018 年 8 月，党的第十三届全国人民代表大会常务委员会第五次会议核准表决通过，2019 年 1 月开始施行的《中华人民共和国电子商务法》正式树立了我国数字经济发展过程中在电子商务领域的首部综合性法律，其实施将有效地规范电商平台中零售商的竞争行为。2019 年 8 月，国务院办公厅发布了《关于促进平台经济规范健康发展的指导意见》，首次从国家层面对发展平台经济做出全方位部署。在维护公平竞争市场秩序方面，明确了应依法查处互联网领域滥用市场支配地位限制交易、不正当竞争等违法行为，严禁平台单边签订排他性服务提供合同，同时，针对互联网领域价格违法行为特点制定监管措施，指导意见的颁布为平台经济的规范监管提供了政策保障。2020 年 11 月，为预防和制止互联网平台经济领域垄断行为，降低行政执法和经营者合规成本，加强和改进平台经济领域反垄断监管，保护市场公平竞争，维护消费者利益和社会公共利益，促进平台经济持续健康发展，国家市场监管总局根据《中华人民共和国反垄断法》，制订起草了《关于平台经济领域的反垄断指南（征求意见稿）》，其中专门就平台型企业滥用市场支配地位的各种情况进行了较为详细的界定。2021 年 4 月，监管部门综合考虑阿里巴巴集团"二选一"的平台垄断的违法行为性质、程度和持续时间等因素，依法对阿里巴巴作出 182.28 亿元罚款的行政处罚，开辟了我国对平台垄断行为规制的新纪元。

一、市场势力滥用的规制原则

　　对于互联网平台滥用市场势力的规制是一项严峻的现实课题，更是各个国家所需要解决的现实问题。从我国现阶段互联网经济的发展现状出发，遵循平台经济成长的客观规律，同时，借鉴发达国家互联网平台的反垄断规制经验，坚持以竞争促发展、以创新聚活力的原则，建立良性竞争规则、营造公平透明的市场竞争环境。互联网平台型企业滥用市场势力，即平台利用技术手段、平台规则、数据和算法控制等方式，通过不正当或不合理的价格或非价格竞争手段，以有利于自身的交易条件来排除或限制市场竞争、侵害社会福利和利益相关者的正当权益。构建平台型企业市场势力滥用的规制体系才能切实维护平台经济领域公平有序竞争，使得互联网平台型企业充分发挥高效匹配供需、降低交易成本，以及开拓潜在市场等经济新动能的作用，从而推动资源优化配置和效率提升，支持和促进实体经济发展。对平台经济领域开展反垄断监管应坚持以下原则。

（一）加强市场势力滥用的规制

针对互联网平台型企业滥用市场势力的情况，应加强科学有效的规制。《中华人民共和国反垄断法》的基本制度、规制原则和分析框架适用于平台经济领域所有市场主体；监管部门和执法机构应根据平台经济的发展状况、发展规律和自身特点，强化竞争分析和法律论证，不断加强和改进反垄断监管，增强反垄断执法的针对性、科学性。互联网平台型企业以其"赢者通吃"的特点得以迅速发展壮大，容易造成滥用市场支配地位而危害公平竞争。作为互联网信息壁垒的打破者与重构者，平台依靠数据影响力和资源集聚获得了支配性的市场地位，因此，对市场势力强的互联网平台型企业进行科学有效的监管非常必要。强化互联网领域的反垄断执法才能应对平台经济新形势的挑战，而探寻治理模式的新变革才能让平台经济健康繁荣地发展。

（二）激发创新创造的活力

我国建立了以激发创新活力为价值导向的规制体系，并总体采取包容审慎的监管态度，符合我国互联网平台经济发展的实际情况，对引导互联网平台作为数字经济中的基础设施，发挥好经济发展新动能的创新促进作用具有重要意义，有利于提升数字经济发展质量。激发创新活力的价值导向也体现在 2020 年 1 月发布的《〈反垄断法〉修订草案（公开征求意见稿）》中，其中特别提出鉴于数字平台竞争的高度动态性，要求反垄断法规应综合权衡促进创新与规制垄断的关系，以竞争规制推动产业升级和经济高质量发展。换言之，该修订草案明确了反垄断规制并非只是针对企业规模和市场份额等静态指标，而是提升创新效率和平台经济活力。维护平台经济领域公平竞争，引导和激励平台经营者将更多资源用于技术革新、质量改进、服务提升和模式创新，防止和制止排除、限制竞争行为抑制平台经济创新发展和经济活力，有效激发全社会创新创造动力，构筑经济社会发展新优势和新动能。

（三）营造公平竞争的市场秩序

为了维护平台经济领域公平竞争、开放包容的发展环境，应着力营造公平竞争秩序，维护各方合法利益。预防和制止排除及限制竞争的垄断行为，降低市场进入壁垒以促进更多主体参与市场竞争，从而激发市场活力。此外，推动从传统的政府单一规制向多元主体共同参与的协同规制转变，建立专业性评议机构以及第三方监测机制，对平台滥用市场势力规制中的重大问题进行充分论证。另外，鉴于竞争政策与相关政策交叉影响日益突出，综合运用《中华人民共和国反垄断法》《中华人民共和国反不正当竞争法》《中华人民共和国消费者权益保护法》《中华人民共和国网络安全法》《中华人民共和国电子商务法》相关法律，对于竞争政策与隐私保护政策、平台透明化规则、数据流通规则、内容审查规则等多个领域的问题协同监管，综合运用反不正当竞争的多种规制手段，共同营造公平竞争秩序，实现平台生态的和谐共生和健康发展。

（四）维护平台生态中各方的合法利益

对于互联网平台型企业滥用市场势力的规制，需要在保护市场公平竞争、保障和促进平台发展的同时，着力维护平台生态系统中各方利益相关者，包括平台上的经营者和消费者的合法权益。平台生态系统的构成通常以互联网平台型企业为中心，并且涉及多方主体。在开放经营控制权的前提下，互联网平台通过整合内外部资源，形成以联系各方利益相关者的核心技术架构和契约关系，最终实现平台与企业之间的有效赋能。由于平台生态系统构建是一个动态联系并逐步演进的过程，每个发展阶段的特点不尽相同，应强化互联网平台承担社会责任的治理主体意识，通过透明和公平的平台规则建设，保证平台双边市场中各方参与者的利益。同时，通过政策组合的优化及设计激励相容规制体系，增进创新型平台生态系统的内生驱动力，使其为相关合作方提供优质的资源和基础设施，形成可持续发展的良好平台交易秩序。

二、平台经济领域竞争规则建设

在当前国内外互联网平台领域滥用市场势力比较普遍的严峻形势下，我国相关政府监管部门应立足国际国内两个市场，深刻认识我国与全球互联网平台在技术创新和商业模式开发等方面的区别，充分应对数字平台全球化发展面临的政策环境挑战。近年来，我国互联网平台竞争领域一些代表性案件的判罚推动了平台竞争问题的讨论，并为未来的平台监管提供了理论基础和实践方向。2018 年 12 月，最高法院审理的微信表情包反垄断案中，通过需求替代分析界定了相关市场，同时强调不应以市场份额作为判定市场支配力量的唯一标准；又如电商平台"二选一"反垄断诉讼于2019 年 7 月完成了程序性审判，为解决互联网行业近十年来围绕"二选一"的争议提供解决思路和方向；在《中华人民共和国反垄断法》无法规制的案件中，不正当竞争案件的审理从侧面推动了竞争规则的形成，如"饭友"微博案对数据超范围抓取的边界进行了裁定；在世纪之窗浏览器屏蔽腾讯视频广告、从社会总福利视角对不正当竞争行为进行了认定。如表 11-1 所示，我国深入推进互联网等新经济领域的竞争规则建设，法律法规及相关条例日臻完善。

表 11-1　　　　　　　　我国互联网等新经济领域竞争规则建设

颁布时间	法律法规及相关条例	主要协调功能
1997 年 12 月	《中华人民共和国价格法》	规范市场价格行为，发挥价格合理配置资源的作用，维护消费者合法权益
2008 年 8 月	《中华人民共和国反垄断法》	禁止违法限制竞争的行为，建立统一开放、竞争有效的市场体系

续表

颁布时间	法律法规及相关条例	主要协调功能
2009 年 7 月	《关于相关市场界定的指南》	从商品可替代程度判定竞争关系的强弱，为反垄断审查提供依据
2015 年 10 月	《关于推进价格机制改革的若干意见》	充分发挥市场决定价格的作用，对于限制竞争的垄断行为依法进行处理
2016 年 6 月	《关于在市场体系建设中建立公平竞争审查制度的意见》	科学建立公平竞争审查制度，对于企业垄断行为依法审查、强化监督
2016 年 11 月	《中华人民共和国网络安全法》	规范企业在网络经营领域的竞争行为，助推数字经济领域的竞争规则形成
2018 年 1 月	《中华人民共和国反不正当竞争法》	首次明确利用网络从事的生产经营活动，也需要符合本法律监管
2018 年 8 月	《中华人民共和国电子商务法》	规范电商平台的经营行为，维护市场秩序，促进电子商务持续健康发展
2019 年 4 月	《网络交易监督管理办法》	进队经营者市场主体登记、网络交易经营行为规范、平台内部治理等进行了针对性规定
2019 年 8 月	《关于促进平台经济规范健康发展的指导意见》	明确查处限制交易、不正当竞争等违法行为，严禁平台单边签订排他性服务提供合同，同时针对互联网领域价格违法等制定监管措施
2019 年 9 月	《禁止垄断协议暂行规定》《禁止滥用市场支配地位行为暂行规定》《制止滥用行政权力排除、限制竞争行为暂行规定》	市场份额认定的指标范围，认定市场支配地位的特殊考虑因素，提出免费模式应当综合考虑经营者提供的免费商品以及相关收费商品等情况
2020 年 1 月	《〈反垄断法〉修订草案（公开征求意见稿）》	对涉及互联网等新经济的领域问题做了针对性规定，对认定互联网领域经营者具有市场支配地位进行了判断标准的补充
2020 年 11 月	《关于平台经济领域的反垄断指南（征求意见稿）》	加强和改进平台经济领域反垄断监管，就滥用市场支配地位的各种情况进行了界定
2020 年 11 月	建立反不正当竞争部际联席会议制度	国务院同意建立由市场监管总局牵头的反不正当竞争部际联席会议制度，由 17 个部门组成，加强对《中华人民共和国反不正当竞争法》相关规定的执行

资料来源：根据全国人民代表大会官网和国家相关部委官网法律文件等栏目整理。

　　数字经济时代互联网平台性企业垄断与竞争呈现出新特征，我国政府监管部门持续完善相关法律法规，以构建制度性及法治化的综合反垄断法规体系。2019 年 4 月，国家市场监管总局颁布了《网络交易监督管理办法（征求意见稿）》，对经营者市场主体登记、网络交易经营行为规范、平台内部治理等市场行为进行了针对性规定；在 2019 年 9 月颁布了《禁止垄断协议暂行规定》《禁止滥用市场支配地位行为暂行规定》《制止滥用行政权力排除、限制竞争行为暂行规定》三部规章，对涉及互联网等新经济领域的问题作出针对性规定。明确了市场份额认定的指标范围，规定了认定具有市场支配地位的特殊考虑因素，并且规定了以低于成本价格销售商品的特殊情形，对涉及互联网等新经济业态中的免费模式，应当综合考虑经营者提供的免费商品以及相关收费商品等情况。

　　今后，我国的反垄断规范体系将进一步完善，主要有以下三个方面。第一，国家立法机关已经注意到《中华人民共和国反不正当竞争法》与《中华人民共和国反垄断法》在立法目标方面应进行区分及完善；并将以此为契机，通过功能定位的清晰区分，使得两部法律界定范围明晰并相互补充。将《中华人民共和国反不正当竞争法》中涉及垄断规制的内容予以修订，使其重点为维护商业诚信及商业道德。第二，应就大型互联网平台滥用市场势力的问题重点纳入条文体系，充分发挥《中华人民共和国反垄断法》维护市场自由和公平竞争，以及在数字经济背景下保护并提升经济活力的作用。由于互联网平台型企业滥用市场势力的竞争本质及行为均与传统企业存在较大差异，因此，对于个别条款的模糊有必要针对性地做出补充完善，以提高反垄断监管的准确性。例如，在《中华人民共和国反垄断法》中第十八条和第十九条关于"市场支配地位"的认定，根据前文研究阐释，应充分考虑网络效应、规模效应、锁定效应，以及掌握和处理相关数据的能力等因素，[①] 并且结合具体的竞争环境和竞争行为，综合做出判断。第三，互联网平台经济领域很多并购都没有向主管部门提交反垄断申报，这与互联网领域的 VIE 即外资间接控股结构、新型商业模式的营业额计算等一系列复杂的问题有关，从而导致互联网领域集中案件监管宽

---

① 德国《反限制竞争法》第九次修正案中有关数字市场支配力量认定因素与此较为一致。

松，自《中华人民共和国反垄断法》生效以来，我国内还没有大型互联网企业间的并购案进行事先申报审查获批，也未因此被处罚。

针对上述问题，2020 年 1 月，国家市场监管总局发布《〈反垄断法〉修订草案（公开征求意见稿）》，特别提出鉴于数字平台竞争的高度动态性，要求反垄断法规应综合权衡促进创新与规制垄断的关系，以竞争规制推动产业升级和经济高质量发展。2020 年 11 月，国家市场监管总局又发布了《关于平台经济领域的反垄断指南（征求意见稿）》，在更细化的层面对平台经济领域反垄断存在滥用市场支配地位的各种情况进行了清晰界定。2020 年 11 月，国务院办公厅发布《关于同意建立反不正当竞争部际联席会议制度的函》，同意建立由市场监管总局牵头并由 17 个部门组成的反不正当竞争部际联席会议制度①，按照《中华人民共和国反不正当竞争法》相关规定和有关文件精神将"进一步加强对反不正当竞争工作的宏观指导；组织开展对不正当竞争热点问题和典型违法活动的治理，加强有关部门在反不正当竞争工作方面的协作配合"。随着 2021 年 4 月对阿里巴巴"二选一"进行处罚等平台反垄断的推进，可以预见，我国对于互联网平台型企业反垄断的执法力度将进一步规范并加强。

➡ 第二节
利益相关者视角下的规制体系构建

一、平台竞争中相关市场的确定

互联网平台型企业市场势力滥用的规制首先需要界定相关市场，进而分析互联网平台型企业在相关市场是否具有市场势力，并且根据个案情况具体分析是否构成滥用市场势力。正如上文所述，平台经济涉及多方主体，并且业务类型复杂，所处的竞争环境也是动态多变的，其相关市场的

① 联席会议由市场监管总局、中央网信办、教育部、工业和信息化部、公安部、民政部、司法部、住房城乡建设部、农业农村部、文化和旅游部、国家卫生健康委、人民银行、广电总局、银保监会、证监会、国家中医药局、国家药监局 17 个部门组成，市场监管总局为牵头单位。

界定需要遵循《中华人民共和国反垄断法》和《国务院反垄断委员会关于相关市场界定的指南》所确定的一般原则，同时考虑平台经济的特点，通常须通过需求替代分析和供给替代分析进行。

界定平台经济领域的相关市场包括两个方面，即相关商品市场和相关地域市场。相关商品市场界定的基本方法是需求替代性分析，当供给替代对经营者行为产生的竞争约束类似于需求替代时，就同时需要进行供给替代分析，并且，需要同时考虑是否存在跨平台网络效应，从而决定将平台界定为独立的市场抑或分别界定多个关联市场。另外，平台经济中相关地域市场的界定通常区分为特定区域市场、本国市场以及全球市场三类，相关地域市场的界定通过综合评估多数用户选择商品的实际区域、用户的语言偏好和消费习惯、不同区域竞争激烈程度，以及线上线下是否融合等因素，从而来进行需求替代分析和供给替代分析。相关市场界定的需求替代分析中，权衡的因素包括平台的功能、商业模式、用户群体和线下交易等；供给替代分析权衡的因素有市场进入、技术壁垒、网络效应和跨界竞争等。进而，结合具体个案中互联网平台是否滥用市场势力的特定行为考察，综合界定相关市场的范围。

二、平台型企业市场势力的衡量

在上述依据下界定相关市场后，判断互联网平台型企业是否在相关市场具有市场势力，需要综合考虑平台的双边或者多边业务，并对直接和间接网络外部性进行评估，通过考察互联网平台型企业的市场份额、相关市场竞争状况、资金实力和技术条件和控制市场的能力等方面来综合衡量其市场势力状况。

第一，考察互联网平台市场份额以及相关市场竞争状况。除了考察计算市场份额所需的营业额指标外，还可考察平台交易金额、交易数量、用户数、点击量、使用时长或者其他指标在相关市场中所占的比重，并可以视情况对市场份额持续时间进行综合评估，判断其动态变化趋势。同时，需要分析相关市场竞争状况并衡量相关平台市场的发展状况、现有竞争者数量和市场份额、平台竞争特点、平台差异程度、规模经济和潜在竞争者情况等。

第二，考察互联网平台型企业的资金实力和技术条件。资金实力方面包括互联网平台的投资者情况、资产规模、盈利能力和融资能力，考察互联网平台型企业的财力和技术条件能够以何种程度促进其业务扩张，或者巩固和维持其市场地位。技术条件方面着重考察该平台型企业的创新动机和创新能力、技术创新的频率和速度，以及拥有的知识产权状况，判断是否存在或者可能出现的颠覆性创新等。互联网平台型企业凭借市场势力对技术进步将产生怎样的影响，可以考虑现有市场竞争者在技术和商业模式等创新方面的竞争状况，以及其发起的对初创企业和新兴平台的收购是否会影响创新。

第三，考察互联网平台型企业的市场控制能力。考察互联网平台型企业是否对关键性和稀缺性资源拥有独占权利以及该独占权利持续的时间，尤其是在数字经济背景下，应着重考察互联网平台型企业掌握和处理数据以及对数据接口的控制能力。在本研究提出的界面分析视角下（见图 11−1），须着重考察互联网平台型企业的市场控制能力，即其凭借市场势力对利益相关者实施的影响力。

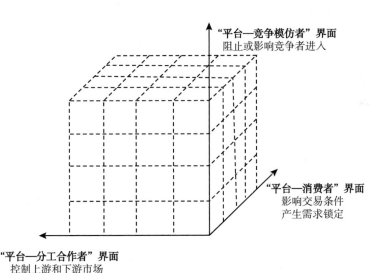

图 11−1　利益相关者视角下互联网平台型企业市场控制力判断

（1）"平台—分工合作者"界面的市场控制力。互联网平台型企业的市场势力表现为控制上下游市场的能力。判断互联网平台型企业是否具有市场控制能力，应重点考察平台的分工合作者对该互联网平台型企业在交易上的依赖程度，包括相互之间的交易关系、交易量、交易持续时间和锁定效应、用户黏性，以及平台上的经营者转向其他平台的可能性及转换成本等。

（2）"平台—消费者"界面的市场控制力。这表现为影响或者决定价格和佣金、平台流量或者其他交易条件，以及造成需求锁定和独占交易的情况。判断互联网平台型企业是否具有市场控制能力，应重点衡量其是否有能力和动机提高商品和服务的价格，降低商品和服务的质量，以及减少商品和服务的多样性，是否损害了消费者选择的能力和选择范围，以及是否区别对待不同消费者群体，或者以不恰当使用消费者数据等方式损害消费者利益。

（3）"平台—竞争者"界面的市场控制力。这表现为阻碍和影响其他竞争模仿者进入相关市场的能力。判断互联网平台型企业是否具有市场控制能力，应重点考察平台的规模效应，竞争者进入相关市场需要的资金投入规模，面临的技术壁垒，以及获得数据、渠道和用户等的必要资源和必需设施，从而判断竞争模仿者进入市场可能性、及时性和充分性。同时，通过侧面考察平台用户如果选择其他竞争性的替代平台所需的转换成本[①]，来综合衡量市场准入的条件。

三、市场势力滥用的规制体系构建

正如本研究第三章详细论证了在利益相关者的分析视角下，互联网平台型企业市场势力的内涵在于平台将价格制定于边际成本之上获取超额垄断利润的能力，其实质为相对于平台的分工合作者、消费者和竞争模仿者等多方利益相关者的市场影响力，主要表现为在平台经济中掌握价值创造与价值分配的主导权，通过消费者融入形成需求锁定，以及相对于竞争模

---

① 包括转换所需的费用、数据迁移的成本，以及谈判、学习和信息搜索等各方面的成本。

仿者的不可替代性。然而，互联网平台型企业具有滥用市场势力的动机和能力，即平台利用技术手段、平台规则、数据和算法控制等方式，通过不正当或不合理的价格或非价格竞争手段，以有利于自身的交易条件来排除或限制市场竞争、侵害社会福利和利益相关者的正当权益。对于互联网平台型企业市场势力滥用的规制体系构建如图 11-2 所示。

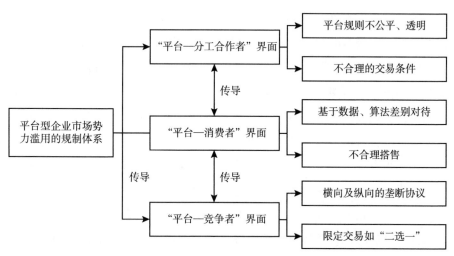

图 11-2　界面视角下平台型企业市场势力滥用的规制重点

（1）"平台—分工合作者"界面的规制重点。互联网平台型企业与其分工合作者之间属于纵向关系，在此界面中，互联网平台型企业主导着互补性资产所有者之间的分工，有能力对其分工合作者实施决策影响力，并且在经济租金的分配中占据高比例。互联网平台滥用拥有市场势力，意味着事实上造成分工合作者对自身的交易依赖性，从而在交易条件的确立中明显有利于平台利益。该界面对于互联网平台市场势力滥用规制的一个重点在于平台规则的公平和透明化，应及时监管平台"自我优待"等不公平竞争行为。例如，亚马逊利用数据来识别平台上独立卖家最畅销的产品，之后利用全球供应链优势，推出并优化自有品牌的同类商品，采取了自营品牌"自我优待"。目前，在亚马逊的电商生态中，亚马逊自营商品已经在很多细分品类中获得了绝对领先的优势，作为第三方卖家或者选择避开这些品类，或者进行差异化创新。另一个规制的重点在于，从双方交易关系、交易规模和时间、网络经济、锁定效应及平台转换成本等多个方面综合考察，针对平台对交易条件和方式、服务提供方式、付款方式和手段、售后保障等附加不合理限制，或收取不合理费用等加大监管力度。重点规制平台型企业通过市场势力形成分工合作者的交易依赖，以不合理的交易条件或收取额外不合理费用进行重点规制，维护平台分工合作者的合法权益。

（2）"平台—消费者"界面的规制重点。具备市场势力的互联网平台拥有被"锁定"的忠实用户，使用户面临较高的转移成本，即寻求购买其他替代品所需的额外费用较高，从而降低产品的需求价格弹性。因此，拥有较高的产品价格加成能力，以及决定除价格以外交易条件的能力。以市场结构性指标进行考察，通常体现为平台型企业在相关市场中占据较大的市场份额，以及是否区别对待不同消费者群体，或者以不恰当使用消费者数据等方式损害消费者利益。该界面中对于互联网平台型企业市场势力滥用规制的重点在于以下三个方面。第一，对商品和服务价格进行不公平定价，提高价格的同时降低商品和服务的质量，或者减少商品和服务的多样性，损害了消费者选择的能力和选择范围；第二，强制收集用户信息，基于数据与算法对同等条件下的消费者实施差别待遇，通过数据和算法判断消费者的支付能力、消费偏好和使用习惯等，进而实施各类差异化的交易条件，即"大数据杀熟"；第三，对消费者进行搭售或者附加不合理交易条件，比如平台利用格式条款、弹窗、操作必经步骤等，将不同商品进行捆绑销售或附加与交易标的无关的交易条件。

（3）"平台—竞争模仿者"界面的规制重点。该界面中互联网平台型企业拥有市场势力的表现为相对于竞争模仿者形成了不可替代，这使得企业在与竞争模仿者的博弈中无须过多考虑对方的反应，拥有排他性的话语权和决定权。尤其表现为提高竞争模仿者进入相关市场的资金、技术、数据、渠道和用户规模等壁垒，使竞争模仿者进入市场的可能性降低，或延缓其进入市场，或使其不能充分渗透到市场各层面。该界面中对于互联网平台型企业市场势力滥用规制的重点在于以下三个方面。第一，无正当理由进行限定交易，排除、限制市场竞争，包括要求交易相对人在竞争性平台间进行"二选一"等行为；限定交易相对人与其进行独家交易；限定交易相对人只能与其指定的经营者进行交易，或者限定其不得与特定经营者进行交易，等等。第二，通过寻求寡头垄断达成价格合谋，具有竞争关系的互联网平台可能通过横向垄断协议实施价格合谋，或达成固定转售价格，或者限定最低转售价格的纵向垄断协议，包括利用技术手段、平台规则数据和算法等方式限定价格或其他交易条件，从而排除限制市场竞争。第三，在萌芽阶段收购具有潜在竞争威胁的企业，从而阻碍市场创新。在数字市场上，即便并购企业的市场份额较低，也可能在资本、技术和数据的共同作用下导致垄断，也不应忽视纵向并购造成的反竞争效果。

需要指出的是，以利益相关者界面的视角对于互联网平台型企业市场势力滥用规制的分析，并非意味着市场势力在平台与竞争模仿者、分工合作者及顾客的界面中是彼此割裂的独立存在。对应此框架的三个界面，任一路径中互联网平台型企业市场势力滥用，都将传导到其他两个界面，并导致互联网平台型企业市场支配地位进一步巩固，因此，规制应在这三条路径同时进行。

➡ 第三节
规制平台滥用市场势力的重点问题

一、互联网平台数据与算法控制的规制

随着数字经济的到来，数据挖掘与数据应用将成为未来数字经济持续发展的主要动力。在数据成为一种重要的生产要素的数字经济时代，数据资源的竞争和控制不可避免地成为互联网平台型企业之间新的竞争焦点。从国外的 Google & DoubleClick 案、Facebook & Power 案和 IIiQ Labs & LinkedIn 案，到国内的大众点评诉百度案、菜鸟与顺丰快递数据之争、微信与华为数据之争等，突显了互联网平台已经由用户之争向数据之争转移的趋势（曾雄，2017）。互联网平台型企业对数据的争夺可以增强平台的竞争优势，在处于数据市场支配地位的同时，有可能通过禁止其他平台型企业使用其数据的方式为相关市场设置进入壁垒，从而损害竞争与创新。通过数据与算法控制，在横向协调一致及纵向限制交易，可以在很大程度上造成交易

依赖、需求锁定、差别对待同等，并且限制竞争的结果（见图11－3）。因此，构建平台型企业市场势力规制体系的重要因素应从关键资源——数据与算法控制作为突破口，围绕数据与算法控制进行有针对性的监管。

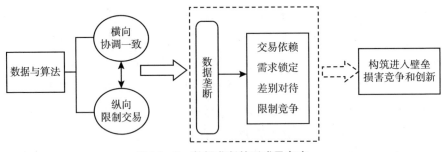

图11－3　数据垄断的形成及危害

作为数据从要素投入向数据智能转换的基础设施和载体，互联网平台型企业通过数据采集、挖掘和分析获取了大量商业利益，不同互联网平台基于大数据的盈利模式并不相同（李成熙和文庭孝，2020）。通过对大数据交易的主客体、权利归属和数据定价等因素进行分析，大数据交易盈利模式可被划分为：大数据交易平台（中介）盈利模式、大数据交易卖方盈利模式、数据持有型大数据平台盈利模式、技术服务型大数据平台盈利模式四种，根据不同交易客体细分包括交易分成模式、保留数据增值收益权模式、一次性交易数据所有权模式、多次交易数据使用权模式。具体如表11－2所示，该表显示出不同互联网平台的数据权利归属、定价方式和盈利模式的细致区分。

表11－2　　　　　　　不同互联网平台的大数据盈利模式

主体类型	客体类型	权利归属	定价方式	盈利模式
大数据交易平台（中介）	纯数据产品、决策方案	所有权	第三方平台预订价、协议定价、拍卖定价、实时定价	交易分成模式
	纯数据产品	使用权	第三方平台预订价、按次计价（VIP会员制）、协议定价、拍卖定价、实时定价	交易分成模式

续表

主体类型	客体类型	权利归属	定价方式	盈利模式
大数据交易平台（中介）	纯数据产品	收益权	第三方平台预订价、按次计价（VIP会员制）、协议定价、拍卖定价、实时定价	保留数据增值收益权模式
	决策方案	收益权	第三方平台预订价、协议定价、拍卖定价、实时定价	保留数据增值收益权模式
大数据交易卖方	纯数据产品、决策方案	所有权	第三方平台预订价、协议定价、拍卖定价、实时定价	一次交易所有权模式
	纯数据产品	使用权	第三方平台预订价、按次计价（VIP会员制）、协议定价、拍卖定价、实时定价	多次交易、使用权模式
	纯数据产品	收益权	第三方平台预订价、按次计价（VIP会员制）、协议定价、拍卖定价、实时定价	保留数据增值收益权模式
	决策方案	收益权	第三方平台预订价、协议定价、拍卖定价、实时定价	保留数据增值收益权模式
数据持有型大数据交易平台	纯数据产品、决策方案	所有权	第三方平台预订价、协议定价、拍卖定价、实时定价	一次交易所有权模式
	纯数据产品	使用权	第三方平台预订价、按次计价（VIP会员制）、协议定价、拍卖定价、实时定价	多次交易、使用权模式
	纯数据产品	收益权	第三方平台预订价、按次计价（VIP会员制）、协议定价、拍卖定价、实时定价	保留数据增值收益权模式
	决策方案	收益权	第三方平台预订价、协议定价、拍卖定价、实时定价	保留数据增值收益权模式
技术服务型大数据平台	技术服务	使用权	第三方平台预订价、按次计价（VIP会员制）、协议定价、拍卖定价、实时定价	多次交易、使用权模式

资料来源：李成熙，文庭孝．我国大数据交易盈利模式研究［J］．情报杂志，2020，39（3）：180-186.

近年来，平台经济领域涌现出诸如华为与腾讯微信之间的数据争夺战，以及典型的第三方数据滥用如脸书用户数据泄露的"剑桥分析事件"

等，反映出在平台经济中数据竞争的规制已成为焦点议题。然而，在数据权属尚不确定，数据带来的收益和竞争优势不确定的条件下，如何恰当地运用反垄断机制解决数据竞争的争端，亦成为亟待解决的问题。基于数据和算法垄断，互联网平台在交易中获取交易相对人的隐私信息、交易历史、个体偏好和消费习惯等方面信息，有可能滥用市场势力，通过无正当理由对交易条件相同的交易相对人实施差别待遇。互联网平台的交易相对人之间，在交易安全、交易成本、信用状况、所处交易环节、交易持续时间等方面不存在实质性差别的情况下，互联网平台企业基于数据与算法对交易相对人实施差别待遇，从而达到排除和限制市场竞争的目的。判断是否构成差别待遇的具体认定情况包括以下四个方面：第一，基于大数据和算法，根据交易相对人的支付能力、消费偏好、使用习惯等，实行差异性交易价格或者其他交易条件；第二，基于大数据和算法，对新老交易相对人实行差异性交易价格或者其他交易条件；第三，实行差异性标准、规则、算法；第四，实行差异性付款条件和交易方式。此外，数据垄断提高了同行竞争模仿者进入市场的难度，具有排除和限制竞争的效应；数据垄断也会使平台向分工合作者如平台上的供应商收取更高的费用，其成本又会转移至消费者并损害消费者利益。对于数据和算法控制的规制应从以下三个方面展开。

（一）构建数据交易公平透明的环境

加强数据法律制度研究，依托《中华人民共和国网络安全法》和《中华人民共和国数据安全法》。在立法层面确立数据主权，明确数据安全法的管辖范围，将相关国家、企业、组织、公民利益的数据活动纳入《中华人民共和国数据安全法》管辖。营造数据交易的良好环境，要加强对数据作为生产要素参与分配机制的研究，兼顾效率与公平，推动建立以最优化社会为目标的要素分配方式，实现政府、企业、个人三方的激励相容。确立完善的数据交易监管制度，制定行之有效的监管措施，执行严格的准入条件，明确数据安全法律责任，以保证数据交易的安全性，规制数据垄断所带来的消极效应。鉴于作为数据主体的消费者和数据垄断企业之间的优势差距，消费者通过隐私权来寻求保护是一种低效的选择。在平台经济时代单个数据信息价值密度较低，数据价值随着数据量的增长而提高，数据主体很难预测自己的个人信息将会被如何处理和使用。[①] 信息的商业价值与保护利用的社会性，使得其在消费者个体层面上有别于传统隐私权保护，政府机构应是大数据垄断规制的主体，应积极运用法律规制来平衡数据价值挖掘和数据主体隐私保护之间的矛盾。

（二）构建适应平台经济特点的数据监管体系

构建协同治理的数据监管体系。2019 年，欧委会在其组织的"聚焦数字化时代竞争政策发展会议"中提出，强化数据共享将进一步提升数据所有者间的竞争程度，应聚焦数据与算法监管，通过制定行业标准和规则，鼓励互联网平台开放数据 API 接口，推动企业间数据流通，促进数据的共享利用，缓解数据集中对市场竞争的影响。2020 年初，欧委会发布的《欧盟数据战略》中表示，将在战略部门和公共利益领域建立九大数据空间，进一步促进数据的共享和使用，对于我国构建适应平台经济特点的数据监管体系具有一定的参考意义。可以考虑优先建立"共建、共治、共享"的行业性大数据网络监管平台，参与其中的平台数据向其开放，实时共享大数据系统，使消费者的个人隐私权得到切实保障。并且，围绕数据安全保护和管理机制建设构建数据安全监管体系，促进互联网平台型企业为数据安全监测、预警、控制和应急处置提供有效的制度和运营保证，强化互联网平台型企业在数据安全保护和第三方数据使用监管方面的主体责任。

（三）整合数据资源，加快数据中心建设

当前，我国工业互联网大数据管理、服务尚未形成统一的体系，对我国的工业互联网大数据资源进行整合，构建数据开放共享机制，推进以工业互联网为代表的数据中心建设可以从以下三个方面进行。其一，突出数据开放共享的顶层设计。制定工业互联网大数据开放共享的政策性文件，建立工业互联网赋能效果标准化评价体系、数据应用能力成熟度评估体

---

① 即便网络服务商都设有"通知—同意"条款，但现实中很少有消费者会仔细阅读所有条款。若消费者选择拒绝服务商有关个人信息使用的协议，就意味着消费者无法获得平台所提供的服务，这种市场失效现象在数据垄断的竞争生态中尤为突出。

系。建立健全数据交易机制和定价机制，引导和培育数据交易市场，探索建立国家级工业互联网大数据交易中心。其二，在部分重点行业和地方鼓励开展试点示范。鼓励有基础的企业开展数据应用试点，打造基于人工智能、区块链的数据应用案例和业务解决方案，培育和构建基于数据创新和价值挖掘的应用生态体系。同时，通过行业标准和竞争规则的完善，推动企业间的数据流通与数据共享，加强数据应用创新生态体系建设。其三，提升国际交流合作水平，共同打造基于数据要素驱动创新的全球价值链。打造国际合作示范项目，推进数据技术、标准、人才培养等领域合作试点示范，培育示范性、引领性的合作项目。在此过程中，推进各国工业互联网大数据产业在基础支撑、数据服务和融合应用方面的国际协作，实现互联互通与共建共享。

二、互联网平台企业不合规定价的规制

与市场公平竞争原则相悖，作为互联网平台型企业滥用市场势力的重要表现，平台型企业将使用垄断性价格协议包括价格合谋、固定转售价格和不公平定价等不正当价格竞争手段来排除或损害竞争，从而干扰市场正常的经济运行秩序并损害社会福利。对于这些定价相关问题的判断依据如下。

（1）垄断性价格协议的形式之一是横向达成价格合谋。互联网平台型企业具有利用双边市场的交叉网络外部性，通过寻求寡头垄断的平台达成价格合谋，从而侵占消费者剩余的动机。作为典型的市场势力滥用行为，价格合谋一直是各国反垄断规制的重点关注对象。互联网平台型企业可能通过书面或口头签订垄断协议，或者其他虽未明确订立协议或者决定，但实质上存在协调一致的价格合谋行为，达到排除和限制竞争的目的。具有竞争关系的互联网平台可能通过横向垄断协议实施价格合谋，具体的认定形式：一是利用平台收集或者交换价格等敏感信息；二是利用技术手段进行意思联络；三是利用数据和算法实现价格合谋行为；四是其他有助于实现价格合谋的方式。

（2）垄断性价格协议的另一类形式为纵向固定转售价格。互联网平台

型企业还可能与交易相对人达成固定转售价格，或者限定最低转售价格的
纵向垄断协议，具体的认定形式包括：一是利用技术手段对价格进行自动
化设定；二是利用平台规则对价格进行统一；三是利用数据和算法对价格
进行直接或间接限定；四是利用技术手段、平台规则、数据和算法等方式
限定其他交易条件，从而排除限制市场竞争。以上垄断协议的考察需要综
合考虑互联网平台型企业签订条款的商业动机、对市场的控制能力以及实
施该条款对市场竞争、对消费者利益以及对于创新的影响后果。

（3）不公平定价是指互联网平台型企业以不公平的高价销售商品或者
以不公平的低价购买商品。这也是互联网平台型企业滥用市场势力的表现
之一，分析是否构成不公平定价的认定情况有以下三个方面。第一，该价
格是否明显高于或者明显低于其他竞争者在相同或相似市场条件下同种商
品或者可比较商品的价格。第二，该价格是否明显高于或明显低于该互联
网平台在其他相同或相似市场条件区域同种商品或者可比较商品的价格；
在成本基本稳定的情况下，该互联网平台是否超过正常幅度提高销售价格
或降低购买价格。第三，该平台经济领域销售商品提价幅度是否明显高于
成本增长幅度，或者采购商品降价幅度是否明显低于成本降低幅度，如果
认定市场条件相同或相似，则需要衡量平台类型、经营模式、交易环节、
成本结构、交易具体情况等因素。此外，互联网平台型企业有可能在没有
正当理由的情况下，以低于成本的价格销售商品，从而排除和限制市场竞
争。① 分析是否构成低于成本销售，一般应重点考虑平台型企业是否以低
于成本的价格排挤具有竞争关系的其他互联网平台，以及是否在将其他竞
争性的平台排挤出市场后，将价格提高并迅速不恰当地获利，等等。在计
算成本时，一般需要综合考虑平台涉及多边市场中各相关市场之间的成本
关联情况。

对于互联网平台型企业定价不合规的规制，一方面需要法律制度完善
的保障，另一方面需要重视相关产业中的市场结构优化。只有积极健全法
律规制体系，提升反垄断执法水平并增进国际交流合作，综合运用多种规

---

① 互联网平台型企业低于成本的定价可能具有以下正当理由：在合理期限内为发展平台内
其他业务，在合理期限内为促进新商品进入市场，以及能够证明行为具有正当性的其他理由。

制手段并形成合力，才能取得良好的监管效果。

（一）培育有效竞争的市场结构

对于数字经济中新产生的平台竞争新模式，原有的执法方式已无法应对反垄断新问题的挑战。应尽快提升平台规则的透明化和规范化建设，以维护良性的市场竞争秩序，才能让反垄断规制更好地助推数字经济发展。互联网平台型企业不公平定价，往往发生在平台横向竞争不充分，但上下游市场竞争激烈且市场集中度低的产业链中。对于一些经济领域内发生的恶性价格竞争，应采取有效措施调整价格形成机制来完善市场结构。在此过程中，监管部门不应直接协调相关价格，避免出现偏离市场的替代定价方案。提升政府对市场机制的支持力度，以及对相关市场信息服务的及时提供，充分发挥市场在产品定价方面的决定性作用，同时通过竞争与合规建设，促进市场竞争结构的调整，改善部分领域出现恶性竞争的状况。

（二）完善平台定价的相关立法

在法律层面，我国应对互联网平台型企业定价不合规的相关立法进行完善，尤其应明确相关反垄断规制标准，提升立法时效性与创新性。我国已颁布了《中华人民共和国电子商务法》《中华人民共和国反不正当竞争法》，但在法律规制的体系建设方面仍须完善。2019 年 9 月，国家市场监管总局颁布了《禁止垄断协议暂行规定》《禁止滥用市场支配地位行为暂行规定》《制止滥用行政力量排除、限制竞争行为暂行规定》三部规章，对于涉及互联网等新经济领域的问题作出针对性规定；2020 年又最新推出了《〈反垄断法〉修订草案（公开征求意见稿）》以及《关于平台经济领域的反垄断指南（征求意见稿）》，对价格合谋、差别待遇、不公平定价、低于成本销售等定价问题提供了基本准则约定与判定依据。

（三）拓展反垄断的国际合作

保证平台生态系统持续性发展，应该营造公平竞争的生态氛围。对此，互联网平台型企业应完善相关交易规则与服务协议，同时适时修订监管条例，打造促进平台生态系统健康发展的内部环境。例如，2019 年 4 月，欧洲议会批准了《关于提高在线平台服务的公平性和透明度规则》（也称为 P2B 法案），该法案要求在线平台型企业必须使其标准条款更加透明。P2B 法案是首个针对平台市场势力滥用的规则，力图为互联网平台交易的广大中小企业培养公平、开放的市场环境。这在一定程度上有助于消解平台与中小企业之间的信息不对称，塑造更为公平的竞争关系，从而提供一个有序竞争的平台内部环境。我国的监管机关应立足国内国外两个市场，加强与发达国家反垄断执法机构在政策制定、执法经验等方面的交流合作并取长补短，提升我国反垄断规制的水平。

三、互联网平台型企业不合理搭售的规制

互联网平台型企业可能滥用市场支配地位，无正当理由实施搭售或者附加不合理交易条件，从而排除和限制市场竞争。分析互联网平台型企业是否构成搭售或者附加不合理交易条件的认定情况有：第一，利用格式条款、弹窗、操作必经步骤等交易相对人无法选择、更改和拒绝的方式，将不同的商品进行捆绑销售；第二，以搜索降权、流量限制、技术障碍等惩罚性措施，强制交易相对人接受其他商品；第三，对交易条件和方式、服务提供方式、付款方式和手段、售后保障等附加不合理限制；第四，在交易价格之外额外收取不合理费用；第五，强制收集用户信息或附加与交易标的无关的交易条件。

不合理搭售策略已经成为市场势力滥用的常用手段，使消费者的权益受到侵害，造成不正当竞争的危害。尽管并不是所有搭售行为都应该被归纳为不正当竞争手段[①]，但不合理搭售行为对消费者、内容供应商以及平台的消极影响显著，由于多归属性的消费者存在向某一平台聚集的倾向，平台会因交叉网络外部性产生的市场势力对内容供应商形成垄断定价能力。最终，不合理搭售行为将使得平台发展趋于垄断而不利于市场的公平竞争。因此，对互联网平台型企业不合理搭售进行规制十分必要，具体包

[①] 互联网平台型企业实施搭售可能具有以下正当理由：符合正当的行业惯例和交易习惯；为保护交易相对人和消费者利益所必须；为提升商品使用价值或效率所必须；为维护平台正常运行所必须；能够证明行为具有正当性的其他理由。

括以下三方面对策建议。

（一）完善对平台不合理搭售的法律法规

在 2018 年《中华人民共和国电子商务法》出台以前，《中华人民共和国反垄断法》中对于互联网平台型企业的不合理搭售行为相关的法律内容模糊，无法明确如何认定互联网平台型企业的不合理搭售。自《中华人民共和国电子商务法》实施以来，对互联网平台型企业不合理搭售的监管趋于正规。《中华人民共和国电子商务法》第十九条明确规定，电子商务经营者搭售商品或服务应当以显著的方式提请消费者注意，不得将搭售商品或者服务作为默认选项。但事实上，互联网平台型企业的此类搭售行为仍然普遍存在，且在 OTA 平台中票务与保险服务的搭售现象尤为严重。随着互联网平台经济深入发展，2020 年 11 月，国家市场监管总局颁布了《关于平台经济领域的反垄断指南（征求意见稿)》，在更细化的层面就不合理搭售的认定提出了清晰的认定，从而将极大地提高未来的执行效力，有利于对互联网平台型企业不合理搭售进行有效规制。

（二）提高对不合理搭售行为的规制效率

新时代数字经济的发展不断壮大，在对互联网平台型企业搭售行为的相关法律法规不断完善的情况下，我国执法部门面临着严峻的挑战。此前，虽然我国出台的《中华人民共和国反垄断法》明确了关于不合理搭售相关领域的规制要求，但互联网平台型企业不合理搭售的确认存在一定模糊的边界，如何在法律允许的范围内，允许有正当理由的平台搭售行为存在，同时又对涉嫌违法的互联网平台型企业加强监管和执法力度，对相关监管和执法部门协调一致的配合提出了较高的要求。2020 年 11 月，国务院办公厅发布《关于同意建立反不正当竞争部际联席会议制度的函》，同意建立由市场监管总局牵头并由 17 个部门组成的反不正当竞争部际联席会议制度，各部门的配合必将提高对于互联网平台型企业不合理搭售行为的规制效率。

（三）建立公开透明的准入标准服务

随着数字经济的不断发展，规制互联网平台型企业不合理搭售行为的法律法规不断完善，执法力度不断加强，但部分互联网平台型企业的不合理搭售行为屡禁不止，甚至以更隐蔽的方式进行，此类现象在 OTA 平台上尤为严重。根据网经社数据显示，2019 年，携程在中国 OTA 平台市场上的份额超过 36%，其市场主导地位的形成离不开对平台搭售的依赖。保险搭售、抢票服务搭售、套餐服务搭售等成为这类在线旅游平台维系经营的主要利益来源。然而，依靠"事后"的法律管制难以全面有效地应对互联网平台型企业的不合理搭售，应同时对平台经济领域进行合理的引导，将规制重点放在建立健全透明公平的竞争规则中。OTA 平台市场需要找到比捆绑搭售更有效的盈利方式，鼓励其基于创新服务吸引用户并收取合理的服务费用，相关部门通过建立详细的规范细则，在严厉打击平台不合理搭售行为的同时，建立公开透明的准入标准服务，保障互联网平台的健康运营。

四、互联网平台"二选一"的规制

互联网平台型企业可能滥用市场势力，无正当理由地对交易相对人进行限定交易，其途径有：一方面，通过搜索降权、流量限制、技术障碍、扣取保证金等惩罚性措施实施限定交易，从而对市场竞争和消费者利益产生直接损害；另一方面，通过补贴、折扣、优惠、流量资源支持等激励性方式实施限定限制，如果对市场竞争产生明显的排除、限制影响，那么即使对平台内经营者、消费者利益和社会整体福利具有一定积极的效果，仍然有可能被认定为构成不正当限定交易行为。

判断的考虑情形具体包含以下四个方面：第一，要求交易相对人在竞争性平台间进行"二选一"或者其他具有相同效果的行为；第二，限定交易相对人与平台自身进行独家交易；第三，限定交易相对人只能与平台指定的经营者进行交易；第四，限定交易相对人不得与特定经营者进行交易。限定交易的形式可能是多样的，比如，通过书面或口头协议的各类方式，以及通过平台规则、数据、算法、技术等方面的实际设置限制或者障碍的方式实现。

在上述分析的各种形式的限定交易中，电商平台实施"二选一"独家交易来打压竞争对手、谋取竞争优势的情况比较普遍，"二选一"即平台与供应商或用户订立协议，在相关市场中只与该平台交易而拒绝与别的平台交易，其本质属于独家交易协议。根据网经社报道，2020 年初受新冠肺炎疫情的影响，各大品牌商积压了巨大库存，面对爱库存平台用户的迅速增长，"二选一"独家交易成为唯品会保持市场地位的重要竞争手段。"二选一"的独家交易行为妨碍了公平和正当的竞争，也剥夺了平台用户应有的选择权，成为互联网平台滥用市场势力的典型手段。下文将以"二选一"为例，提出对互联网平台型企业不正当的限定交易进行规制的对策建议。

（一）健全平台"二选一"的法律法规

在现实竞争中，以"二选一"为代表的平台限定交易手段远比单纯的法律条文所界定的情况更为复杂和多样。平台经济领域相关不正当竞争手段的认定正处于不断完善中，在保证维护市场公平竞争秩序、激发创造创新活力的价值导向下，应尽可能地对现有相关法律法规进行不断的完善。其一就是明确各类限定交易包括"二选一"界定标准，有针对性地实施依法处罚，从而维护市场竞争的良好秩序并保证市场健康发展；其二是对于不同法律条文相关规定的适用性进行更为细致的区分。目前，《中华人民共和国反不正当竞争法》主要是防止市场出现不正当竞争；《中华人民共和国反垄断法》则是防止市场出现垄断现象或者杜绝具有市场垄断地位的企业滥用其市场势力，在 2020 年 11 月国家市场监管总局颁布的《关于平台经济领域的反垄断指南（征求意见稿）》中，专门回应了平台限定交易的认定原则；《中华人民共和国电子商务法》作为电子商务领域基本的法律具备丰富的竞争法规范。三部法律内容有所重叠但各有所侧重，对于法律适用性的进一步完善明确了在实际操作中应该运用的法律，有助于平衡法律适用的覆盖范围。

（二）改进平台"二选一"的处罚形式

处罚形式的改进能够更有效地震慑互联网平台经营者实施"二选一"的不良竞争行为。从平台"二选一"的法律责任来看，违反《中华人民共和国电子商务法》相关法律规定最高罚款 200 万元，违反《中华人民共和国反不正当竞争法》相关规定最高处罚300万元，违反《中华人民共和国电子商务法》第二十二条及《中华人民共和国反垄断法》第三章，违法所得将被没收，并处以销售额1%到10%比例的罚款。相关规定的处罚形式较轻，罚款额度不够，无法起到有效的警示作用。我国的电商平台处于寡头垄断的状态，平台的市值从数百亿美元到数千亿美元不等。在这种经济规模下，这点处罚对于企业来说并不会起到实质性的威慑作用。起诉"二选一"行为，不论是从平台其他经营者来说，还是从最终消费者来说，出现的问题不仅仅是责任判定相对困难，损失计算、面临风险、成本费用都是前期需要考量的。首先在行政方面，相关法律部门要明确责令相关违法平台企业整改其违法行为并且没收所有违法收入，除此之外，还可以将违法金额与销售额挂钩，建立相关的罚款比例，提高罚款金额，才能有效规制企业的不良行为。其次在民事方面，应该进一步完善民事损失的评估政策，这将有助于平台企业责任的判定以及其他经营者和消费者对具有市场支配地位的企业的监督。

（三）建立限定交易的公益诉讼制度

司法实践时，经营者和用户原本就处于弱势地位，三部法律对于"二选一"的规制行为都有一定的局限性，并且互联网企业的案件诉讼时间一般都较长，比如360软件和QQ软件的大战，诉讼从2010年一直到2014年，京东诉讼天猫的事件也是从2015年至今还没有结果。因此，考虑增加公益诉讼制度很有必要。首先，平台"二选一"行为不仅会破坏市场公平竞争的秩序，还会损害经营者以及消费者的合法权益，因此，根据《中华人民共和国民事诉讼法》第五十五条规定，可以将其纳入检察院公益诉讼范围。其次，"二选一"行为损害的市场秩序属于社会公共利益，因此，根据《中华人民共和国宪法》第一百三十四条规定，我们可以合理地把各级检察院作为提起公益诉讼的第一顺位。本研究认为，可以适当地扩大诉讼主体范围，增加公益诉讼制度，这不仅有效地保障了受到损害的主体的合法权益，还维护了市场的公平竞争秩序。

（四）案例分析：阿里巴巴"二选一"的处罚

根据国家市场监督管理总局反垄断局官网报道，2020年12月24日，市场监管总局依法对阿里巴巴集团控股有限公司实施"二选一"等涉嫌垄断行为立案调查。2015 年以来，阿里巴巴集团为阻碍其他竞争性平台发展，维持、巩固自身市场地位，获取不当竞争优势，实施"二选一"垄断行为，限定商家只能与其进行交易，违反了《中华人民共和国反垄断法》关于"没有正当理由，限定交易相对人只能与其进行交易"的规定，构成滥用市场支配地位行为。根据《中华人民共和国反垄断法》，对实施滥用市场支配地位行为的经营者，应处上一年度销售额百分之一以上百分之十以下的罚款。2021 年 4 月 10 日，监管部门综合考虑阿里巴巴集团违法行为的性质、程度和持续时间等因素，依法对阿里巴巴的垄断行为作出行政处罚，处以 2019 年销售额 4% 的罚款 182.28 亿元。同时，按照行政处罚法坚持处罚与教育相结合的原则，向阿里巴巴集团发出《行政指导书》，要求其围绕严格落实平台企业主体责任、加强内控合规管理、维护公平竞争、保护平台内商家和消费者合法权益等方面进行全面整改，并连续三年向市场监管总局提交自查合规报告。有力维护了法律的权威，是对平台内商家和广大消费者合法权益的切实保护，也是对平台经济发展秩序的有效规范。

从平台经济长远健康发展角度看，依法规范与支持发展并不矛盾，而是相辅相成、相互促进的。唯有在鼓励创新的同时进行有效监管，才能以良法善治推动平台经济规范健康持续发展。发达国家对苹果、亚马逊等平台经济巨头的反垄断监管，并没有让这些企业失去核心竞争力，反而促使其积极做强核心业务，实现长远健康发展。同时，反垄断监管也在一定程度上助力互联网新锐诞生和成长，并为整个行业带来强劲活力。加强反垄断执法，正是以法治手段规制平台经济领域的垄断行为，给众多小公司、小网站带来良性竞争、茁壮成长的机会，使整个行业能够持续创新、活力常在，因而，依法规范正是对平台经济发展的有力支持。

➡ 第四节
本章小结

互联网平台型企业滥用市场势力，即平台利用技术手段、平台规则、数据和算法控制等方式，通过不正当或不合理的价格或非价格竞争手段，以有利于自身的交易条件来排除或限制市场竞争、侵害社会福利和利益相关者的正当权益。加强对互联网平台型企业市场势力滥用的规制，才能切实维护平台经济领域公平有序竞争，使得互联网平台型企业充分发挥经济发展新动能的作用，从而推动资源优化配置和效率提升，支持和促进实体经济发展。

　　本章内容框架如图 11 - 4 所示，本章系统提出了互联网平台型企业市场势力滥用的规制原则，梳理了平台经济领域的竞争规则建设体系；进而就互联网平台型企业市场势力规制的关键问题，包括相关商品市场和相关地域市场确定、市场势力衡量的标准、市场势力滥用的规制体系构建进行了针对性的研究。

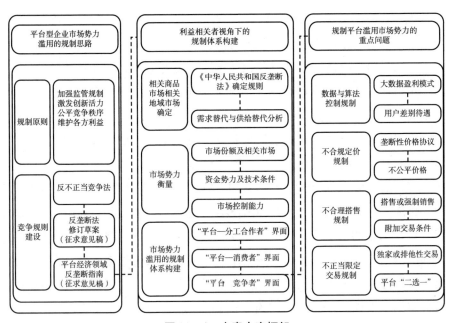

图 11 - 4　本章内容框架

　　研究特色是突出强调了数据和算法影响力的规制问题，并且在利益相关者视角的框架下，分别对"平台—分工合作者"界面、"平台—消费者"界面和"平台—竞争模仿者"界面的互联网平台型企业市场势力进行衡量，以及这些界面中市场势力滥用的规制重点进行了刻画。最后针对监管实践中互联网平台型企业市场势力滥用的规制重点，包括数据与算法控制规制、不合规定价的规制、不合理搭售的规制及不正当限定交易等问题进行了分析，并提出了政策建议。平台经济领域反垄断的监管趋势显示出的以下三类政策是今后规制的重点。

第一，探讨在互联网新经济背景下，充分考虑网络效应、规模效应、锁定效应、掌握和处理相关数据的能力等因素，为数字市场竞争规则等特殊领域设置专条。目前，国际上较多采用数据收集分析和产品功能改善之间的"转换率"，积极探索数据影响力评估方法，加强对互联网平台型企业市场势力规制中数据影响力的考量。将数据垄断（数据封锁）和泄露作为规制市场势力滥用的重要方面。同时，推动数据流动并促进数据共享，有效缓解数据集中对市场竞争的影响。

第二，使用事前手段强化监管，有可能成为未来应对互联网平台型企业滥用市场势力诸如不兼容、捆绑与搭售、平台"二选一"的新工具。可以尝试通过事前手段即临时禁令弥补事后调查耗时长、变化快等缺陷。欧委会对博通（Broadcom）涉嫌独家交易的行为发布临时禁令，尤其是在快速发展的市场中，不失为一种有效执行竞争规则的方法。

第三，多制度方案促进互联网平台领域竞争规则的形成，组成更为完备、相互补充的竞争规则体系。发挥市场监督和行业主管部门对滥用市场势力行为的规制，加强地方性的不正当竞争条例在竞争案例执法中的作用。目前，在由《中华人民共和国反垄断法》《中华人民共和国反不正当竞争法》为主的竞争法，以及《中华人民共和国电子商务法》《中华人民共和国网络安全法》等多部相关法律以外，国家市场监管总局《网络交易监督管理办法（征求意见稿）》、工业和信息化部出台的《规范互联网信息服务市场若干规定》和于 2020 年 11 月最新颁布的《关于平台经济领域的反垄断指南（征求意见稿）》中均对互联网平台部分竞争规则进行了明确。

参 考 文 献

[1] 阿里研究院.2018 年中小企业跨境 B2B 发展报告 [R].2018.04.

[2] 阿里研究院.2019 钉钉商业生态系统及经济社会价值报告 [R].2019.08.

[3] 阿里研究院.2020 淘宝直播新经济报告 [R].2020.03.

[4] 阿里研究院.数字经济体：普惠 2.0 时代的新引擎研究 [R].2018.01.

[5] 艾媒咨询.2019 中国社交电商行业研究报告 [R].2019.

[6] 艾瑞研究院.2019 年中国工业互联网平台研究报告 [R].2019.07.

[7] 艾瑞研究院.中国制造 2019 科创板创新科技产业发展研究报告 [R].2019.08.

[8] 艾瑞咨询.2016 年中国移动端出行服务市场研究报告 [R].2016.03.

[9] 艾瑞咨询.中国互联网流量季度分析报告 [R].2019.11.

[10] 安同良，魏婕，舒欣.中国制造业企业创新测度——基于微观创新调查的跨期比较 [J].中国社会科学，2020 (3)：99 - 122，206.

[11] 白雪洁，孙红印，汪海凤.R&D 活动、市场势力与社会福利效应——基于中国企业的实证分析 [J].经济理论与经济管理，2016，36 (3)：59 - 71.

[12] 晁罡，林冬萍，王磊，申传泉.平台企业的社会责任行为模式——基于双边市场的案例研究 [J].管理案例研究与评论，2017，10 (1)：70 - 86.

[13] 陈宏民.网络外部性与规模经济性的替代关系 [J].管理科学学报，2007 (3)：1 - 6.

[14] 程贵孙，陈宏民，孙武军.双边市场视角下的平台型企业行为

研究 [J]. 经济理论与经济管理, 2006 (9): 55 – 60.

[15] 崔也光, 唐玮. 生命周期对 R&D 投入的影响——基于创新驱动视角 [J]. 中央财经大学学报, 2015 (9): 46 – 54.

[16] [美] 丹尼斯·卡尔顿, 杰弗里·佩罗夫. 现代产业组织 [M]. 黄亚钧等, 译. 上海: 上海三联书店, 1998.

[17] 第一财经商业数据中心. 2019 中国跨境电商出口趋势与机遇白皮书 [R]. 2019. 04.

[18] 电子商务研究中心. 2019 年出口电商行业深度报告 [R]. 2019. 04.

[19] 范钧, 付沙沙, 葛米娜. 顾客参与、心理授权和顾客公民行为的关系研究 [J]. 经济经纬, 2015, 32 (6): 89 – 94.

[20] 方军. 平台时代 [M]. 北京: 机械工业出版社, 2018.

[21] 方正证券研究所. 2017 财年阿里巴巴业务板块调研报告 [R]. 2017. 07.

[22] 顾能 (Gartner) 数据统计、互联网数据中心. 全球公有云服务市场跟踪 [R]. 2019. 07.

[23] 郭国庆, 李光明. 消费者增权理论的最新进展及其启示 [J]. 中国流通经济, 2010, 24 (8): 58 – 61.

[24] 国家工业信息安全发展研究中心. 2018 工业互联网平台创新发展白皮书 [R]. 2018. 12.

[25] 国家金融与发展实验室支付清算研究中心. 中国支付清算发展报告 (2019) [R]. 2019.

[26] 国金证券研究所. 2020 批发和零售贸易行业研究 [R]. 2020.

[27] 韩先锋, 宋文飞, 李勃昕. 互联网能成为中国区域创新效率提升的新动能吗 [J]. 中国工业经济, 2019 (7): 119 – 136.

[28] 胡润研究院. 2020 胡润全球独角兽排行榜 [R]. 2020. 08.

[29] 胡晓鹏, 李庆科. 生产性服务业与制造业共生关系研究——对苏、浙、沪投入产出表的动态比较 [J]. 数量经济技术经济研究, 2009, 26 (2): 33 – 46.

[30] 互联网数据中心 (IDC). 全球公有云服务市场跟踪 (2018 年下半年) [R]. 2019. 07.

［31］互联网周刊．2019 值得关注的工业互联网平台 TOP30 ［R］．2020. 06.

［32］黄群慧，余泳泽，张松林．互联网发展与制造业生产率提升：内在机制与中国经验 ［J］．中国工业经济，2019 （8）：5 - 23.

［33］黄先海，金泽成，余林徽．出口、创新与企业加成率：基于要素密集度的考量 ［J］．世界经济，2018，41 （5）：125 - 146.

［34］吉生保，冼国明．混合双寡头模型下的 R&D 竞争：不确定性和模仿视角 ［J］．国际贸易问题，2012 （1）：143 - 154.

［35］纪汉霖，管锡展．纵向一体化结构下的双边市场定价策略 ［J］．系统工程理论与实践，2008 （9）：52 - 58.

［36］纪汉霖．双边市场定价策略研究 ［D］．上海：复旦大学，2006.

［37］京东，沃尔玛，京东到家，腾讯．中国零售商超全渠道融合发展年度报告 ［R］．2018.

［38］鞠雪楠，赵宣凯，孙宝文．跨境电商平台克服了哪些贸易成本？——来自"敦煌网"数据的经验证据 ［J］．经济研究，2020，55 （2）：181 - 196.

［39］李兵，李柔．互联网与企业出口：来自中国工业企业的微观经验证据 ［J］．世界经济，2017，40 （7）：102 - 125.

［40］李成熙，文庭孝．我国大数据交易盈利模式研究 ［J］．情报杂志，2020，39 （3）：180 - 186.

［41］李巧敏．线上购物环境下顾客心理所有权对顾客忠诚的影响研究 ［D］．广州：华南理工大学，2018.

［42］联合国贸易和发展会议．2019 年数字经济报告（中文版）［R］．2019. 09.

［43］刘斌，王乃嘉．制造业投入服务化与企业出口的二元边际——基于中国微观企业数据的经验研究 ［J］．中国工业经济，2016 （9）：59 - 74.

［44］刘大为．双边市场中平台型企业竞争策略选择研究 ［D］．沈阳：东北大学，2011.

［45］刘汉民，张晓庆．网络零售平台治理机制对卖家机会主义行为

的影响——以感知不确定性为调节变量 [J]. 商业经济与管理, 2017, 37 (4): 16-27.

[46] 吕鸿江, 程明, 李晋. 商业模式结构复杂性的维度及测量研究 [J]. 中国工业经济, 2012 (11): 110-122.

[47] 罗焕然. 双边市场下两阶段交易平台竞争策略研究 [D]. 北京: 首都经济贸易大学, 2016.

[48] 罗仲伟, 李先军, 宋翔. 从"赋权"到"赋权"的企业组织结构演进——基于韩都衣舍案例的研究 [J]. 中国工业经济, 2017, 34 (9): 174-192.

[49] 马丹, 郁霞. 数据资产: 概念演化与测度方法 [J]. 统计学报, 2020, 1 (2): 15-24.

[50] 麦肯锡. 2019 年中国数字消费者趋势报告 [R]. 2019.

[51] 前瞻产业研究院. 2018 中国云计算产业竞争格局分析 [R]. 2018.03.

[52] 前瞻产业研究院. 2020-2025 年中国智能移动办公行业市场前瞻与投资战略规划分析报告 [R]. 2019.

[53] 曲创, 刘重阳. 平台厂商市场势力测度研究——以搜索引擎市场为例 [J]. 中国工业经济, 2016 (2): 98-113.

[54] 日本公正交易委员会. 数据与竞争政策调研报告 [R]. 2017.06.

[55] 沈国兵, 袁征宇. 企业互联网化对中国企业创新及出口的影响 [J]. 经济研究, 2020, 51 (1): 33-48.

[56] 施炳展, 金祥义. 注意力配置、互联网搜索与国际贸易 [J]. 经济研究, 2019, 54 (11): 71-86.

[57] 孙国强. 网络组织的治理机制 [J]. 经济管理, 2003 (4): 39-43.

[58] 万得金融数据库 (Wind) 数据. 亚马逊 2017 年年度报告 [R]. 2017.04.

[59] 万兴, 杨晶. 互联网平台选择、纵向一体化与企业绩效 [J]. 中国工业经济, 2017, 34 (7): 156-174.

[60] 汪旭晖, 张其林. 平台型电商企业的温室管理模式研究——基

于阿里巴巴集团旗下平台型网络市场的案例 [J]. 中国工业经济, 2016, 33 (11): 108 – 125.

[61] 王金杰, 郭树龙, 张龙鹏. 互联网对企业创新绩效的影响及其机制研究——基于开放式创新的解释 [J]. 南开经济研究, 2018 (6): 170 – 190.

[62] 王珍珍, 鲍星华. 产业共生理论发展现状及应用研究 [J]. 华东经济管理, 2012, 26 (10): 131 – 136.

[63] 魏炜、张振广、汪鹏. 生态系统下的商业模式创新 [J]. 哈佛商业评论, 2019 (12): 59 – 64.

[64] 魏炜, 朱武祥. 商业模式的经济解释 [M]. 北京: 机械工业出版社, 2020.

[65] 温忠麟, 叶宝娟. 中介效应分析: 方法和模型发展 [J]. 心理科学进展, 2014, 22 (5): 731 – 745.

[66] 杨坚争, 郑碧霞, 杨立钒. 基于因子分析的跨境电子商务评价指标体系研究 [J]. 财贸经济, 2014, 35 (9): 94 – 102.

[67] 杨晶, 李先国, 陈宁颉. 在线品牌社区情境下顾客参与对顾客购买意愿的影响机制研究 [J]. 中国软科学, 2017 (12): 116 – 126.

[68] 杨瑞龙, 周业安. 企业的利益相关者理论及其应用 [M]. 北京: 经济科学出版社, 2000.

[69] 叶琼伟, 张谦, 杜萌等. 基于双边市场理论的社交网络广告定价分析 [J]. 南开管理评论, 2016, 19 (1): 169 – 178.

[70] 亿邦动力研究院. 2018 跨境电子商务创新研究报告 [R]. 2018.06.

[71] 易观产业数据库. 中国搜索引擎市场季度监测分析 [R]. 2018.04.

[72] 易观研究院. 2019 中国在线旅游市场年度综合分析 [R]. 2019.

[73] 易观研究院. 中国网上 B2C 市场季度监测分析 2018Q1 报告 [R]. 2018, 05.

[74] 袁静, 毛蕴诗. 产业链纵向交易的契约治理与关系治理的实证研究 [J]. 学术研究, 2011 (3): 59 – 67.

[75] 岳云嵩, 李兵. 电子商务平台应用与中国制造业企业出口绩效——基于"阿里巴巴"大数据的经验研究 [J]. 中国工业经济, 2018,

35 (8)：97－115.

[76] 岳中刚. 双边市场的定价策略及反垄断问题研究 [J]. 财经问题研究，2006 (8)：30－35.

[77] 曾雄. 数据垄断相关问题的反垄断法分析思路 [J]. 竞争政策研究，2017 (6)：40－52.

[78] 张凯，李向阳. 双边市场中平台企业搭售行为分析 [J]. 中国管理科学，2010，18 (3)：117－124.

[79] 植草益等. 日本的产业组织：理论与实证的前沿 [M]. 北京：经济管理科学出版社，2000.

[80] 智研咨询. 2019－2025 年中国电子商务行业市场前景分析及发展趋势预测报告 [R]. 2019.05.

[81] 中国产业信息网. 2018－2024 年中国跨境电商行业出口情况及未来发展趋势分析 [R]. 2017.11.

[82] 中国互联网络信息中心 (CNNIC). 第 17 次中国互联网络发展状况统计报告 [R]. 2006.01.

[83] 中国互联网络信息中心 (CNNIC). 第 28 次中国互联网络发展状况统计报告 [R]. 2011.07.

[84] 中国互联网协会. 2019 年中国互联网企业 100 强发展报告 [R]. 2019.08.

[85] 中国旅游研究院，前瞻产业研究院. 2019 年国内在线旅游行业研究 [R]. 2019.

[86] 中国信通院. 2019 工业互联网产业发展报告 [R]. 2019.09.

[87] 中国信通院. 工业互联网平台白皮书 2019 年 [R]. 2019.05.

[88] 中国信息通信研究院. 互联网平台治理研究报告 2019 [R]. 2019.03.

[89] 中国信息通信研究院. 平台经济与竞争政策观察白皮书 [R]. 2020.05.

[90] 中国信息通信研究院. 数据资产管理实践白皮书 (3.0 版) [R]. 2018.12.

[91] 中国信息通信研究院. 中国数字经济发展白皮书 (2020 年)

［R］. 2020. 07.

　　［92］周孟珂. 移动互联网时代下的消费者赋权及其实现机制研究
［D］. 北京: 中国人民大学, 2017.

　　［93］周文辉, 杨苗, 王鹏程. 赋权、价值共创与战略创业: 基于韩
都与芬尼的纵向案例研究［J］. 管理评论, 2017, 29 (7): 258 - 272.

　　［94］朱战威. 互联网平台的动态竞争及其规制新思路［J］. 安徽大学
学报 (哲学社会科学版), 2016, 40 (4): 126 - 135.

　　［95］诸竹君, 黄先海, 王煌. 产品创新提升了出口企业加成率吗
［J］. 国际贸易问题, 2017 (7): 17 - 26.

　　［96］祝树金, 钟腾龙, 李仁宇. 进口竞争、产品差异化与企业产品
出口加成率［J］. 管理世界, 2019, 35 (11): 52 - 71, 231.

　　［97］Adkins N R, Ozanne J L. Critical Consumer Education: Empowering
the Low-literate Consumer［J］. Journal of Macro Marketing, 2005, 25 (2).

　　［98］Adner R, Kapoor R. Value Creation in Innovation Ecosystems: How
the Structure of Technological Interdependence Affects Firm Performance in New
Technology Generations［J］. Strategic Management Journal, 2010, 31 (3):
306 - 333.

　　［99］Alves A V S, Almeida W S, Souza S O, et al. Investigation of Che-
lating Agents/Ligands for Fricke Gel Dosimeters［J］. Radiation Physics and
Chemistry, 2018 (150): 151 - 156.

　　［100］Andrei H. Pricing and Commitment by Two-sided Platforms［J］.
The Rand Journal of Economics, 2006, 37 (3): 720 - 737.

　　［101］Andrew F H, Michael S. The Relative Trustworthiness of Inferential
Tests of the Indirect Effect in Statistical Mediation Analysis: Does Method Really
Matter?［J］. Psychological Science, 2013, 24 (10): 1918 - 1927.

　　［102］Antoniades A. Heterogeneous Firms, Quality and Trade［J］. Jour-
nal of International Economics, 2015, 95 (2): 263 - 273.

　　［103］Arkolakis C, Costinot A, Donaldson D, Rodriguez - Clare A. The
Elusive Pro - Competitive Effects of Trade［J］. The Review of Economic Stud-
ies, 2018, 86 (1): 46 - 80.

［104］Armstrong M. Competition in Two – Sided Markets ［J］. The RAND Journal of Economics, 2006, 37 (3): 668 –691.

［105］Armstrong M, Wright J. Two-sided Markets, Competitive Bottle-necks and Exclusive Contracts ［J］. Economic Theory, 2007, 32 (2): 353 – 380.

［106］Arrow K. Economic Welfare and the Allocation of Resources for In-vention ［J］. The Rate and Direction of Inventive Activity: Economic and Social Factors, 1962: 609 –626.

［107］Atkins M H. The Role of Appropriability in Sustaining Competitive Advantage—an Electronic Auction System Case Study ［J］. The Journal of Strate-gic Information Systems, 1998, 7 (2): 131 –152.

［108］Baake P, Boom A. Vertical Product Differentiation, Network Exter-nalities, and Compatibility Decisions ［J］. International Journal of Industrial Or-ganization, 2001, 19 (2): 267 –284.

［109］Bain J S. The Profit Rate as a Measure of Monopoly Power ［J］. Quarterly Journal of Economics, 1941, 55 (2): 271 –293.

［110］Bamberger K A, Lobel O. Platform Market Power ［J］. Berkeley Technology Law Journal, 2017, 32 (3): 1051.

［111］Basant R. International Competitive Strategy Choices: Comparing Firms in China and India ［J］. Asia Pacific Business Review, 2013, 19 (4): 542 –558.

［112］BaumolW, Panzar J, Willig R. Contestable Markets and the Theory of Market Structure ［J］. American Economic Review, 1983, 73 (3): 491 – 496.

［113］Belleflamme P, Peitz M. Industrial Organization: Markets and Strategies ［M］. Cambridge University Press, 2015.

［114］Benjamin E, Hermalin, Michael L, Katz. Sender or Receiver: Who Should Pay to Exchange an Electronic Message? ［J］. The RAND Journal of Economics, 2004, 35 (2): 423 –447.

［115］Bojnec S, Ferto I. Impact of the Internet on Manufacturing Trade

［J］. Joint International Conference on Information Sciences, 2015, 50 (1): 124 – 132.

［116］ Boudreau K. Open Platform Strategies and Innovation: Granting Access vs. Devolving Control ［J］. Management Science, 2010, 56 (10): 1849 – 1872.

［117］ Brodie R J, Ilic A, Juri B, Hollebeek L. Consumer Engagement in a Virtual Brand Community: An Exploratory Analysis ［J］. Journal of Business Research, 2013, 66 (1): 105 – 114.

［118］ Caillaud B, Jullien B. Chicken & Egg: Competition among Intermediation Service Providers ［J］. The RAND Journal of Economics, 2003, 34 (2): 309 – 328.

［119］ Cao L, Li L. The Impact of Cross – Channel Integration on Retailers' Sales Growth ［J］. Journal of Retailing, 2015, 91 (2): 198 – 216.

［120］ Castanias RP, HelfatCE. The Managerial Rents Model: Theory and Empirical Analysis ［J］. Journal of Management, 2001, 27 (6): 661 – 678.

［121］ Chen J, Chen J E, Goh K Y, Xu Y J, Tan B. When Do Sellers Bifurcate from Electronic Multisided Platforms? The Effects of Customer Demand, Competitive Intensity, and Service Differentiation ［J］. Information & Management, 2014, 51 (8): 972 – 983.

［122］ Chen Y X, Xie J H. Cross-market Network Effect with Asymmetric Customer Loyalty: Implications for Competitive Advantage ［J］. Marketing Science, 2007, 26 (1): 52 – 66.

［123］ Chesbrough H, Birkinshaw J, Teubal M. Introduction to the Research Policy 20th Anniversary Special Issue of the Publication of "Profiting from Innovation" by David J. Teece ［J］. Research Policy, 2006, 35 (8): 1091 – 1099.

［124］ Cheung C M K, Thadani D R. The Impact of Electronic Word-of-mouth Communication: A Literature Analysis and Integrative Model ［J］. Decision Support Systems, 2012, 54 (1): 461 – 470.

［125］ Choi C. The Effect of the Internet on Service Trade ［J］. Economics

Letters, 2010, 109 (2): 102 - 104.

[126] Christoph F, Emanuela P, Martin S. The Psychological Effects of Empowerment Strategies on Consumers' Product Demand [J]. Journal of Marketing, 2010, 74 (1): 65 - 79.

[127] Clark J M. Toward a Concept of Workable Competition [J]. The American Economic Review, 1940: 241 - 256.

[128] Claro D P, Claro P B O. Collaborative Buyer-supplier Relationships and Downstream Information in Marketing Channels [J]. Industrial Marketing Management, 2010, 39 (2): 221 - 228.

[129] Cohen W M, Goto A, Nagata A, Nelson R R, Walsh J P. R&D Spillovers, Patents and the Incentives to Innovate in Japan and the United States [J]. Research Policy, 2002, 31 (8): 1349 - 1367.

[130] Dana J D, Orlov E. Internet Penetration and Capacity Utilization in the US Airline Industry [J]. American Economic Journal: Microeconomics, 2014, 6 (4): 106 - 137.

[131] Dyer J H, Singh H. The Relational View: Cooperative Strategy and Sources of Interorganizational Competitive Advantage [J]. Academy of Management Review, 1998, 23 (4): 660 - 679.

[132] Ecnomides N. The Economics of Networks [J]. International Journal of Industrial Organization, 1996, 14 (6): 673 - 699.

[133] Economides N, Katsamakas E. Two-sided Competition of Proprietary vs Open Source Technology Platforms and Theimplications for the Software Industry [J]. Management Science, 2006, 52 (7): 1057 - 1071.

[134] Edmond C, Midrigan V, Xu D Y. Competition, Markups, and the Gains from International Trade [J]. The American Economic Review, 2015, 105 (10): 3183 - 3221.

[135] Eisenmann T, Parker G, Van Alstyne M. Platform Envelopment [J]. Strategic Management Journal, 2011, 32 (12): 1270 - 1285.

[136] Ennew C T, Binks M R. Impact of Participative Service Relationships on Quality, Satisfaction and Retention: An Exploratory Study [J]. Journal

of business research, 1999, 46 (2): 121 –132.

[137] Erdem T, Keller L, Kuksov D, et al. Understanding Branding in A Digitally Empowered World [J]. International Journal of Research in Marketing, 2016, 33 (1): 3 –10.

[138] Evans D S, Noel M. Defining Antitrust Markets When Firms Operate in Two-sided Platforms [J]. Columbia Business Law Review, 2005, 12 (3): 667 –720.

[139] Evans D S. The Antitrust Economics of Multi – Sided Platform Markets [J]. Yale Journal on Regulation, 2003, 20 (2): 325 –381.

[140] Fisher D, Smith S. Co-creation is Chaotic: What It Means for Marketing When No One Has Control [J]. Marketing Theory, 2011, 11 (3): 325 – 350.

[141] Freund C, Weinhold D. The Internet and International Trade in Service [J]. The American Economic Review, 2002, 92 (2): 236 –240.

[142] Gawer A. Bridging Differing Perspectives on Technological Platforms: Toward an Integrative Framework [J]. Research Policy, 2014, 43 (7): 1239 – 1249.

[143] Gawer A, Cusumano M A. Industry Platforms and Ecosystem Innovation [J]. Journal of Product Innovation Management. 2014, 24 (8): 31 –35.

[144] Gawer A, Phillips N. Institutional Work as Logics Shift: The Case of Intel's Transformation to Platform Leader [J]. Organization Studies, 2013, 34 (8): 1035 –1071.

[145] Gawer A. Platform Dynamics and Strategies: From Products to Services [J]. Platforms Markets & Innovation, 2009: 45 –76.

[146] Ghasemaghaei M, Calic G. Can Big Data Improve Firm Decision Quality? The Role of Data Quality and Data Diagnosticity [J]. Decision Support Systems, 2019, 120: 38 –49.

[147] Githinji S W. Empowerment of Small and Medium Enterprises through Ecommerce and Mobile Technology in Developing Countries: A Case Study of Kenya [D]. University of Nairobi, 2014.

［148］Grimes A，Ren C，Stevens P. The Need for Speed：Impacts of Internet Connectivity on Firm Productivity ［J］. Journal of Productivity Analysis，2012，37（2）：187 –201.

［149］Hajiabadi M E，Samadi M. Locational Marginal Price Share：A New Structural Market Power Index. J. Mod. Power Syst ［J］. Clean Energy，2019，7，1709 –1720.

［150］Han H，Nguyen H N，Song H J. Role of Social Network Services （SNS）Sales Promotions in Generating Brand Loyalty for Chain Steakhouses ［J］. Journal of Quality Assurance in Hospitality & Tourism，2019，20（5）：617 – 645.

［151］Harabi N. Appropriability of Technical Innovations an Empirical Analysis ［J］. Research Policy，1995，24（6）：981 –992.

［152］Harmeling C，Carlson B. Sports Sponsorship Effectiveness：The Impact of Transformational Consumption Experiences ［J］. Developments in Marketing Science：Proceedings of the Academy of Marketing Science Book Series，2016：785.

［153］Hellmanzik C，Schmitz M. Virtual Proximity Audiovisual Services Trade ［J］. European Economic Review，2015，77：82 –101.

［154］Hess A M，Rothaermel F T. When are Assets Complementary？Star Scientists，Strategic Alliances，and Innovation in the Pharmaceutical Industry ［J］. Strategic Management Journal，2011，32（8）：895 –909.

［155］Hillman A J，Withers M C，Collins B J. Resource Dependence Theory：A Review ［J］. Journal of Management，2009，35（6）：1404 –1427.

［156］Hippel E V. The Impact of "Sticky Data" on Innovation and Problem Solving ［J］. Management Science，1994，40（4）：429 –439.

［157］Hollebeek L D，Srivastava R K，Chen T. S – D Logic-informed Customer Engagement：Integrative Framework，Revised Fundamental Propositions，and Application to CRM ［J］. Journal of the Academy of Marketing Science，2016（47）：161 –185.

［158］Holweg M，Pil F K. Theoretical Perspectives on the Coordination of

Supply Chains [J]. Journal of Operations Management, 2008, 26 (3): 389 - 406.

[159] Hurwitz J. Antitrust Implications of Competition without Equilibrium in Multi-sided Markets [J]. SSRN Electronic Journal, 2011: 1 - 36.

[160] Jacobides M G, Knudsen T, Augier M. Benefiting from Innovation: Value Creation, Value Appropriation and the Role of Industry Architectures [J]. Research Policy, 2006, 35 (8): 1200 - 1221.

[161] Kaplow L. Market Definition, Market Power [J]. International Journal of Industrial Organization, 2015, 43: 148 - 161.

[162] Karlinger L, Motta M. Exclusionary Pricing when Scale Matters [J]. Journal of Industrial Economics, 2012, 60 (1): 75 - 103.

[163] Katrijn G, Jan - Benedict E M S. Branding in the Era of Digital (dis) Intermediation [J]. International Journal of Research in Marketing, 2019: 367 - 384.

[164] Katz M L, Shapiro C. Net-work Externalities, Competition and Compatibility [J]. The American Economic Review, 1985, 75 (3): 424 - 440.

[165] Kirzner I M. The Driving Force of the Market: Essays in Austrian Economics [M]. London & New York: Routledge, 2000: 203 - 258.

[166] Klepper S. Entry, Exit, Growth, and Innovation over the Product Life Cycle [J]. The American Economic Review, 1996, 86 (3): 562 - 583.

[167] Kofi Q D, Charlene A, Dadzie, Alvin J W. Trust and Duration of Buyer-seller Relationship in Emerging Markets [J]. Journal of Business & Industrial Marketing, 2018, 33 (1): 134 - 144.

[168] Kogut B. Research Notes and Communications a Note on Global Strategies [J]. Strategic Management Journal, 1989, 10 (4): 383 - 389.

[169] Kohtamaeki M, Vesalainen J, Henneberg S, et al. Enabling Relationship Structures and Relationship Performance Improvement: The Moderating Role of Relational Capital [J]. Industrial Marketing Management, 2012, 41 (8): 1298 - 1309.

[170] Kumar J, Nayak J K. Consumer Psychological Motivations to Cus-

tomer Brand Engagement: A Case of Brand Community [J]. Journal of Consumer Marketing, 2019, 36 (1): 168 – 177.

［171］Landes W M, Posner R A. Market Power in Antitrust Cases [J]. Harvard Law Review, 1981, 94: 937 – 939.

［172］Lankton N K, Wilson E V, Mao E. Antecedents and Determinants of Information Technology Habit [J]. Information & Management, 2010, 47 (5): 300 – 307.

［173］Larry N D, Fredoun Z, Ahmadi – Esfahani. Market Power Analysis in the Retail Food Industry: A Survey of Methods [J]. Australian Journal of Agricultural and Resource Economics, 2002, 46 (4): 559 – 584.

［174］Lerner A P. The Concept of Monopoly and the Measurement of Monopoly Power [J]. Review of Economics Studies, 1934, 6: 157 – 175.

［175］Leu D J, Kinzer C K. The Convergence of Literacy Instruction with Networked Technologies for Information and Communication [J]. Reading Research Quarterly, 2000, 35 (1): 108 – 127.

［176］Levin R C, Klevorick A K, Nelson R R, Winter S G, Gilbert R, Griliches Z. Appropriating the Returns from Industrial Research and Development [J]. Brookings Papers on Economic Activity, 1987 (3): 783 – 831.

［177］Levinsohn J A, Petrin A. Estimating Production Functions Using Inputs to Control for Unobservables [J]. The Review of Economic Studies, 2003, 70 (2): 317 – 341.

［178］Li H, Ma H, Xu Y. How Do Exchange Rate Movements Affect Chinese Exports? A Firm – Level Investigation [J]. Journal of International Economics, 2015, 97 (1): 148 – 161.

［179］Li S B, Ragu – Nathan T S, et al. The Impact of Supply Chain Management Practices on Competitive Advantage and Organizational Performance [J]. Omega, 2006, 34 (2): 107 – 124.

［180］Li S S, Karahanna E. Online Recommendation Systems in a B2C E – Commerce Context: A Review and Future Directions [J]. Journal of the Association for Information Systems, 2015, 16 (2): 72 – 107.

［181］ Lloyd C, King R. Consumer and Carer Participation in Mental Health Services ［J］. Australasian Psychiatry, 2003, 11 (2): 180 – 184.

［182］ Loeckerj D, Warzynski F. Markups and Firm – Level Export Status ［J］. The American Economic Review, 2012, 102 (6): 2437 – 2471.

［183］ Lohse G, Bellman S, Johnson E J. Consumer Buying Behavior on the Internet: Findings from Panel Data ［J］. Journal of interactive Marketing, 2000, 14 (1): 15 – 29.

［184］ Lunn J. An Empirical Analysis of Process and Product Patenting: A Simultaneous Equation Framework ［J］. Journal of Industrial Economics, 1986, 34 (3): 319 – 330.

［185］ Malerba F, Orsenigo L. Schumpeterian Patterns of Innovation are Technology-specific ［J］. Research Policy, 1996, 25 (3): 451 – 478.

［186］ Mallick H. Role of Technological Infrastructures in Exports: Evidence from a Cross – Country Analysis ［J］. International Review of Applied Economics, 2014, 28 (5): 669 – 694.

［187］ Marco L, Roy L. Strategy as Ecology ［J］. Harvard Business Review, 2004, 82 (3): 68 – 78.

［188］ Mark A. Competition in Two – Sided Markets ［J］. The Rand Journal of Economics, 2006, 37 (3): 668 – 691.

［189］ Morschett D, Swoboda B, Schramm – Klein H. Competitive Strategies in Retailing—an Investigation of the Applicability of Porter's Framework for Food Retailers ［J］. Journal of Retailing and Consumer Services, 2006, 13 (4): 275 – 287.

［190］ Park S H, Russo M V. When Competition Eclipses Cooperation: An Event History Analysis of Joint Venture Failure ［J］. Management Science, 1996, 42 (6): 875 – 890.

［191］ Paunov C, Rollo V. Has the Internet Fostered Inclusive Innovation in the Developing World ［J］. World Development, 2016, 78 (84): 587 – 609.

［192］ Pisano G P, Teece D J. How to Capture Value from Innovation:

Shaping Intellectual Property and Industry Architecture [J]. California Management Review, 2007, 50 (1): 278 – 296.

[193] Porter M E, Millar V E. How Information Gives You Competitive Advantage [J]. Harvard Business Review, 2011, 36 (14): 149 – 174.

[194] Preacher K J, Hayes A F. SPSS and SAS Procedures for Estimating Indirect Effects in Simple Mediation Models [J]. Behavior Research Methods, Instruments & Computers, 2004 (36): 717 – 731.

[195] Ramaswamy V, Ozcan K. Brand Value Co-creation in a Digitalized World: An Integrative Framework and Research Implications [J]. International Journal of Research in Marketing, 2016, 33 (1): 93 – 106.

[196] Rao P M. Sustaining Competitive Advantage in a High-technology Environment: A Strategic Marketing Perspective [J]. Advances in Competitiveness Research, 2005, 13 (1): 33 – 47.

[197] Rayport J F, Sviokla J J. Exploiting the Virtual Value Chain [J]. Harvard Business Review, 1995: 67 – 71.

[198] Rochet J C, Tirole J. Must – take Cards: Merchant Discounts and Avoided Costs [J]. Journal of the European Association, 2011 (9): 462 – 495.

[199] Rochet J, Jean T. Platform Competition in Two-sided Markets [J]. Journal of the European Economic Association, 2003, 1 (4): 990 – 1029.

[200] Roson R. Two – Sided Markets: A Tentative Survey [J]. Review of Network Economics, 2004, 2 (4): 142 – 160.

[201] Rothaermel F T. Complementary Assets, Strategic Alliances, and the Incumbent's Advantage: An Empirical Study of Industry and Firm Effects in the Biopharmaceutical Industry [J]. Research Policy, 2001, 30 (8): 1235 – 1251.

[202] Rowley J. The Wisdom Hierarchy: Representations of the DIKW Hierarchy [J]. Journal of Information Science, 2007, 33 (2): 163 – 180.

[203] Schumpeter J A. Capitalism, Socialism, and Democracy [J]. American Economic Review, 1942, 3 (4): 594 – 660.

［204］Sebastian M, Yuksel E, Arnold J. A Consumer-based Brand Performance Model for Assessing Brand Success ［J］. International Journal of Market Research, 2019, 61 (1): 93 - 110.

［205］Shilling C. The Two Traditions in the Sociology of Emotions ［J］. The Sociological Review, 2002, 50 (2): 10 - 32.

［206］Sobel M E. Direct and Indirect Effects in Linear Structural Equation Models ［J］. Sociological Methods & Research, 1987, 16 (1): 155 - 176.

［207］Soh C, Markus M L. How IT Creates Business Value: A Process Theory Synthesis ［J］. Proceedings of the International Conference on Information Systems Amsterdam, 1995: 29 - 41.

［208］Stanton J, Wright T, et al. The Internet, Consumer Empowerment and Marketing Strategies ［J］. European Journal of Marketing, 2006, 40 (9/10): 936 - 949.

［209］Suarez F F, Kirtley J. Dethroning an Established Platform ［J］. MIT Sloan Management Review, 2012, 53 (4): 35 - 41.

［210］Taylor A, Helfat C E. Organizational Linkages for Surviving Technological Change: Complementary Assets, Middle Management, and Ambidexterity ［J］. Organization Science, 2009, 20 (4): 718 - 739.

［211］Teece D J, Pisano G, Shuen A. Dynamic Capabilities and Strategic Management ［J］. Strategic Management Journal, 1997, 18 (7): 509 - 533.

［212］Teece D J. Profiting from Technological Innovation: Implications for Integration, Collaboration, Licensing and Public Policy ［J］. Research Policy, 1986, 15 (6): 285 - 305.

［213］Tellis G J, Yin E, Niraj R. Does Quality Win? Network Effects Versus Quality in high-tech Markets ［J］. Journal of Marketing Research, 2009, 46 (2): 135 - 149.

［214］Thomas L D W, Autio E, Gann D M. Architectural Leverage: Putting Platforms in Context ［J］. Academy of Management Perspectives, 2014, 28 (2): 198 - 219.

［215］Tirole J. The Theory of Industrial Organization ［M］. Cambridge:

MIT Press, 1988.

[216] Tiwana A, Konsynski B, Bush A A. Research Commentary—Platform Evolution: Co-evolution of Platform Architecture, Governance, and Environmental Dynamics [J]. Information Systems Research, 2010, 21 (4): 675 – 687.

[217] Tiwana A. Platform Ecosystems: Aligning Architecture, Governance, and Strategy [M]. Morgan Kaufmann Publishers Inc, 2014.

[218] Tremblay M J. Market Power and Mergers in Multi-sided Markets [J]. Social Science Research Network, 2018: 1 – 56.

[219] Trong T L. CSR & Customer Value Co-creation Behavior: The Moderation Mechanisms of Servant Leadership and Relationship Marketing Orientation [J]. Journal of Business Ethics, 2019 (155): 379 – 398.

[220] Tsai W. Knowledge Transfer in Intraorganizational Networks: Effect of Network Position and Absorptive Capability on Business Unit Innovation and Performance [J]. Academy of Management Journal, 2001, 44 (5): 996 – 1004.

[221] Utton M A. Market Dominance and Antitrust Policy [M]. Aldershot: Edward Elgar, 1995.

[222] Vargo S L, Lusch R F. Institutions and Axioms: An Extension and Update of Service-dominant Logic [J]. Journal of the Academy of Marketing Science, 2016, 44 (1): 5 – 23.

[223] Venkatraman N, Lee CH. Preferential Linkage and Network Evolution: A Conceptual Model and Empirical Test in the U. S. Video Game Sector [J]. Academy of Management Journal, 2004, 47 (6): 876 – 892.

[224] Vives X. Innovation and Competitive Pressure [J]. Journal of Industrial Economics, 2008, 56 (3): 419 – 469.

[225] Vogel J, Paul M. One Firm, One Product, Two Prices: Channel-based Price Differentiation and Customer Retention [J]. Journal of Retailing and Consumer Services, 2015 (27): 126 – 139.

[226] Vos E. Business Ecosystems: Simulating Ecosystem Governance

[D]. Delft University of Technology, 2006.

[227] Wang Y, Li J. ICT's Effect on Trade: Perspective of Comparative Advantage [J]. Economics Letters, 2017, 155: 96 – 99.

[228] Werden G J. Demand Elasticities in Antitrust Analysis [J]. Antitrust Law Journal, 1998, 66 (2): 363 – 414.

[229] Wernerfelt B. A Resource-based View of the Firm [J]. Strategic Management Journal, 1984, 5 (2): 171 – 180.

[230] Weyl E G. A Price Theory of Multi – Sided Platforms [J]. The American Economic Review, 2010, 100 (4): 1642 – 1672.

[231] Winter S G. The Logic of Appropriability: from Schumpeter to Arrow to Teece [J]. Research Policy, 2006, 35 (8): 1100 – 1106.

[232] Winter S G. Understanding Dynamic Capabilities [J]. Strategic Management Journal, 2003, 24 (10): 991 – 995.

[233] Wright J. The Determinants of Optimal in Terchange Fees in Payment Systems [J]. The Determinants of Optimal in Terchange Fees in Payment Systems, 2004, 52: 1 – 26.

[234] Yadav N. The Role of Internet Use on International Trade: Evidence from Asian and Sub – Saharan African Enterprises [J]. Global Economy Journal, 2014, 14 (2): 189 – 214.

[235] Ylijoki O, Porras J. A Recipe for Big Data Value Creation [J]. Business Process Management Journal, 2019, 25 (5): 1085 – 1100.

[236] Young D. Dominant Firms, Price Leadership and the Measurement of Monopoly Welfare Losses [J]. International Journal of Industrial Organization, 1997, 15: 533 – 548.

[237] Young D P T. Firms' Market Power, Endogenous Preferences and the Focus of Competition Policy [J]. Review of Political Economy, 2000, 12 (1): 73 – 87.

[238] Yuksel M, Milne G R, Miller E G. Social Media as Complementary Consumption: The Relationship between Consumer Empowerment and Social Interactions in Experiential and Informative Contexts [J]. Journal of Consumer

Marketing，2016，33（2）：111 – 123.

［239］Zaccaro S J，Horn Z N J. Leadership Theory and Practice：Fostering an Effective Symbiosis ［J］. The Leadership Quarterly，2003，14（6）：769 – 806.

［240］Zhang M，Ren C，Wang G A，He Z. The Impact of Channel Integration on Consumer Responses in Omnichannel Retailing：the Mediating Effect of Consumer Empowerment ［J］. Electronic Commerce Research and Applications，2018（28）：181 – 193.

［241］Zhu F，Iansiti M. Entry into Platform-based Markets ［J］. Strategic Management Journal，2012，33（1）：88 – 106.

后　　记

本书为国家社会科学基金重点项目"互联网平台型企业市场势力的形成、影响及规制研究"（编号：17AJY014）的研究成果之一。在数字经济发展过程中，平台竞争问题不仅处于经济学理论前沿，也是政策监管的核心领域。关于互联网平台型企业市场势力的研究，笔者认为，需要突破传统研究对于市场利益相关者互动重视不足、甚至完全忽略的局限，以关系网络的全局视角，把握平台型企业与其利益相关者的互动关系。通过建立互联网平台型企业市场势力的经济分析框架，本书基于创新获益PFI理论利益相关者的分析视角，阐释了市场势力的内涵及特点；从研发创新、商业模式创新和生态系统创新三个立体维度，系统研究了互联网平台型企业市场势力的形成机理；进而，从"平台—分工合作者""平台—消费者""平台—竞争模仿者"层面，揭示了互联网平台型企业市场势力在平台赋能、消费者忠诚度，以及价格及非价格市场竞争策略等方面的影响。

针对互联网平台型企业市场势力滥用，本书构建了系统的分析框架，提出了根据互联网平台与不同利益相关者的互动特点，有针对性地实施监管，尤其应加强平台透明度规则、数据和算法影响力等新领域、新问题的监管。规制体系研究亦从"平台—分工合作者""平台—消费者""平台—竞争模仿者"的不同层面切入，分别对如何衡量互联网平台型企业市场势力，以及市场势力滥用的规制重点进行了系统梳理，包括基于数据与算法控制的差别待遇、不合规定价（价格合谋、固定转售价格、不公平定价等）、不合理搭售、"二选一"等限定交易等问题。

本书为推进互联网平台竞争规则建设、强化对市场秩序的监管带来启发，提出为消解平台型企业市场势力滥用的负面影响，需要将竞争政策、知识产权规则、平台透明化规则、数据流动规则，乃至国家安全审查规则交叉而形成多方补充，对于互联网平台型企业参与合理有序的竞争，以创新驱动为利益相关者赋能，并承担起多元协同的平台治理的主体责任等具有实践意义。

课题在阶段性成果的研究过程中，得到了校外专家学者包括浙江大学黄先海教授、浙江大学马述忠教授、西南财经政法大学李小平教授、广东外语外贸大学孙楚仁教授、宁波大学钟昌标教授、浙江工业大学程惠芳教授的宝贵指导和建议；同时，得到了浙江工商大学杜丹清教授、谢杰教授和诸竹君副教授的建议和帮助，在此深表敬意和感谢！此外，衷心感谢课题研究团队的主要成员浙江工商大学孙元教授、浙江工商大学李怀政教授、浙江师范大学郑小碧教授、浙江工商大学于斌斌副教授、浙江工商大学辇海笑副教授、浙江工商大学朗春蕾博士的精诚合作和辛勤付出。依托课题研究我们培养了多届学生，感谢他们在课题研究中的投入，也非常欣喜地见证了他们的成长和进步。

需要说明的是，由于现实中相关法律和理论存在的许多空白为研究带来巨大挑战。本书对于一些相应问题的研究尚不够充分，比如，在数据权属尚不确定、数据带来的收益和竞争优势不确定的条件下，如何恰当地运用反垄断机制解决数据竞争的问题？如何探索数字平台竞争损害新理论，创新数据影响力的评估方法？等等，这些都是今后值得深入研究的。

展望未来，平台经济发展和竞争政策趋势处于动态变化之中，相信会有越来越多的研究将综合运用科学的研究方法，持续跟踪数字平台发展的新特征以及平台竞争的新议题，判断竞争政策新趋势，为监管实践提供深厚的理论依据和有效的政策建议，激励我国互联网平台型企业以更高标准自我规范，在全球激烈的市场竞争中打造核心竞争力。

朱　勤
2021 年 10 月